千年情论

人性的历史实验记录

第2版

张宏杰 著

重庆出版社

图书在版编目（CIP）数据

千年悖论 : 人性的历史实验记录 / 张宏杰著. -- 2版. -- 重庆 : 重庆出版社, 2022.5

ISBN 978-7-229-16711-0

Ⅰ. ①千… Ⅱ. ①张… Ⅲ. ①中国历史－文集 Ⅳ. ①K207-53

中国版本图书馆CIP数据核字(2022)第062071号

千年悖论：人性的历史实验记录（第2版）

QIANNIAN BEILUN:RENXING DE LISHI SHIYAN JILU (DI ER BAN)

张宏杰　著

出　　品：华章同人
出版监制：徐宪江　连　果
责任编辑：何彦彦
责任印制：梁善池
营销编辑：史青苗　刘晓艳
书籍设计：别境Lab

重庆出版社　出版

（重庆市南岸区南滨路162号1幢）
北京华联印刷有限公司　印刷
重庆出版社有限责任公司　发行
邮购电话：010-85869375
全国新华书店经销

开本：787mm×1092mm　1/16　印张：17.75　字数：220千

2022年8月第2版　2026年3月第16次印刷

定价：49.80元

如有印装质量问题，请致电023-61520678

序

当历史扑面而来

莫言

张宏杰的笔总是能如此轻松地割开时间帷幕，让那些本来离我们极其遥远的历史人物的气息甚至体温扑面而来：

> 吴三桂真正过人之处在于他的处世能力。他属于多血质气质类型，社会协调性极强，善于感知别人的情绪反应。无论什么场合，他都能镇定自若，在战场上他表现出的勇气和沉着令他赢得了所有军人的尊重；在社交场合，他的沉稳风度使他能永远成为人群中心。……虽然年纪轻轻，又是名门之后，可他身上却见不到一点纨绔之气，和任何人交往都是一派和颜悦色，彬彬有礼，从无疾言遽色。

写历史人物就像写自己身边一个极熟悉的朋友，这种笔法本身就是一种能力。或者说，这是一个与众不同的视角。张宏杰的作品之所以呈现出一些特别之处，原因就在这里。

张宏杰不是从政治、道德或者学术的角度，而仅仅是从人性的角度去接近古人。他不批判也不仰视，他只是抱着悲悯之心，替他笔下的人物设身处地，悲欢与共。也仅仅因为此，那些在历代史书中伟大或者邪恶得光怪陆离的历史人物被他还原成了可以信赖的人，与以往的描述面貌迥然不同。

比如说，在我们心目中汉奸的代名词“吴三桂”三个字，经过他的笔墨滋润，一变而成了一个“外表兼具北雄南秀”的美男子，一个在战场上冷静、坚决、无与伦比的战士，一个曾经视荣誉如生命的忠臣孝子，一个在历史夹缝中被挤压被扭曲的痛苦灵魂。

这个结论真是触目惊心，但过程却是层层深入的。张宏杰不是刻意地翻哪个人的案，他只是把这些历史名人所做的那些匪夷所思的伟大或者邪恶的事放到具体的历史环境中去，用人情伦理的平常心去推理，结果却是顺理成章，让我们感觉到如果我们生在那个时代，也许我们也不得不像他笔下的人物那样进退失据，或者转脸无情。这些大伟人或者大恶人，其实都是命运之流中苦苦挣扎的可怜人，和你我一样。在阅读中，你不得不和他们一起痛苦、战栗和呻吟。在河北保定的军营中，我曾经做过一段时间的图书管理员，培养起了对历史书籍的阅读兴趣，但是从那时起直到现在，我很少读到什么历史读物能像张宏杰的这些作品一样给我带来这样大的阅读快感。

把这些作品归到某种文学体裁，是件挺困难的事。这些东西不是小说，不是散文，也不是时下流行的历史报告文学，甚至还不是人物传记，但是，毫无疑问的是，这些东西都流露着天然的文学品质，因为它的出发点是对人性和命运的关心。借用张宏杰自己的一句话，“关心历史其实是关心自己”，他对这些古人的性格和命运的兴趣里，无疑包含了对自己的兴趣。张宏杰解读古人就如同解读自己，既小心翼翼又深入彻骨。

这本书，如果起个副标题的话，我建议叫作“人性的历史实验记录”。“人是太复杂的一种动物，其复杂程度有时让人类自己也瞠目结舌。”(张宏杰语) 我相信，张宏杰对人性的复杂一定有着科学家般的浓厚兴趣。在我们短暂的一生中，不会有太多的大风大浪，不会有太多的悲欢离合，体验到的和经历过的事毕竟有限。即使是最杰出的小说家，想象力也只能在经验的樊笼里飞翔。因此，人性的侧面在现实中表现得是非常有限的，但是在历史这个壮观的剧场里，人性却有机会表现它平庸生活中难得展示的一面。因为在漫长的历史中，各种各样出人意料的事情都已经发生过了：改朝换代、家破人亡、非同寻常的诱惑与考验、传奇般的危机和奇遇。在张宏杰的这本书里，好像为了分析出人性的每一种成分，上帝他老人家进行了千奇百怪的实验：他把个性色彩反差极大的吴三桂、钱谦益、吴梅村一起放到明清易代的大背景下，看着他们不同的人格结构在共同的历史重压下如何抵抗、伸缩、变形、扭曲、断裂。任何一个小说家极尽想象力，也写不出这样精彩的剧本。这些剧目对 20 世纪 70 年代生人张宏杰来说是如此具有吸引力，所以他循着对自己性格和命运的关心闻声而来，来到了这里，做了这冷清剧场内的一个有心的看客。

张宏杰是个观察和记录的高手。他冷静细致的笔法，把人性的复杂、深奥、奇特、匪夷所思、出人意料而又在情理之中表达得淋漓尽致，原本熟悉的历史事实在他的笔下呈现出完全不同的面貌，新鲜而又迷人，让我们这些历史书页背后的观赏者触目惊心、目眩神迷、欲言又止。当历史扑面而来，我们只好在造物者的深刻面前一再确认自己的浅薄。

自序

我的文学青年生涯

· 一 ·

1996 年初，我把一个大信封投入邮筒，然后又用手指探了探投信口，看看是否落了进去。信封上的地址是“上海市巨鹿路 675 号《收获》杂志社”，里面装的是我的一篇历史散文《无处收留：吴三桂》。

二十多年过去了，直到今天，我也没收到《收获》杂志的回信。不过，我的“体制内文学生涯”确乎可以从初次投稿这一天开始算起。

·二·

只有经历过20世纪80年代的人，才明白“作家”这个字眼儿，在那个年代意味着什么。

那是一个人人捧读文学期刊的时代。一篇小说在稍知名一点的文学刊物上发出来，则举国皆知，人人谈论。那是一个作家被奉为社会精神导师的时代。人们相信作家是社会的良心，是正义的化身，是未来的宣告者。那个时候，写作可以彻底改变一个人的命运，发表一篇引起关注的小说，就可以使一个人从社会底层一夜之间变成万众瞩目举国议论的焦点。一个人如果揣本诗集，号称热爱文学，就可以行走天下（套用高晓松的话“那时的人们相信弹琴的孩子都是好孩子”，人们相信会写诗的孩子更是好孩子）：人心如同白莲花，刚刚绽开。

我就是在这样的氛围中长大，而我身处的辽宁省朝阳市，又是一个对文化和文学抱着特别质朴的尊重的边地古城。那年我回朝阳办理母亲的医疗报销事宜（母亲是在朝阳市退休的），异地报销手续烦琐，工作人员表情慵懒，公事公办，眼看着一天之内不可能办完。陪我去的表妹夫很机灵，对工作人员说，他是个作家！说着把我刚送他的一本书拿了出来。

顿时整个办公室都轰动了，每个人都站起来，争相传阅这本书。科长给我端来了椅子，请我坐下，另一个人递上了热水。人们如同对待一个前来视察的大人物。一路绿灯，很快全部办妥。

在“作家”如此贬值的时代，此地还对文字保持着如此淳朴的尊重，那么可以想象三十年前这种尊重会是何等盛大！

古城里的人认为读书肯定是一件好事。初中时，我在朝阳市图书馆和市政府图书室各办了一个借书证。别无选择，借回家的都是“名著”：

当然，是那些勉强能看懂的名著。什么《大卫·科波菲尔》《鲁滨孙漂流记》《基督山伯爵》《名利场》……记得有一年夏天去北戴河旅游，我坐在大客车的第一排，手里捧了一本厚厚的《愤怒的葡萄》，因为看不懂而愤怒了一路。

一个初中生看《愤怒的葡萄》，这就是我成长年代的文化景观。一方面我们没太多书可读，另一方面，撞到手里的书大致都有着坚硬的品质，把每个读者都练成了钻头。浅阅读、轻阅读、软阅读这些词语，当时尚未出现。

更多的文学熏陶发生在上大学的 20 世纪 90 年代初，大学图书馆里的书毕竟更多。王安忆、韩少功、莫言、韩东、王朔的小说，是学生们争着借阅的作品；高中时没读下去的《战争与和平》《罪与罚》，借出来重新再读……经历了这些之后你没法不成为一个文学青年。

·三·

工作以前我并没有认真想过当一个作家。在大学里，我的业余时间大都放在了书法和篆刻上，还加入了大学的书法协会。除了“作家”这两个字在我心目中过于崇高之外，还因为我莫名其妙地认为当作家是起码要到而立之年有了阅历后才能尝试的事（形成这个印象也许是因为 20 世纪 80 年代风靡一时的作家大多是有了一把年纪的知青）。

开始写作发生在上班一年之后。写作的动因相当简单：无聊。大学毕业之后，本来是想好好工作，先“混”上（用我爸的话来说，是“熬”成）副处级，在小城市里有地位有面子，这是北方小城长大的人的普遍理想。但是 1994 年大学毕业进入葫芦岛市建设银行工作之后，我发现“混”和

"熬"对我来说是相当困难的事：一个星期的工作，基本上一两天就能处理完。其他的大部分时间，主要用来打扑克。那个时候，国有银行还没有进行股份制改革，工作氛围和政府机关差不多。我记得有相当一段时间，每天上班之后不久，我们科里几个人就把门上的玻璃用报纸一糊，在里面拱猪、扎金花，一打就是一整天。

这样的生活虽然自在，但时间长了，未免觉得空虚无聊。还有什么更好的打发时间的方式呢？在单位没法写毛笔字或者画画。那么，写点东西吧。我想起我似乎还真有一点"文学天才"：小学五年级的时候，我的作文曾经被老师当作范文。托尔斯泰说过，成为作家最重要的是要有强烈的虚荣心。很幸运，这个品质，我也具备。

写什么呢？什么都行，只要不平庸。要知道，我从小就是装逼犯，特别爱把自己弄得与众不同。从初中就开始读每一本能弄到手的《新华文摘》，越是看不懂的长文章，看得越投入。初三的那年暑假，我还借了本《小逻辑》，在公园里硬着头皮读了十个上午，当然最后还是没读懂。我的阅读种类特别杂，只要是带字儿的东西，不论天文地理医学农业生物自然科学迷信甚至日历，我都能津津有味地读下去。大学四年，我基本就是在大连市图书馆泡过来的，读得最多的，是历史书，还有那本介绍朝鲜人民幸福生活的《朝鲜画报》。所以截至此时，肚子里已经装了太多奇奇怪怪。虽然"余秋雨"这三个字如今令人避之唯恐不及，但我从不否认，那种所谓"文化散文"的写法令我豁然开朗。这种纵横捭阖的叙述方式，正好将我一肚子的乱七八糟搅和到一起，一股脑抽出来。

半年时间里，我写出了《蒙古无边》《无处收留：吴三桂》等好几篇很长的散文。其中我自己最喜欢的是《无处收留：吴三桂》这一篇。

对吴三桂感兴趣，是读了刘凤云的一本很薄的小书《叛臣吴三桂》，我发现，这个被严重脸谱化的人，年轻时居然是以“孝勇”闻名天下的。青年吴三桂是个美男子，下马彬彬有礼，上马武勇过人，颇为时人称许。从道德制高点走到一叛再叛擒“旧主”以事新主，他经历了怎样的精神地震和灵魂撕裂？我找了当时能找到的所有与吴三桂及那个时代有关的资料，从材料碎片中试图一点点复原吴三桂在重压之下如同蜗牛一样一层一层脱去道德面具的苦难精神历程。

从文体上，它非驴非马，不是纯粹的散文，也称不上小说。它是一种叙述和思考的杂糅，是一种合金体的怪物。后来评论家们给这类东西的定义是“跨文体写作”。有人后来说：“张宏杰的写作在一定程度上是典型的跨文体写作，掺杂了大量小说式、历史报告文学式，甚至心理分析式的写法。”

我对这篇东西相当满意，认为我可以开始文学青年的第二个规定动作了：投稿。

· 四 ·

那个时候要成为“作家”，你必须向文学杂志投稿：这是通往理想的独木桥。网络那时刚刚为人们所知，“网络文学”这个名词还没出现。“文学青年”的一般路数是先在“省市级”文学期刊上“崭露头角”，然后在“国家级期刊”上“引起关注”。这样，你就有资格参加各种笔会采风之类的文学活动，有资格加入市、省乃至中国作家协会。接下来你的奋斗目标将是被一些知名评论家评论和文学权威认可，获得一些“省级”乃至“国家级”文学奖项，因为这意味着你会在作家协会体系内混到一个“官位”，比如某市作家协会主席、某省作家协会副主席。攀爬到这个水平，你就可以算是功成名就，可以被称为“知名作家”，有资格出席“中国作协全国代表大会”或者“全国青年作家创作会议”之类的荣誉性大会，享受各级作协组织的免费出国采风交流之类的活动。这是彼时一个文学青年的经典作家路线。那时候，人们做梦也想不到，十年后会有很多人比如“当年明月”，只需把文字发到网上，就有可能被广大网民关注，成为风行海内的畅销书作家。更想不到，一个少年韩寒，虽然进入了文坛，却居然敢拒绝进入作协的邀请。

那么换句话说，在我开始写作的时候，文学杂志的编辑、文学评论者和文学权威，是一个文学青年成功道路上的三道闸门，必须一一攻克。首先要做的，当然是先敲开文学杂志的大门。作为文学体制的一部分，到今天为止，全国各省都会有至少一本“纯文学期刊”。按照“文学圈儿”的标准，文学期刊大致可以分为两级。一级是“省级”，比如辽宁的《鸭绿江》、黑龙江的《北方文学》，这些刊物影响比较有限，换种说法可以叫二流的文学期刊。另一级是“国家级”，其中也包括一些影响很大的地方刊物，大致有《收获》《当代》《十月》《大家》《钟山》《天涯》《人民文学》《花城》《作家》……大家心中公认的第一位，当然是《收获》。

和一般文学青年先从“省级期刊”投起不同，我第一次就把那篇《无处收留：吴三桂》投给了《收获》。

我决心要用这篇作品作为开头炮，轰开我的“作家”之路。相比当时文学刊物上的其他“文化散文”，我自认为这篇东西绝不逊色。我莫名其妙地相信，它一定会得到编辑们的好评。稿件寄走后，我不停地幻想着这个大信封在《收获》杂志社内会遇到什么样的命运。我幻想着某天早晨，一位编辑打着哈欠漫不经心地打开这个信封，读了几段，他坐直了身子，又读了几页，他大呼好文，连忙送到主编那里……我幻想着这篇作品使中国文坛知道了有一个叫张宏杰的二十四岁的“青年作家”，比余秋雨更善于讲述历史中的人性；我幻想着我的生活轨迹将从此变样。

投出去半个月后，我开始经常去单位的传达室，但是直到第三个月头上，还是没有任何回音。虽然没投过稿，但是常年阅读文学杂志，我有大量的文学常识。我知道文学刊物的审稿期限是三个月。

· 五 ·

我并没有丝毫气馁。虽然喜欢幻想，但我其实一开始就将困难预想得很充分：我把写作当成了考验一个人意志和能力的英雄事业，而英雄事业不太可能一帆风顺。我读过许多作家传记，那些作家投稿屡屡被拒的故事令我印象非常深刻。特别是《马丁·伊登》中那艰苦卓绝的戏剧性的奋斗生涯每每令我心潮涌动。第一次投稿就投给了心目中最好的刊物，不过是出于一种试试看的心理。没反应没关系，一流文学杂志还有很多。

于是我又打印了一份，把它寄给了《当代》。

三个月后，我又寄给了《十月》。

在那之后，我学聪明了：我开始了一稿多投。我同时投给三家刊物，并随时做好收到一家用稿信后马上通知另两家的准备。

可是一年之内，我连退稿信是什么样的都没有见过：所有的杂志都没有任何回音。

我开始像杰克·伦敦一样，开始怀疑邮路那头到底有没有活人做编辑。更多的时候，我怀疑自己到底有没有文字方面的才能。不过，我初中时确实做过语文课代表啊！

七十年代人都有点不服输的劲儿。我下定了决心：我要用三年时间来打通写作这条路。这三年里我要写出三十万字的东西。如果这三十万字都不能发表，我会永远放弃这件事。

· 六 ·

就在下定这个决心后不久的一天，我又一次忐忑地来到单位的传达室。我很怕同事们知道我被退稿，我甚至没让任何人知道我投过稿，所以科室订的报纸杂志都是由我主动来取。

一堆报纸杂志中夹着一个中等大小的信封，上面“《大家》杂志社”的社标很醒目。我的心开始怦怦跳动。信封很薄，说明应该不是一封退稿信。

办公室中午正好没人，我撕开了信封。里面是一幅龙飞凤舞的行书：

张宏杰先生：

你的《无处收留：吴三桂》写得棒极了！准确、结实、饱满。编辑部一致同意向你约稿，因《大家》明年将倾力推出一种实实在在但同时也更为文学、更边缘化的写作方向。《无处收留》略嫌偏“实”，若能再个人化一些，可在《大家》刊发。

朱晓桦

你可以想象我的兴奋。我终于确信，“文学事业”是我想象中的那么回事儿。确实有那么一群敬业的人优雅地坐在杂志的那头，如同天使们勤勉、干净而严肃地坐在天堂里。那时的《大家》创刊不久，上升势头很猛，办得非常有范儿，开本很大，黑色的印有历次诺贝尔文学奖得主头像的封面做得大气十足。朱晓桦字体很潇洒，我想象他一定是一个留着长头发的青年人。我当天晚上就开始对《无处收留：吴三桂》进行修改，朝着我理解的“个人化”风格靠拢。虽不至于夜不成眠，但白天我犹如热恋中的人总想着恋人的脸一样，总是转着《大家》那黑色的封面。半个月后我把稿子寄回去，然后就是数着日子等待。能在《大家》这样有分量的杂志上发表“处女作”，应该也算一个漂亮的开头了吧？看来写作两年，终于“梦想成真”了。很可能，我文学生涯中的第一个笔会，会在“春城”昆明……

三个月后，第二封信来了，我急切地打开，却是一盆冷水：“你的《无处收留：吴三桂》送审时未通过，说是暂时不发历史题材。《大家》杂志社将要自负盈亏，在如何走向市场上考虑得较多，原来选定的许多稿子都压下了，你也可以别处想想办法。”

·七·

如前所述，我曾铁了心要让处女作在顶尖刊物上一鸣惊人。不过，在《大家》退稿后，我痛定思痛，不得不做出重大退步：除了《无处收留：吴三桂》这篇我最喜欢的稿子之外，我将《蒙古无边》等其他稿子投给省级文学刊物：我要先踏入“文学圈儿”啊。

首先想到的当然是本省的那本《鸭绿江》，虽然今天可能没多少人知道还有这样一本刊物，但是在 20 世纪 80 年代，它曾经辉煌一时。

标准自减一挡，似乎就一路通畅：一个多月后，我就收到了《鸭绿江》一位叫李轻松的编辑热情洋溢的回信，然后，1998 年第 2 期，《鸭绿江》刊出了我的《蒙古无边》，于是这篇文章成了我的“处女作”。

从那之后，我和诗人李轻松成了朋友。通过和她通信，我才发现，原来我能在这样一本省级文学刊物上发表作品，其实也是一种小概率事件。她说，发现我的作品时，她刚刚从别的单位借到《鸭绿江》做编辑，一般的编辑都不爱看自发来稿，因为里面大多是不通之作，只有她这个新手还有兴趣翻翻。她很偶然地在堆如小山的自然来稿中，抽到了我的信封。

直到这时，我才知道还有“自然来稿”这一说。也就是说，文学刊物中刊发的，大部分都不是像我这样直接写上“某某编辑部收”的稿件。你起码要写上具体某个编辑的名字，被拆开看的可能性才更大一些。更靠谱的做法是，先设法与编辑认识。起码，先要有朋友居中介绍。

我感觉很意外。我所知道的“文学世界”不是这样的。在我心目中，“文学世界”真有点“高于生活”的意思，它应该是一群不世俗的人按着非世俗的规则操作的事儿。我一直认为作家一开始都应该是“自然投稿”，而编辑对所有稿件都应该是一视同仁的。有这个“文学世界”存在，或者说，有这样一群抵抗世俗的人存在，这个世界才有价值。所以这一事实是对我的迎头一击，让我的头嗡嗡叫了许久。我回想起自己苦等编辑们回音的日日夜夜，现在才想明白，也许我投出去的信封，至今仍然没有打开。

不过，这一认知对我并没有什么影响。在那之后，直到今天，在通常情况下，我仍然坚持“自发投稿”(虽然今天我已经很少投稿了)。之所以如此，是因为我认为这是“正确”的，这是我少年时代梦想的一部分。当然，也如以前一样，直到今天，我的“自发投稿”百分之九十五以上没有回音。（比如我有时感慨于时事，会写点时评，投给本省的晚报，也多次给自己很喜欢的报纸《南方周末》投过稿，不过十多年了，从来没有投中过。）

这反映了我性格中的某种“心理疾病”，我没法治愈它。

·八·

《蒙古无边》的发表，标志着我“走上了文学之路”。接着，也算是“国家级刊物”的《青年文学》也接受我的“自然来稿”，发表了我的第一篇也是迄今为止唯一一篇小说《说话算话》，我还记得给我回信的编辑叫陈锟。接着，我又陆陆续续在省级文学期刊上发表了一些作品。然后，我被省作协“发现”，参加了省文学院的“青年作家培训班”。在那之后，我又成为“省文学院合同制作家”。这是各省鼓励文学创作的通行做法：省作协在全省范围内挑选十多名有实力能出“成果”的中青年作家，与之签约，按照每年在“省级”“国家级”刊物上的发表量以及被转载的数量，给予一定津贴补助。在一省的文学界，这算是一种比较重要的认可。也就是说，我确乎已经是“青年作家”了。

我仍然没能把《无处收留：吴三桂》发表在“一流”刊物上。这是我的一个心结。我一直没有放弃努力。这篇稿子一天也没停地在邮路上奔波。又一个编辑给我回信了。在《大家》退稿之后不久，《花城》一位叫文能的编辑先生给我来了用稿信。这封用稿信虽然没有谈及对这篇文章的评价，却明确讲，将于明年刊发。

到了年底，文能的第二封信来了：“你的稿件本已确定刊发，但是我因个人原因，将调离杂志社，加上出版社内部关系复杂，因此此稿也无法用了。我已经将它推荐给了其他刊物，请相信这是一篇好作品，肯定能发出来。”

过了几个月，《天涯》杂志李少君的一封回信证明文能先生确实在努力帮我的忙：“文能转过来你的一篇关于吴三桂的文章。我们看过，认为很好，本来是可以在《天涯》发的，但太长了。你功底、文笔都不错，有什么其他稿可以寄些来。这篇你可以寄给《收获》看看，他们应该是可以发的。”

……

直到2001年，我已经出版了第一本散文集之后的第二年的夏天，到辽宁文学院开会。我几乎已经忘了有一篇稿子还漂在路上这件事，直到文学院一位工作人员把一本已经磨破边了的牛皮纸信封扔给我：“请客吧！给你的杂志，寄到这儿来了。”

是2001年第1期的《钟山》，目录栏中赫然印着“无处收留：吴三桂　张宏杰”。因为彼时我已经是“辽宁文学院合同制作家”，所以杂志被莫名其妙地寄到了这里。杂志里还夹着一封信，主编傅晓虹说，是文能转给她的稿子。

这篇文章一刻不停地在路上奔走了五年，这五年，我由二十四岁变成虚岁三十，它则餐风宿露，不眠不休，撞过了十几家杂志的大门，最终，到底在一本“一流刊物”上露面了。我终于对得起它了。（到今天为止，我也没见过文能先生，甚至没通过一次电话。我不知道他现在在什么地方工作，还是已经退休了。）

我打开杂志，将这篇《无处收留：吴三桂》从头到尾一字不落地又读了一遍。我记得大学期间我在《钟山》上读到的大量好东西：苏童、余华、贾平凹、汪曾祺……如今，我隐隐有了与他们，这些我昔日的文学英雄并肩站在一起的感觉。

·九·

在此之前，虽然已经发表了很多东西，但是我一直没有找到当“作家”的感觉。在我的记忆中，一个真正的作家，是拥有大量读者的，是会收到如潮反响的。你看那些著名作家的采访，不是都说某篇作品发表后，会收到一麻袋一麻袋的读者来信吗（其中最令我印象深刻的细节是信中会掉出漂亮女读者的照片）？

可是，没有任何读者给过我反馈，也没有任何评论家注意过我的存在，甚至我身边的人也没有任何人表示他们读过我的东西。当然，我的写作是“秘密进行”的，因为我担心可能失败。不过，我期望的是，在我成为作家之后，被身边的同事和朋友在杂志上惊讶地发现。现在，我已经“成功”了，已经是“省文学院合同制作家”了，可似乎从来没人知道这一点。

我把这归咎于没有在“一流期刊”上发表过东西。我特意到单位的图书室里查了一下，里面确实没有订《鸭绿江》或者《北方文学》之类的省级期刊。

如今，我在《钟山》上露面了。图书室里确乎有这本杂志的。那些评论家们肯定也都看这本杂志。这次，我算是登上文坛，露脸了吧？

果然，在看到杂志后的第二个月，我收到了一封读者来信。这位读者是一位在当时颇有影响的女学者。她说，她在《钟山》上读到《无处收留：吴三桂》之后感觉非常“震骇”，遂找到主编傅晓虹要到我的联系方式。她说了很多肯定赞赏的话。她还说，她是先学历史后学经济，与我恰好相反。她最后说，她此时“因言贾祸”，情况很不顺……总之信写得很长，随信还一口气寄来她的三本书，一本书上题写了“宝剑赠烈士”五个大字。

我当然兴奋。我当然激动。我等着更多的反响，对我到那时为止自认为最好的一篇作品的反应。

没想到，这封信居然成了绝响。在那之后，我再也没有收到过任何来自文学刊物的读者的反馈，更不用说什么评论家或者文学权威的反应了。单位图书室的那本《钟山》，似乎也从来没有人借阅过。我费尽全力，朝湖水里扔了一块大石头，然后侧耳倾听：半天过去了，毫无声响。

原来湖不在那儿。

直到这时，我才恍然发觉，“80 年代”已经逝去，世界已经变了。80 年代一本文学刊物，动辄几十上百万的销量。连东北边地的《鸭绿江》，发行量都一度达到四十万册。“一本《十月》或者《当代》，往往先在大学宿舍间流动，然后可能在理发店、医院病房、工厂车间、商店柜台之间持续做布朗运动；也可能是从表哥到表妹到表妹的男朋友到男朋友的班主任……直至消弭于无形。”仅仅十年后，这一情景已经恍如隔世。某位主编说：“你不能去问一个诗歌期刊的主编，他的杂志发行有多少册，这就像问一个女人她的年龄一样。”

文学不再能带来轰动效应，不再能改变一个人的命运，所以，那些最有才华的人很少再有人从事文学了。去从政、从商，去做个循规蹈矩的白领，都比做文学青年靠谱。许多才华正盛的作家，都纷纷转行去给导演们打工，写电影、电视剧。“文学”变成了小圈子的事。一般来讲，你发表的作品，只有编辑以及你通知到的几个同行会读。

以上两项变化互为因果，大部分文学也告别了社会，告别了读者，仅仅成为一种有气无力的惯性。20 世纪 80 年代，文学替全国人思考，为全国人启蒙，指点江山、激昂“斗志”。如今，文学变得“纯粹”了，但也纯粹到了水至清则无鱼的境地。

也不能说我没有得到过反馈。在得知我发表了一些东西后不久，建行的某位科长曾经郑重其事地和我探讨过“写作”这个话题。据他理解，在作家当中，写散文的尚属正常，写小说者都是准精神病患者，而写诗则是一个人精神有问题的确凿证据。

同时，我全力写作的年龄正是一个中小城市青年找对象的关键时段，“不好好上班”“写小说”（人们管文学杂志上的东西一律叫作小说）不但没有成为我吸引未婚女青年的招牌，反而成了我不是一个好的婚姻对象的证明：这证明我不会很好地沿着副科长、科长、副处长之路攀登，反而有成为浪荡之人的可能。在我逃离了“行长秘书”这一职位后，这一征兆更为明显。回首我的大学同学，大部分已经混成科长，有的已经是副处长、处长，更有人已经成了亿万富翁。

· 十 ·

好在了解了这一事实后我并没有过分沮丧。作为一个小城市里的普通大学毕业生，我的理想如同橡皮筋一样可长可短，可大可小，可以想入非非，也可以在第二天早上就忘掉。虽然不能凭写作“功成名就”，但是我发现了并且习惯了写作的快乐。

写作是痛苦的。写作需要将自己调动到最活跃、最兴奋、最有力量的状态，才能随心所欲地驱策胸中万物，才能接近理想中的完美状态。因此写作者必须拥有特别强大的意志力，需要无情地鞭策大脑。这种写作中的完美主义压得我喘不过气来，不过离了它，我就得不到那种酣畅淋漓的极致体验。

写作又是快乐的。我的性格是那种习惯和自己较劲的人。我想最适合我的工作也许是一个石匠或者木匠：安安静静地坐在一个不被打扰的地方敲打点什么东西，使它以最合适的形态呈现出来。仅仅这一过程本身，就足以令人心满意足了。

我越来越发现推动我写作的动力是好奇心。我们被告知的世界，和真实的世界，差距之大如同两个星球，而历史这个领域，这种差距更是明显。大学期间在大连市图书馆阅读历史材料时，我不断地感到过山车式的惊讶。把这种惊讶表达出来，其实就是我写历史的最初动力。历史写作对我来说是一次旅行和探险：在故纸堆中，随处可见蛛丝马迹。沿着这些线索前行，擦去历史碎片上的尘埃和涂饰，小心翼翼地拼接在一起，你会发现历史的面相与你的想象几乎完全不同。一开始，我关注的是历史中的人性。就像莫言在评价我的一篇文章时所说，我关注的是人性的复杂。在历史中，各种情节都已出现，人性的千奇百怪匪夷所思出人意料都表现出来了，我迷恋于观察这种复杂性，迷恋于将一张又一张面孔复原出来，得意地指给别人说：看，他原来是这个样子！再后来，我的好奇心更多地转移到历史规律本身。我开始观察农民起义，观察中国人的盛世梦，观察中国专制制度的起源……我惊讶地发现，我头脑中那些习以为常的观念，几乎都是不准确的。比如，农民起义推动的主要不是历史的进步，而是专制制度的进步；比如中国式的盛世几乎都是建立在一个大衰世的基础上，并且以衰世为结局；比如春秋战国时的那些自由思想的大家，几乎个个都在呼吁一个大一统的专制政权……

我的这些观察和思考，完全是野狐禅式的，远离“学术范式”的，我的结论也许荒谬可笑，离题万里，但是我却自得其乐。我的写作完全是随心所欲，信马由缰。摒弃万物，沉在书房中，一点点地梳理自己的思路，解答自己的疑问，敲打出一篇篇文章，那种遗世独立的专注、单纯而宁静的感觉，确是一种巨大的幸福。

就这样，我以一个标准的“文学青年”为入口，走入历史。从历史开始走下去，你会不自觉地经过人文学科的各个房间。一路走来，通过写作，我对这个世界有了更深更广的认识。从 1996 年到现在，我的思想发生了巨大的变化。我对社会，对历史，对体制，包括文学体制，许多方面都进行了自我颠覆。这一脱胎换骨的过程，正是始于写作。

写作也给我带来了现实的“利益”。一开始，为了不致招人误解，我的写作是在地下进行。当发现“作家”已经成了异类之后，我更把发表的东西埋到抽屉深处：没有可以交流的对象，总要好过那些言不由衷的文不对题的“赞赏”。后来一个偶然的机会，行长王毅读了我写的几篇东西。行长虽然文凭不高，但是兴趣广泛，知识面颇广。更主要的是，他们那一代人还认为，写作是一件意义重大的好事。他说，你是个写东西的料，我给你提供点方便。

于是，他把我调到了市行营业部，因为营业部主任董庆毅为人非常开通大度。在他和行长的默许下，我一周只需上班一两天，其他时间，可以在家里正儿八经地当“作家”。这自然是写作给我带来的幸运。每天早上六点半，起来跑一圈步，回到家里，洗个澡，听一楼人都走空，泡一壶茶，揿开电脑，看着茶烟升起，听着电脑“沙沙”的启动声，犹如置身古墓般那样安静。每当这时就深深感谢世界，对我这样宽容。即使写出来的东西永远都不能引起关注，但能一直享受这样的书房生活，我也就心满意足了。

· 十一 ·

不过，写作另一面的快乐毕竟是传播和交流。每一个碾玉人都希望他的玉观音能有人欣赏。更何况七十年代人还都有点“文以载道”的老套想法。

一个意外的机缘，使我发现了另一条接近读者的路。那是 1999 年年底，我到北京出差，因为《鸭绿江》主编刘元举先生介绍，认识了在时事出版社工作的沈阳人祝勇。祝勇知道我在写东西，让我发几篇给他看看。

过了几天，祝勇给我打来电话：我想给你出本书，行不行？你的水平完全可以出一本书，而且我估计书有可能卖得很好。

于是，在 2000 年 1 月 1 日，我的第一本书《千年悖论》出版了，汇集了我写作初期的大部分作品，其中主要的当然是“历史文化散文”。说实话，在此之前，我从来没有考虑过出版的可能性。因为在我看来，出书实在是比在杂志上发表作品重大得多的事（在我的印象中，一个人一般要人到中年，德高望重，作品积累到一定数量了，才有可能出一本书）。因此，虽然稿费只有每千字三十，虽然封面做得有点不伦不类，我还是感觉很兴奋。

这本书起印五千册，出来后很快就淹没在众多新书当中。虽然不久都卖光了，但是在读书界没有引起什么关注。

不过令我高兴的是读者却有了反馈。读者大部分都是大学生，奇怪的是，他们几乎都是在大学图书馆读到的这本书。看来这个出版社对图书馆的发行很成功。有几个大学生给我来信说，这本书“颠覆了他们的大脑”，“千年悖论，让我们觉醒，第一次从人的角度来考虑这些历史人物的种种作为……”

我很高兴这本书能触动一些人，能让他们感受到我的愤怒、惊讶、感慨、激动，能颠覆他们对历史的一些成见：这正是我在书房里不懈敲打的目的。

我发现，出版是将自己的写作抵达读者的大路。出版的传播力比在传统文学杂志上发表要大得多，有效得多。虽然一开始我走的是“文学之路”，但其实我的作品并非标准化的“文学性写作”，我写的虽然都是历史，但是可能比大部分小说都要更靠近现实。它们的读者，大多不是文学期刊的订阅者，而且最关键的一点是，出版社的编辑与文学期刊的编辑完全不同：大部分出版机构都需要赚钱养活自己，因此特别在意一本书的市场反应。与文学期刊疏离了社会不同，出版业已经相当市场化，编辑们睁大眼睛寻找每一位有读者的作家。

所以，除了第二本书的出版颇艰难外，我的书出版都非常顺利。特别是第三本书《大明王朝的七张面孔》出版之后。

《大明王朝的七张面孔》出版不久，我在报纸上网上很快见到白岩松、柴静评论了这本书。影星袁莉在我经常看的《锵锵三人行》中提到了这本书，那年《艺术人生》的年终评点，张越、崔永元等几位嘉宾似乎也提到了这本书……于是我意识到这本书引起了广泛的关注。虽然出版社没有进行过一个字的宣传推广，但是这本书通过口碑相传，渐渐传播开来。印数很快就过了三万册，而在文化类书里面，据说三万册就算畅销书。再以后，我的《中国人的性格历程》《曾国藩的正面与侧面》也陆续成为历史文化类的“畅销书”。从《大明王朝的七张面孔》起，我算是有了自己的读者群，大量地收到读者来信，其中有一封是当时身在美国的留学生、后来的青年学者刘瑜的信（特别令我感动的，是一位读者将我的三万多字的《无处收留：吴三桂》一笔一画地抄在一个小本本上送给了我）。我能够知道，自己的写作与这个世界确实形成了一点互动，虽然是如此微不足道的一点互动。

让自己的写作真正抵达读者，我用了将近十年的时间。

· 十二 ·

在主要传播方式转为出版的同时，我的传统“作家”之路仍然自然延伸。我的一位作家朋友钟求是有一次通电话时说，我感觉你的东西挺适合《当代》的风格。你寄给我的朋友吴玄吧，他现在在《当代》做编辑。

我按钟求是提供的 E-mail 寄去了几篇稿子。一周后，吴玄打来电话，说他已经与主编洪清波达成一致意见，打算从 2006 年起，为我开一个专栏（他们并非因为我出版过一些作品而认为我可以开专栏，事实上他们对我出版过的书一无所知）。这对我完全是一个意想不到的事。专栏的名字后来定为“史纪”。这成了我在“纯文学”领域最辉煌的“业绩”。我获得了一些省级文学奖和一项不太重要的国家级文学奖。对了，还有“文学创作一级”这个职称。因为这些成绩，我成为省作协的“理事”，后来又成为“主席团成员”，还成了一个市作协的“副主席”，参加了“青创会”。

我在“文学圈儿”里遇到过许多清爽的人和清爽的瞬间，遇到过很多认真的编辑和几本敬业的杂志，让我想起“80 年代”整个社会精英与国家同方向前进时的神清气爽。比如我写作生涯中参加过的仅有的两次笔会中的一次，《天涯》杂志多年前开的一次笔会。

如前所述，我的《无处收留：吴三桂》当初被《天涯》因为太长委婉拒绝。当它在《钟山》上发表后，《天涯》副主编李少君写来一封约稿信，说韩少功看到《钟山》上的这篇文章，批评了他，说他错过了一篇好文章。

于是我接连在《天涯》上发表了几篇东西。说实在的，《天涯》这本刊物在所有文学刊物里最适合我，因为它办得不那么“纯文学”，而是更注重思想性和杂糅性，与我的写作风格比较合拍。

2001 年，我意外地得到《天涯》的邀请，年底到海南开笔会。“笔会”两个字，在文学青年时代特别令我向往，在我的幻想中，那应该是一个小团体人的神仙会一样的精神会餐。大学里读文学杂志的时代，我是多少次幻想自己将来也能参加“笔会”，这个梦想终于实现了。

到了海南才发现，这是一个很小规模的笔会，只有九个人。除了我，其他人都大名鼎鼎：张承志、莫言、李陀、王晓明、翟永明、汪晖。还有主人韩少功和蒋子丹。所有的人我都是第一次见到。他们大都是我心目中的文学英雄。不管怎么样，我心中难免暗自激动。那是我第一次到海南，感觉很新鲜。汽车沿环岛高速路行驶。山峦优美，千万株桉树见缝插针，热火朝天地竞争、拥挤、勾结、倾轧，迫不及待地生长。开会的地址是岛内的七仙岭，这是白云缭绕下的一座黛青大山，山顶七峰并立，如同七位仙人侧立。推开窗子，遍地椰树的翠叶在阳光下闪闪发光。

在这些“文学英雄”身上，我确实发现了想象中的“80 年代气质”。这个会上聊的许多东西，现在已经没有印象了。只记得莫言对于大家在会上总是“胸怀宇宙”有他自己的看法。吃饭的时候，他端着酒杯，抿着红酒，随口编了个顺口溜：

这是一个分裂的时代，又是一个整合的时代。

这是一个破坏的年代，又是一个建设的年代。

这是乡下人进城打工的年代，又是韩少功下乡隐居的年代。

这是文学似乎能影响社会的年代，又是文学一钱不值的年代。

文学圈里，拉帮结伙的多了，孤军奋战的少了。

无耻吹捧的多了，严肃批评的少了。

自高自大的多了，谦虚谨慎的少了。

出版的作品越来越多了，好的作品越来越少了。

关心国家大事的多了，关心文学的少了。

冒充理论家的作家越来越多了，像我这样不会说话的越来越少了。

丰乳的方法越来越多了，能分泌乳汁的乳房越来越少了。

……

他一口气编完，大家都大笑。蒋子丹立刻要求，这串顺口溜要交给《天涯》，放到“作家立场”里发表。

这个笔会让我感觉到 20 世纪 80 年代的文学梦不只是一个梦，它真切地存在过。

· 十三 ·

1996 年，当我拿起笔的时候，误以为写作能给我带来一切。转眼，写作，已经二十多年了。我也由大学刚毕业的青年，接近中年，人生中最美好的年华交付给了书桌。抬头一看，几乎一切都已经沧海桑田。

是啊，这个世界变化太快了，事实上我们这一代人也许是中国历史上最为“沧桑”的一代：通常状态下几代人才能经历的历史变化，我们这一代全赶上了。应该说，有一些变化，是必然的，但是，也有一些变化是令我意外的。比如我今天在网上看到的这样一则新闻：

> 《蔓蔓青萝》《泡沫之夏》《潇然梦》……今日，某大学图书馆公布其 2009 年秋季学期借阅书籍排行榜，“进军”前 100 名的书籍几乎全为网络文学书籍。
>
> 据该排行榜显示，除了排名第 51 名的《宋氏三姐妹》和排名第 100 名的《最易掌握的学英语规律 338 条》，其余的均为在网络上曾风靡一时的网络文学作品，如《玥影横斜》《爱在唐朝》《失踪的王妃》等，以及郭敬明、明晓溪、安妮宝贝等青春小资文学作品。与高校专业课程相关的书籍均无缘入榜……

自己坐在大连市图书馆，翻读文学期刊的情景宛如昨日，却读到这样的新闻，怎么能让人不恍如隔世？让我恍惚的事情越来越多，比如发现整整一代人一生的精力可能被一套房套牢，比如许多女大学生公然说愿意给富人做小三，不得不说，这个世界的走向，不是我所想象的。在二十多年前，这个世界就已经转向，离我们而去。我们这些人，是最后一代“文学青年”。

把最早的两本书——《千年悖论》和《另一面：历史人物的另类传记》集合到一起，再加上早年的其他几篇文章，出这本“增补版”的《千年悖论》，于我自己，是为了纪念“文学青年生涯”。正如鲁迅先生所说，将这些体式上不那么统一的东西，集合了做成一本书的样子。这样生涩的东西，倘是别人的，我恐怕不免要劝他“割爱”，但自己却总还想将这留存下来。

回顾这些文字，当然时时闻到青涩的味道。可是，这些文字也是不可复制的，因为每个生命阶段的文字质地是不一样的。重翻这些文字，虽然它的“宏大叙事”中时而露出声嘶力竭，虽然它总是采取俯视的全能视角，虽然它时有“为赋新词强说愁”的做作，但是这些文字里面，灌注着力量、激情和理想。在这些青涩的文字中，我能感觉到自己彼时的单纯，感觉到奔涌的生命能量，感觉到自己当初用大铁锤去砸蝴蝶翅膀的雄壮。

目录

Contents

上篇

人物：无处收留

无处收留：吴三桂

·1·

公元1642年，明崇祯十五年，吴三桂三十一岁，正是人生中最挺拔亮丽的年华。就在这一年，他第一次直面了从未经历过的精神重压。

这年四月，明朝和满洲之间的最后一次关键性战役——松锦之战尘埃落定。明朝辽东经略洪承畴的十三万大军土崩瓦解，锦州陷落，洪承畴被俘。大明王朝苦心经营十余年的关宁锦防线终于被撕破。宁远，成了大明朝在山海关外的最后一座堡垒。

三十一岁的吴三桂继洪承畴之后统率辽东兵马，成了宁远城的最高军事长官，成了明帝国风头最劲的将领，也第一次成了明清两朝大角斗中的焦点人物。崇祯皇帝和皇太极的目光分别从北京和盛京投过来，聚焦在他身上。来自东西两边的政治、军事乃至社会关系的压力和吸力揉撕着他。西面，是前途黯淡的祖国和家园。那里正处在分崩离析前夜的紧张慌乱之中，幸亏山海关那高大厚实的城墙把饥民的呻吟和叛军的呐喊声严严地挡住，让他得以享受片刻清静。东面，三百八十年前，坦荡而蛮荒的辽东平原上，尖声号叫着的满洲人潮水般涌来，一波比一波汹涌，冲刷得宁远城摇摇欲坠。

越来越多的人投向满洲，犹如洪水浸泡下不断崩塌的堤石。其中包括吴三桂的三位舅舅，赫赫有名的祖氏三大将。这座宁远城原本是他们把守的。祖氏三兄弟把自己的祖先追溯到祖逖，那个志在恢复中原的东晋英雄。他们在辽东建立了自己的功业，并且相继栽培和提拔了吴三桂的父亲吴襄以及吴三桂本人。不过，现在，他们不再提及自己那位著名的祖先，他们写来亲笔信，替满洲人劝降。这些信件娓娓说明，在饥荒和寇贼的侵蚀下，大明朝千疮百孔，气数已尽，识时务者为俊杰。随信而来的，还有皇太极的敕书，那上面写明，满洲人许诺给吴三桂的官职远比崇祯皇帝给的高。

可是，官职再高，毕竟是满洲人的。“投降”这个词，即使是在吴三桂脑海里转一下，也火辣辣的，烫得他的神经不舒服。他吴三桂，怎么能和叛变投降联系在一起呢？

自视颇高的吴三桂无法接纳这个肮脏的字眼。天朝和异族，从来都是两个相互消解的世界。从敌人那里得到的越多，意味着你丧失的也越多。即使满洲人给的地位再显赫，也无法抵偿投降所付出的人格代价和名誉损失。如果那样，他必将日夜承受社会舆论造成的心灵重压。

和呈现在我们眼前的这个漶漫而无序的世界截然不同，穿回到三百八十年前的时空，在关东这片土地上（那时候，这片土地上到处覆盖着野蛮生长的森林和无边无际的野草。人类只是在这野蛮豪放的土地的胸膛上，侵蚀出几小块难看的疤痕，作为城市和屯田。整个情景就像皮肤病初起时的症状），放眼四望，所见到的世界却是清晰、坚固、完整的。那是三百八十年前的先人们心中的世界。这个世界来有源去有迹，结构严谨，雄伟壮丽，一目了然。这个世界由儒家的伦理纲常所支撑，几千年来不断有智者为其修补加固，使其成为一处绝好的精神家园。每个人一出生就已被规定了生存的理由和目的，每个灵魂都可以在这个宏大坚固的庇护下安全而慵懒地憩息。这些灵魂都安土重迁，不到万不得已，不刀剑相逼，不会另寻他路。

在这个世界里，你的生命并不属于自己。“万物本乎天，人本乎祖。”你的生命是祖先的恩赐，它附属于父母和家族。所以，一个人生存的目的，乃是报答父母的养育之恩，光大家族的基业，延续家族的血脉，使之不致断绝。这种责任重于个人的生命利益。这种思维大而广之，整个社会就是一个大家族，所有的社会关系都是血缘关系的扩展。所以，在这个世界上，社会成员的一切行为，都必须基于两条基本准则，那就是对皇帝的“忠”和对家长的“孝”。

在某种意义上，“忠”和“孝”已经脱离道德规范和范畴，上升到价值本体的层面。在这个世界上，生存的价值，即在于用自己的行动去注解忠孝仁义这些天理，否则你的存在不仅毫无价值，甚至不如禽兽。所以，叛徒、投降者、贰臣，他们背叛的不仅是自己的主子，而且是整个世界。他们注定要被世界抛弃。

翻检图书馆里整架整架发黄的史书，我惊异于历朝历代忠臣烈士的数量，他们总是于王朝板荡之际集中出现，史书总是不得不为他们那些近乎雷同的事迹留出大量篇幅。他们中的多数是在并无切身危险的情况下安然自裁的，有的还同时杀死了自己的妻子儿女，甚至于贴身仆人，常常是阖门自焚。他们用这种残酷的自杀方式为自己的精神生命赢得空间，并因此获得精神上的自足感。这是他们完成自己在这个世界上存在使命的最完美选择。

吴三桂别无选择地属于这个世界。他的人格取向不可避免地认同于正统价值观的守护者：忠臣孝子。

吴三桂似乎比别人更有理由效忠于大明朝。

风华正茂的青年将领吴三桂是朝野闻名的孝子良臣。他甚至称得上是这个世界的道德楷模。这缘于一次意外事件。

那是天启年末的事。那一年吴三桂刚刚十八岁，还是个半大孩子，正在舅舅祖大寿的指导下学习武艺，其父吴襄是祖大寿手下的一个总兵官。那一日吴襄带领五百名士兵出锦州城巡逻，在辽西荒凉的白山黑水间例行每天的公事。不过，这一次事出偶然，在城外几十里处，吴襄和皇太极率领的四万满洲兵遭遇。皇太极为什么带领如此庞大的军队出现在此地，史书中未有明确记载，不过吴襄的境遇却可想而知。吴襄急忙撤退，但还是在锦州城几里之外被如狼似虎的满洲兵团包围了。吴襄带领这五百人左冲右突，无济于事，全军覆没看来已难以避免。

祖大寿闻讯带着外甥吴三桂上城楼观战。两人都心急如焚，吴三桂一遍遍催促舅舅发兵救援。可是锦州城里只有三千守兵，坚守尚且不足，何谈出城救援。无奈之下，祖大寿只好硬起心肠，拒绝了吴三桂的请求。

我们无法确知十八岁的少年吴三桂的心理感受，无法确知他的举动是出于父子情深（吴三桂和父亲的感情真的很好），还是少年人的热血冲动，总之，在祖大寿未加注意的情况下，少年吴三桂带领二十几名家丁驰出城门，杀入了四万满洲人的重围之中。

皇太极本想诱明军出战，但是这二十多人的队伍却大出他的意料，这个精明雄武的满洲首领不知道明军葫芦里卖的是什么药。少年吴三桂此时把生死置之度外，凭着一股血气，带领着二十多名家丁，居然如入无人之境，杀到父亲身边，把吴襄从目瞪口呆的满洲兵中带了出来。皇太极怀疑明军有诈，下令兵丁不要追杀，听任吴三桂父子逸去。

这个传奇性的遭遇给吴三桂带来了一生受用不尽的声誉资本。在文恬武嬉的大明王朝，这个十几岁孩子的孝勇之举立刻遍闻天下。连皇太极也对这个后生赞不绝口，称他为“好汉子”，并不无遗憾地说：“吾家若得此人，何忧天下？”

以德治天下的社会，对人的道德自觉非常重视，将其作为维系社会运转的基础，每一例出于人性自然的道德行为会立刻被社会舆论纳入纲常伦理系统大加褒扬，为了鼓励这种行为，社会为此建立了相应的赏罚机制：德行能直接换取官阶和禄位。根据这种思维方式，父子人伦，是最基本的社会关系，从一个人对父母的态度，也可以推断他对他人、对国家的态度。“求忠臣于孝子之门”，就成了当然的逻辑。当吴三桂带着一身的血水汗水杀回锦州城之后，祖大寿对他说的第一句话是：

> 儿不忧不富贵，吾即题请封拜。

之后，吴三桂高中武举；再之后，仕途一路坦荡，年仅二十八岁，就做到了镇守一方的宁远总兵，成为青年将领中的翘楚。在仕途的攀升过程中，他比谁都更深切地感受到道德资源对一个人社会成就的巨大推动作用。他十分珍视自己忠臣孝子的社会形象，他习惯性地围绕这个形象设计自己的行动，他在父母面前恭谨体贴，在朋友圈里轻财好士，在百万军中英勇无双。他知道社会对他的角色期待，也尽心尽力地完善自己的社会角色。年仅三十二岁，他即已被破格提拔为辽东提督，总领关外军事，社会对他的回馈不可谓不厚，大明朝对他确实高恩厚德。

确切地分析吴三桂选择中的道义原则和现实利益的比重也许是不可能的。不过，最后的结果是明确的，他拒绝了舅舅的建议。此举很快就为朝廷所知，这进一步丰厚了他的道德资本。不过，从之后的叙述中我们便会得知，他的这一选择并不轻松。

· 2 ·

大明朝就像一辆沿着下坡奔向悬崖的马车，所有的势能叠加指向一个万劫不复的终点。这些势能是此前的几个世纪积累起来的。它的最后一任驭手崇祯皇帝竭尽心力的努力看起来更像一个苍白的手势，于事无补。而且，也许正是由于他的垂死挣扎，反而加速了这一进程。

大明朝的问题不在于遍地的水灾、旱灾、蝗灾，不在于四处蜂起的盗贼，也不在于几位奸臣或昏君。这些只是表象。在这一切的背后，支撑社会正常运转的精神支柱已经垮了。

历史上没有哪个朝代像明代那样重视纲常名教。

可是也从来没有哪个朝代像明朝后期那样，整个社会的道德水准空前低落，人们的精神生命空前萎缩，社会陷入严重的道德危机之中。

纲常名教的道德约束作用因为朱氏家族的透支而逐渐失效。事实上，儒教的伦理规范有着天生的缺陷。它基于人性本善的虚妄假设，要求每个人都应该压抑心中活泼的自然欲望，通过极大的自我克制服从于僵硬的道德教条。它没有为人的自然本性中软弱丑恶的一面留下弹性空间，不承认人的平庸和趋利避害的本能，不承认人的生存的自主权利，缺乏对人的基本物质需要的尊重与关怀。它只有最高标准而没有最低标准。它也许能激起人们的道德狂热，却不适宜作为普遍意义上的人性调节器。

在明朝以前，儒教更多的是作为一种软约束发挥作用，而在明朝，这种软约束越来越硬化，这就使这一伦理标准陷入了困境。由于操作上的难度，它实际上成了一种“伪标准”，造成实际道德标准的缺失。人们有充分的智慧来解决道德高压和自然欲望间的矛盾。他们一方面通过伪饰行为来装点门面；另一方面背地里则是心照不宣地沉沦在道德禁区里，享受矫枉过正的物质欲望的满足。道德价值过分张扬的最终结果是整个价值体系的扭曲坍塌和人欲中卑劣丑恶一面的大放纵大宣泄。

随便举几个例证便可以把上述论证落到实处。嘉隆以来，整个明朝社会陷入奢靡淫纵之中，上至公卿士人下至平民百姓，每个阶层都沉陷于自然人性的放纵之中。在民间，金粉气息充斥于大街小巷，狎妓征歌之风遍及每个角落，街道上公然出售淫具春画。色情文学成为民间文学的主流。在社会上层，这种风气更为炽盛。宪宗成化年间，内阁首辅万安因进献房中术而得到宠信，朝中执掌风宪谏诤的大臣也居然争献媚药秘方。嘉靖年间，道士邵元节、陶仲文都因为长生之术见用，官至礼部尚书，陶仲文更是一身而兼三公。下九流出身而位极人臣，让人瞠目不已。事实上，贪污是明代官僚们的日常工作之一，金钱实际上已取代了一切价值标准，社会正义被统治阶层远远抛开，到处是暴富和赤贫的强烈对比。

有人说，十六、十七世纪是中国人文主义思潮的兴起阶段。这是一种善意的误解。明朝社会的晚期，人性的约束实际上已经废弛，但人们并没有公然宣称人的觉醒。人们生活在犯罪感中，虽然狂纵不羁，但是正统的社会价值依然是心中的认同。这只能导致精神的委顿，导致人们强烈的务实倾向，回避任何实质上的崇高。这个自古以来就强调道德价值的群体，终于在此时成为世界上最为现实主义的民族。

最有说服力的材料恐怕还是末代皇帝崇祯在诏书中亲口所说的：

> 张官设吏，原为治国安民。今出仕专为身谋，居官有同贸

易。催钱粮先比火耗（征收钱粮先要克扣），完正额又欲羡余（国家规定之外又要私自征收）。甚至已经蠲免，亦悖旨私征；才议缮修，乘机自润（一有建设工程，就乘机中饱私囊），或召买不给价值，或驿路诡名轿抬。或差派则卖富殊贫，或理谳（判案）则以直为枉。阿堵违心（不给贿赂），则敲朴任意；囊橐既富，则奸慝可容。抚按之荐劾失真，要津之毁誉倒置。又如勋戚不知餍足，纵贪横于京畿；乡宦灭弃防维，肆侵凌于闾里。纳无赖为爪牙，受奸民之投献。不肖官吏，畏势而曲承。积恶衙蠹，生端而勾引。嗟此小民，谁能安枕！（《明季北略》卷十三）

我们不得不佩服这位末代皇帝的清醒、洞察力和勇气，还有不错的文笔。可惜仅仅描述症状无济于事，没有哪位名医能挽回大明朝的抽心一烂。

这一切都发生在三纲五常的覆盖之下，牌坊依然一个接一个地树起，海瑞那样死抱教条的书呆子依然不断出现，正是他们，成了公众所需要的社会装饰品，点缀着人欲横流的社会。在此表象之下，社会的精神支柱已被抽去，正统价值观已经不能整合社会力量，整个社会成了一盘散沙。由于没有一个切实可行的人格标准，在父父子子君君臣臣的社会关系表象之下是深刻的不信任。人们因为对自己不抱信心，所以对他人也失去了信心。皇帝信不过大臣，上司信不过下属，朝中大臣信不过外面征伐的武将。满朝文武只知自己的身家性命是真，其他都是假的。一遇大事，廷议经常是经月不决，大家都怕承担责任，都说些模棱两可的话来敷衍。崇祯皇帝杀了大宦官魏忠贤，可还是不得不违心地任用宦官去监视各地的文武百官，挂在他嘴边的一句话是：士大夫负国家。

王朝已丧失整合人心的功能，内部力量的相互消耗导致了不可挽回的局面。官僚系统只是因为金钱的润滑才勉强运转。到处是令人痛心疾首的混乱、贪墨、丑恶和颓废。

即使忠心自矢的人也总笼罩在人们的怀疑目光之中。

整个明王朝后期最杰出的军事领袖袁崇焕，因为满洲人一个并不高明的反间计，被崇祯皇帝活活剐死。继袁崇焕之后又一个最有才干的将领洪承畴，也是被猜忌怀疑推进了身败名裂的厄运之中。

洪承畴，字亨九，福建南安人，明万历四十四年（1616年）进士，按正规途径升入社会上层。不过和一般读书人不同，教条化的儒教灌输模式并没有毁坏他的思维能力。他通达权变冷静务实，办事能力极强。崇祯元年（1628年），陕西农民军震动天下，官军望风而逃，洪承畴受命前往镇压，大破李自成军，协助陕西巡抚孙传庭俘获起义军首领高迎祥，给农民军以毁灭性打击。陕西战事初平，关东形势吃紧，崇祯皇帝又征洪承畴总督辽东军事。洪承畴总结前几任辽东军事长官屡战屡败的教训，制定了稳扎稳打的战略，针对满洲人羽翼已成、实力颇丰的现实，决定采取屯田久驻步步为营的策略，逐步把满洲人赶回老家。应该说，这是当时情势下唯一现实的策略，也是明朝在明清角逐中最大的一个胜机。可惜洪承畴这个战略构想，遭到朝廷的激烈反对，性格急躁的崇祯和那些精通小楷和八股的官员们一致主张速战速决，他们认为天朝大国对付不了一个小小的异族实在是一件奇耻大辱，指责洪承畴怯懦畏缩、糜饷劳师的奏章一本接一本地递到皇帝面前，皇帝则派出一个又一个太监到前线监军，谕旨里流露出愈来愈明显的怀疑和杀机。被逼无奈的洪承畴仓促出战，结果是全军覆没。

洪承畴不是败给了满洲人，他败给的，是自己的同胞。

吴三桂是洪承畴辽东遭遇全过程的见证人之一，他亲眼见证了洪承畴在内外夹击下走向覆灭，这令他胆寒不已。和每个处于历史大事件之中的人一样，他并不能清晰洞见情节的转折点，但是他每时每刻都能感受到帝国的死亡气息。明朝就像一艘庞大而破烂的大船，在风雨飘摇之中，不知还能支撑多久。

他，吴三桂，风华正茂才华横溢的吴三桂，为什么非要用自己的新鲜亮丽的生命去给这艘破船殉葬？

· 3 ·

即使隔了三百多年的历史烟尘，吴三桂的生命光芒依然能穿透文字的覆盖，明亮我们的视野。

这是一个充满激情、欲望、才华、能量的生命，上天赋予这个生命那么多优越之处，似乎并不是为了让它满载着遗憾消殒。

吴三桂堪称美男子。吴三桂祖籍江苏高邮，在弥漫着水汽的杏花春雨的南方；他本人却是在风霜凛冽的辽东长大的。南方的水汽和塞外的长风同时融进了他的气质。他的外表兼具北雄南秀。白皙的面庞上两道爽朗的眉毛和一条挺拔的鼻梁十足地挑起了男子汉的英风飒气。更引人注目的是他眉宇间那股端凝沉稳之气，竟如深潭静水，潋滟袭人。

三百多年前的文字是这样记载的：

三桂巨耳隆准，无须，瞻视顾盼，尊严若神。

延陵将军美丰姿，善骑射，躯干不甚伟硕而勇力绝人。沉鸷多谋，弱冠中翘关高选，裘马清狂，颇以风流自赏。

年少成名的吴三桂曾在北京短暂逗留。在上流社会的圈子里，有着传奇经历而又风姿俊逸的他几乎引起了轰动。名公巨卿乃至文人雅士们都以结识他为荣。他兼粗豪与文雅的气质使名动京师的大诗人吴梅村十分倾倒，为他留下了“白皙通侯最少年”之语。

从儿童时期起，吴三桂就表现出与众不同的品质。膏粱子弟的他当然同样贪玩调皮，但是在练武场上，他却表现出一般儿童所没有的自律能力和吃苦精神。长时间单调而艰苦的练习，他异常投入，从不偷懒。他另一个突出的品质就是争强好胜，从不服输。根据现有资料判断，吴三桂的神经类型极好，智商很高，身体协调性和反应能力均为一流，天赋极为突出。祖大寿很早就发现了这个外甥身上的不凡素质，对他极为宠爱，广延名师，悉心栽培。才十几岁，吴三桂的一身骑射本领就已十分出众，在校场上常常夺魁，在关外军中已小有名气。

唯一遗憾的是吴三桂对读书不太感兴趣。一心望子成龙的吴襄在培养儿子上不惜工本，曾叫吴三桂跟随董其昌读书，无奈吴三桂实在不是此道中人，吴襄也只好由他去了。好在当时对武将的文化素质要求并不高，武功骑射才是衡量武将才干的主要标准。

出众的武功和传奇般的孝勇之名并不足以解释吴三桂令人目眩的升迁步伐。吴三桂真正过人之处在于他的处世能力。他属于多血质气质类型，社会协调性极强，善于感知别人的情绪反应。无论什么场合，他都能镇定自若，在战场上他表现出的勇气和沉着令他赢得了所有军人的尊重；在社交场合，他的沉稳风度使他能永远成为人群中心。吴三桂城府极深，精明机敏，和同龄人相比，他显得成熟许多。年纪轻轻的他在关外上层人物圈里就有着“轻财好士”的美誉。他在任何场合都能游刃有余，和任何人都能迅速建立起亲密的关系。虽然年纪轻轻，又是名门之后，可他身上却见不到一点纨绔之气，和任何人交往都是一派和颜悦色，彬彬有礼，从无疾言遽色。对待那些地位较低的人，他也同样和蔼可亲，一脸坦诚，让人大有受宠若惊之感。他热衷于广泛交游，人有所长，他总是千方百计与之结识；别人遇到困难，他经常主动慷慨解囊，一掷千金。对于那些身居高位、于他的前途大有关碍的人物，他更是善于攀附，每每在不显山不露水中赢得他们的好感。

天启年间，高起潜代皇帝总监辽东兵马，初出茅庐的吴三桂就认这个位高权重的太监做了义父。大学士方一藻巡抚辽东以后，吴三桂很快和其子方光琛成了结拜兄弟。洪承畴经略辽东之后，他又和洪的亲信幕僚谢四新结为至交。所以历任边关大吏无不对他眷顾有加，他不发迹，还有谁能发迹？

在谦恭谨慎八面玲珑的背后，是他那深藏不露的强烈欲望。在内心深处，他是一个极为自负、极为自傲的人。自身的出众素质和不断地成功使他对自己的能力极为自信。他深知自己是个欲望强烈的人，包括功名欲和享受欲。他绝不会把这一生白白放过，他要居大位，享大名，得到天下最美好的女人。他还要封妻荫子，光宗耀祖。读《汉纪》至《光武本纪》时，他不觉掷书长叹："仕宦当作执金吾，娶妻当得阴丽华，余亦遂此愿足矣！"只要向社会上层攀升，生命价值，个人欲望，一切的一切，都可以得到解决。这真是一幅简洁而绚丽的人生图景。

武人吴三桂也许不会去更多地思考诸如生命的终极意义之类的问题，也不会体验到困扰我们笔端（有时仅仅是笔端）的存在的荒谬之类的后现代痛苦。他兴致勃勃地沉醉在他的世界里，他的痛苦和欢乐都是古典的、沉重的、全神贯注的，有着埋头走路、不抬头看天的性质，因此也具有某种朴素动人的意味。他存在的目的很明确，那就是在大明朝这座巨大的山体上尽力攀登，海拔的上升就意味着幸福的临近，但是，就在他兴致勃勃地攀到半山腰的时候，他突然发现，脚下所踩的原来是一座冰山，正面临着不可避免地消融。即使攀爬到最高处，最后的结局依然是毁灭，而不是达到永恒的幸福之源。

武人吴三桂就是在宁锦战役之后，在接连听到关内官军连连战败的消息之后，突然发现自己原来站在了冰山上。此刻他体验到了存在的荒谬。当然，他不会用这个词去表述。他只是觉得，自己心中那个完整坚固的世界破裂了，名誉、尊严、社会成就和生命欲望、个人价值被割裂成不同的两半。他必须有所取舍，而任何一种选择对他都是一种不能负担的残酷。

一种无可逃避的残酷。

· 4 ·

和烂熟的大明王朝相比，那时候的满洲社会还没有建立起标准化的伦理构架。满洲人更多的是凭借体内原始的热情和冲动生活着。他们大致知道些《三国演义》的故事，知道些忠孝仁义的粗浅概念。可是宋儒的高深理论不是他们野性未除的粗粝头脑所能理解的。他们的行为方式更自然、更直接、更灵活，所以这个民族显得朝气蓬勃，锐气十足，效率很高。建立伦理标准来牢笼人心是几十年之后才提上议事日程的事。现在，他们的行动只是凭原始热情冲动，凭夺取中原的雄心指引。他们的征服需要汉人的引导，所以他们竭尽全力争取那些有才干的汉人，执着而真诚。

祖氏三雄一直是他们争取的目标。满洲人因为受到祖氏兄弟的有力打击而敬重他们。满洲人听不懂忠感天地、义动云天的神话。在部落的争战中，狡诈、残忍、背叛都不是罪恶，而是生存的方式。弱的服从强的，失败者归顺胜利者是理所当然的事，投降并不是一件可耻的事。应该说，他们不能完全了解诱降给这些汉人所带来的心理伤害。

崇祯三年（1630年），皇太极俘获了祖大寿的两个儿子和一个侄子，他赐给他们房屋土地，并以此为诱饵招降祖大寿。祖大寿不为所动。

崇祯四年（1631年），皇太极围祖大寿于大凌河城。三个月后，城中粮竭，祖大寿和皇太极签订城下之盟，率队出降。皇太极大喜过望，厚赏祖大寿，为了表示对祖大寿的充分信任，他命祖大寿为前导，带兵攻取锦州。不料在锦州城下，祖大寿甩开大队人马逃入城中。皇太极彻底被祖大寿耍了一把，但这个满洲首领的胸襟、气度和精明亦借此机会表现了出来。他“命达海传谕慰诸降将（和祖大寿一起投降的其他将领），大寿诸子孙赐宅以居，厚抚之”。

十年后（1641年），皇太极又一次俘获祖大寿。这一次，祖大寿自度不免一死，皇太极却依然在竭力争取他。出于对明朝的失望，对子孙前途的考虑，还有对这位满洲首领人格力量的屈从，这一次，祖大寿低头了。

皇太极明白他的成功不仅仅是招降了祖大寿，更重要的是，他也用这一举动在汉人将领中建立了威信。他知道他的付出将会得到巨大的回报。

历史证明了这一点。如果没有后来越来越多的汉人的归降，满洲人夺取天下将是一个虚妄的梦想。

洪承畴刚刚被俘的时候，也曾经一门心思要尽节殉国，在满人的监狱里蓬头赤脚，日夜大骂，只求速死。可是皇太极一点也不生气，供给洪承畴锦衣美食，细心照顾，不断派人去劝降，做耐心细致的思想工作。过了一段时间，他亲自到监狱中去看望，看到洪承畴衣服单薄，便解下自己的貂裘大氅给他披上，并且问道："先生得无寒乎？"洪承畴瞠视良久，叹曰："真命世之主也！"乃叩头请降。

洪承畴不是腐儒，新兴的清朝和没落的明朝之间的上下优劣明眼人一目了然。在和满洲人打交道的过程中他亲身感受到了这个民族大有前途，必将取朱明而代之，而使他最后下定投降决心的，还是这个满洲统治者不可抵御的个人魅力。

· 5 ·

吴三桂简直不能相信洪承畴会投降，而相信之后，他却感到了一种莫名其妙的轻松。

洪承畴是在朝诸公中吴三桂真心敬重的人物之一。在吴三桂眼里，这样的人并不多。对于读书人，吴三桂的心理一直很矛盾。一方面，他对这些人嘴里那些深奥的道理敬畏有加；另一方面，这些说起话来头头是道的人办起事来却往往让他诧异不已。这些人办正事迂腐天真，可是捞起钱来手段比谁都精，钻营起来脸皮比谁都厚。遇到沽名钓誉的机会争先恐后，到了拿章程做决断的时候却言不及义，互相推诿。满朝大员，率多此类。吴三桂以为，国家就是在这些人手里败坏的。

不过，洪承畴和他们不一样。这位大帅的外表虽然也一样的文弱，可眼神中却有一股通透沉静之气，那是胸中有城府有见识有块垒有操持的沉静。这位文章学问名满京师的学士并不是那种只会纸上谈兵的书呆子，他放下毛笔跨上战马，就把关陕以西的那些气势汹汹、无人能挡的农民军打得气焰顿消，把大名鼎鼎的李自成打得只剩下十八骑败走商洛。吴三桂觉得书上说的修身齐家治国平天下的读书人就应该是这样，内圣外王，下马能文，上马能武，这才是受了圣人之教，得了圣人之道。对这样的人，吴三桂打心底里佩服，他们才是天地正气之所钟，国家希望之所在。虽然满朝昏昏，但只要有几个这样的大贤，为天地立心，为生民立命，为往圣继绝学，为万世开太平，大明朝就有希望，老朱家的气数就不会尽。

吴三桂还清楚地记得洪承畴初次出关时的情景。在接风宴上，洪承畴纵谈关外的守战之势，分析明决，切中要害。就是那一次，洪承畴提出了在关外打持久战的构想，这个想法得到了关外将领的一致拥护。大家都觉得这个大帅和以往那些只会夸夸其谈的大员明显不同。饮酒微酣，洪承畴谈起关内的形势和皇上的宵旰图治，忧君爱国之情溢于言表，说着说着，竟至于老泪纵横，泣不成声。吴三桂从洪承畴身上首次体验到了一种与众不同的人格力量。他觉得这个人的层次和他们武人不可同日而语，武人的忠义只是血气之勇，而洪大帅则是出自胸中的圣道天理。

松锦战败之后，人们都做好了悲痛的准备，等待着他殉国的消息传来。毫无疑问，又一个崇高的身影将走进祭坛，为孔孟之说悲壮殉葬，和岳飞、苏武、文天祥们一起享受后代的崇敬眼光。也许还会有《正气歌》之类的作品留下来，成为千古名篇。崇祯皇帝甚至已经在北京为洪承畴立了祠堂，设了祭坛。

可洪承畴居然就降了。这位道德文章的光辉代表转眼就成了丑恶的叛徒，一夜之间从高耸入云的道德殿堂坠入精神地狱。角色转换也实在太迅速了，实在让人难以适应。

吴三桂怎样也难以把洪大帅与舞台上大白脸或者小丑的形象联系在一起。舞台上的叛徒都是这种形象，难道洪大帅的后世舞台形象也是这样一副打扮吗？

看来满腹的孔孟之书还是敌不过蝼蚁皆有的求生本能。

还有舅舅祖大寿，吴三桂和他情同父子。这个曾经威名赫赫后来又身败名裂的将军其实就是一个既慈祥又威严的老头。这个老头曾为大明江山出过死力，也曾在生死之际多次大义凛然地拒绝满洲人的利诱。只是最后一次，身家性命和儿孙前途使他做了另一种选择。

吴三桂能把这个慈祥的老头和戏台上的白脸联系在一起吗？他只是觉得舅舅太可怜了，满洲人太可恶了，他们不是痛痛快快地给阶下囚一个了结，而是反反复复猫玩老鼠似的用那些残酷的诱惑来折磨舅舅。本来，这老头也是条血性汉子，可是，谁让他生在明清之间这个不祥的战场之上呢？

一次选择就扼杀了自己的精神生命，以往所有的功绩、忠贞全都被泯灭。祖大寿在社会舆论的交响中被剥去了一切尊严。

大忠大奸大善大恶，竟然是一念之间判然分野。做人难啊！

一个无辜者的生命价值和尊严，竟然不是自我所能左右的，反而常常受到其所连属的社会粗暴而蛮横的威胁。一个人，常常会突然陷入外部情势所造成的精神陷阱之中。比如，你所依附的王朝灭亡了，你这个无辜的生命会面临尽忠还是求生的考验；比如，一个女人的丈夫死了，她面对的是苦苦守节还是忍辱再嫁的两难选择；再比如，一个奉公守法的人，会突然之间因为亲戚犯罪而被株连入狱，虽然他和这个亲戚可能根本不通音信。

在苛刻的道德伦理标准之下，一个人很容易被推入冰炭相激的两极选择之中，承受自然人性和社会伦理两方面同样强烈的撕扯，而没有第三条路可走。王朝板荡，不想做忠臣就只能选择做贰臣，不成君子只能成为小人，不成为天使就只能狠狠心做魔鬼，不进入圣祠就只能跪在历史的耻辱柱前。这里，只有道德教条的严酷压力，没有为现实人性的软弱和不完美预留一点弹性空间。

在这种情况下，死亡甚至是最简单最轻松的选择，而活下来，却需要勇气。你必须承受社会舆论和内心负罪感的双重挑战，这往往是一般人难以承受的，如果一个人的生命力不是足够强健，肯定要在这种重压之下委顿，再也难以发出热量。

《清史稿·祖大寿传》计五千余字，而其中关于祖大寿降清之后十六年的事迹记载仅寥寥几十字："明年，世祖定鼎京师，大寿从入关。子泽溥在明官左都督，至是亦降。十三年，大寿卒。"

这枯燥平淡的几十字从一个侧面明确传递出祖大寿生命中最后十六年生活的压抑、灰暗：那是一种苟活。

《明史·危素传》记述过这样一个故事：元朝末年的礼部尚书危素，在元朝覆亡之后，曾投井自杀却被救起。虽然他是汉人，可是从一而终的原则高于民族分野。朱元璋听说此事，认为其人忠义可用，把他召来安排在自己身边做侍从文官。朱元璋此时也许没有意识到这个举动使自己也使危素陷入了一个矛盾的境地。他因为欣赏危素的忠义而把危素救了上来，却使危素陷入了不忠的窘境。他出于利用危素的品质而信任他，却使自己成了鼓励贰臣的人主。在危素尽心尽力地为他服务了一段时间之后，朱元璋突然省悟到了这一点，当然，他是不会错的，那么只能是危素错了。于是他怎么看危素怎么不顺眼。有一天朱元璋在便殿屏风后闲坐，危素从门口进来，足声橐橐。朱元璋问："来人是谁？"危素答道："老臣危素。"朱元璋对危素泰然自若的语气十分反感，冷冷地说："老臣危素，我还以为是文天祥呢！"

不久，朱元璋举行朝会，廷臣牵来元朝宫廷驯养的一头大象表演节目。不料这头大象可能是到了新环境不太适应，死活不肯表演，让满朝文武大为尴尬。朱元璋一怒之下，命人把这头大象杀了。可是事后一想，却认为大象是忠于故主，应该褒扬，遂命令予以厚葬。然后，他又让人做了块牌子，上面写着“危不如象”四个字，挂在危素身上，以奚落这个不幸的老头。不久，朱元璋找了个借口，把危素流放到了边远的地方，让他在屈辱中郁郁而死。

我们不知道武人吴三桂是否了解危素的遭遇，但是，对于投降之后的精神代价，他必然比我们认识得深刻痛切。

吴三桂觉得自己生不逢时。

· 6 ·

从我的这间书房所在的城市往西二十公里，就是历史上那座有名的宁远城，现在叫作兴城。

当年祖大寿亲自督建的古城墙依然雄踞，墙顶那些青灰色的古意斑驳的城砖，曾经印上过祖大寿和吴三桂的足迹。

在天气好的夏天，我曾经好几次骑着自行车游荡在古城之中。在这个没有高层建筑的小城里，城中心的那两座巨大的石头牌坊吸引了所有到这里来的人的目光。这两座建筑依然以三百多年前刚刚矗立起时的那种目空一切的神气雄赳赳地俯视着过往人群，不过现在这种神气却显得有点自作多情。因为三三两两的游人只是抬头看看牌坊上面那些依然精美的浮雕，然后摸摸下面那两个石狮子的头。没有几个人会去辨认牌坊的主人费尽心思刻在上面的那几个繁体字。那几个字刻得极高，要认清楚，必须费老大的劲儿抬头才成。

前面那座牌坊上的几个字是：忠贞胆智。

后面更为高大的那座上的四个大字是：登坛骏烈。

这些字的意思是表彰当初守卫这座城池的将军，表彰他们的忠贞和英勇。

它们要表彰的人就是祖大寿和祖大乐。这两座牌坊是祖氏兄弟在皇帝的批准下自己修建的。后来，这两位热衷于自我表彰的将军同时背叛了他们的皇帝。

看着这两座石牌坊，我最先想到的是它们为什么要建得这么高大，以至于经过其下的人会体验到一种压迫感，而且下面还要放两头狰狞的狮子。

这体现了一种与世俗拉开距离的努力，一种俯视一切凌驾一切的意味。

这种俯视一切凌驾一切的东西是什么呢？是这个社会的道德观念的核心。

基本价值观念是一个社会凝聚人心、整合全社会意识形态的精神支柱，是每个社会成员的精神出发点和归宿。所以，每个社会总是竭力高扬这种价值观，巩固这种事关社会向心力的精神制高点。

然而，当一种本来是为关照大众而产生的道德标准被过分夸张地炫耀，声嘶力竭地被人宣扬之时，却显得有点讨厌、有点不诚实。

在祖大寿投降之后，这两座牌坊已经成了具象的讽刺。作为继任者的吴三桂，几乎每天都要经过这两座建筑。不过，他却从来没有提议拆掉它们。这是一个意味深长的事实。

当继任宁远守将的吴三桂再次穿过这两座建筑时，他心里想的是什么呢？

·7·

崇祯十七年（1644年），大明朝终于要咽下最后一口气了。

这年正月，李自成在西安建国改元，旋即渡河东征，一路势如破竹。这时，明朝的精兵良将已经丧失殆尽，吴三桂手下的三万关宁铁骑成了最后一张王牌。正月十九日，崇祯帝在德政殿召集大臣，正式商讨调吴三桂入关事宜。这其实是饮鸩止渴的一步棋，吴三桂入关，就意味着撤去了挡在满洲人面前的最后一道屏障：大明朝用吴三桂挡住了前胸，同时也把后背裸露给了敌人。面对这个难以决断的问题，大明朝的官僚系统最后一次表现了它典型的低效性。先是在皇帝焦急的注视下，满朝文武面面相觑，因为怕承担责任，谁都不敢发言；后来，还是内阁首辅、大学士陈寅打破沉默，老丞相毕竟阅历深厚老谋深算，他首先慷慨激昂地打出“一寸山河一寸金”的旗号，坚决反对弃地，同时又认为调兵势在必行。老丞相慷慨激昂了半天，却等于什么也没说，可是满朝文武大受启发，纷纷按这个调子发言，结果调兵之事一议再议，迁延了一月有余仍然没个结果。

李自成却不必等待廷议的结果。这一个月之中，他的大军已逼近畿辅。北京的陷落看来只是时间问题了，只有到这个时候，朝廷才下了最后决心。三月初，崇祯帝诏封吴三桂为平西伯，命其入关勤王。

面对平西伯这个尊贵的头衔，吴三桂感觉不到一丝兴奋。在等待朝廷决议的这一个月时间里，他应该比北京城内那些官员更为焦虑，如果说在这一个月内吴三桂曾经多次失眠，也许不会离历史真实太远。因为他的性格里缺乏逆来顺受的因子，所以面对绝境，他的心理挣扎应该比常人激烈得多。有足够证据表明，在朝廷做出决定之前，吴三桂已经做出了某种决定。现在，皇帝的诏命已下，大明朝的最后一个柱石之臣立即行动，检阅步骑，带兵上路。

从宁远到山海关，约一百二十公里。在现代交通条件下是两个小时的车程，在当时，按正常行军速度，两天内可以到达。可是不知为什么，这样短短一段路，吴三桂的大军竟然走了八天。是由于队伍过于庞大以致影响了速度还是出现了什么特殊情况？这成了明清易代史上的一个谜团。

俯视一下当时的情势，这个谜其实并不难解。此时，大明朝的腹地已呈鱼烂之势，大半领土已在起义军的控制之下。李自成的军队连战连捷，士气正旺。吴三桂的关宁铁骑能挡得住李自成的步伐吗？根本不可能。吴三桂也许能在北京城下阻挡李自成几天，却没有能力挽狂澜于既倒。作为受恩深重的军官，他应该与大明朝共存亡，相始终。问题是，现在只有终，没有始；只有亡，没有存。如果天下势仍有可为，他有可能做个中兴名将，救大明于危难，扶大厦于将倾，不论有多少艰难险阻，他都不会却步。可如果只是单纯地送死，他实在没有必要那么兴冲冲地自投罗网。

当然他不能按兵不动。如果他按兵不动，就会成为国家和民族的罪人，就等于宣告自己是叛臣逆子。他可不想给天下人留下这样的口实。

所以，吴三桂选择了这样一个最佳方案：拖延。他摆出一副对朝廷尽职尽责的姿态，在行进的路上等待着大明朝的灭亡。等到明朝的灭亡成了既定事实，他的效忠对象不复存在之后，他就有了道义上的行动自由。下一步的取舍，就轻松多了。

真实的吴三桂在求生本能的指引下，在道德的荆棘阵中寻到了一条缝隙，做了一次诡秘的出逃。

天地巨变终于彻底压碎了吴三桂身上的道德外壳，他选择了求生而不是殉道。经过多少不眠之夜他才终于把自己从忠君报国的道德外壳上剥离下来，不过这种剥离是血淋淋的。毕竟，自命不凡的吴三桂有过真实的道德理想。他对自己的生命构想绝不仅仅是一个衣食俸禄层面的碌碌之辈。现在，他的人格理想已被击碎，可以肯定，自诩为血性汉子的吴三桂从此不得不面对世人的指指点点，他不知道自己最终将以什么样的形象进入历史。

吴三桂只能仰天长叹。

现在，他所关注的，只有家族的平安，个人的功利地位，还有陈圆圆。

一想到陈圆圆，他觉得这一切毕竟还得到了补偿。这个女人啊！

在认识陈圆圆之后，他才明白了一个不可思议的道理：原来一个真正的男人，是为了一个女人而存在的。

在拥有陈圆圆以前，他虽然有着风流将军的美名，但是他从来没有把女人真正当回事，女人不过是供他消遣的玩物，不过是比其他东西更好玩罢了。可是自从结识了陈圆圆，世界在他眼中和以前不一样了，这个女人本身就是一个神奇、瑰丽、美妙而莫测的世界。他发现自己也变了，自己不再是以前那个汲汲于名利的吴三桂了，他变得浪漫而多情，变得单纯而透明，和这个女人相比，许多以前显得那么重要的东西现在却无足轻重了。一个真正的女人可以改变世界。

现在，对他来说，做一个真正的男人比做其他任何一个角色都重要，甚至比做一个名垂青史的大英雄更重要。

现在，陈圆圆和他的家族，和大明皇帝一起，都留了在京城里。他没法救出皇帝，但是，以他的三万铁骑，跟李自成去换取自己的身家性命和陈圆圆还是没什么问题的。

·8·

吴三桂的算盘打得很准，就在他于勤王的路上缓缓行进之时，三月十九日，农民军攻陷了北京城。崇祯皇帝在煤山上，用一根白绫，给大明王朝两百多年的统治打上了一个句号。

此时，吴三桂刚刚走到河北丰润，距京城尚有数百里。他忙撤兵返辔，率领大军奔回山海关。

这座依山傍海的雄关，将是他用来换取后半生前程的砝码。明朝的灭亡，使得这座关城已经姓吴了，他不知道这是他的幸运还是不幸。不过，他知道，这座关城不论是对李自成还是对皇太极都是沉甸甸的。他完全有理由相信，李自成会为这座关城开出一个好价钱。李自成会找上门来的。

崇祯十七年（1644年）四月，明朝覆亡后的第十天头上，李自成的信使到了。带来了封他为侯的檄书，带来了四万两犒师银子，同时，还带来了老父吴襄的一封信。

一切都按照吴三桂的设想到来了，尤其是老父的这封信。皇帝已经死了，可是父母仍然在，这就是吴三桂在这个世界上堂而皇之地活下去的理由。忠臣是做不成了，因为他已经失去了效忠的对象；可孝子这冠冕堂皇的社会角色还可以继续扮演下去。他的行为照样可以获得社会的认可。父亲的信说得多么有理：

……今尔徒饬军容，怯懦观望，使李兵长驱深入，既无批吭捣虚之谋，复无形格势禁之力。事势已失，天命难回，吾君已矣，尔父命在须臾。呜呼！识时务者可以知所变计也。……我为尔计，不若反手衔璧，贯鏥舁棺，及今早降，不失通侯之位，而犹全孝子之名。万一徒恃愤骄，全无节制，主客之势既殊，众寡之形不敌，顿甲坚城，一朝歼尽，使尔父无辜并受戮辱，身名俱丧，臣子均失，不亦大可恸哉！

是啊，大势已失，天命难回，国家已亡，家族仍在。父母家小还有那日夜思念的陈圆圆都在李自成的手里，为了父母的生命牺牲自己的名誉情有可原，顺理成章。在大明他是平西伯，到了大顺他就是归命侯。寇贼杀了皇帝，寇贼就成了皇帝。从行脚僧起家的朱元璋可以做明太祖，那么同样用血汗挣得天下的李自成为什么不能顺天应命抚驭万民呢？

现在，吴三桂终于可以光明正大地抛弃一直虚掩在身上的忠臣的外壳，不过里面还有一张孝子的面具，可以用于抵御社会正统价值评判系统的正面杀伤。在命运的逼迫下，吴三桂的生存欲望就像一只见不得光的软体动物，急匆匆地从一只外壳迁入另一只外壳。

吴三桂点齐兵马，把山海关交给大顺农民军，踏上了第二次西进的征途。

命运却同他开了一次让他无比尴尬的玩笑。

走在西进之路上的吴三桂虽然心中还有点紧张，但是心境和第一次入关毕竟大大不同了。他不断幻想着京城的盛大欢迎场面，不免有几分激动。李自成也许会亲自迎接，所有新朝权贵都会出席接风宴会。封侯建府，钟鸣鼎食，他在大顺王朝可能前程更为远大……毕竟，他送给李自成的这份礼物不轻啊！

可是，四月初，当吴三桂来到永平以西的沙河驿时，突然遇到了从京城里逃出来的家人。这个家人因多日逃亡形同乞丐，一见到吴三桂就痛哭失声。

原来，大顺军入城之后，头一件事就是追赃助饷，用高官显宦们的家财来解决财政困难。吴襄虽有招子降顺之功，也不能例外。昔日巨富的吴府现在已被搜刮得干干净净。

吴三桂不由得倒吸一口冷气，半天沉吟不语。他没想到李自成竟然送给他这样一份见面礼。看来他的如意算盘打得也不是太准。可是，自己已经走到了这一步，没有回头路了，也许他到了北京可以摆平这些。突然，他想起一个至关重要的问题："陈妾现在怎么样？"

家人告诉他，陈圆圆现在已经是李自成驾下"权将军"刘宗敏的人了。

"轰的"一声，那些美好的幻想在吴三桂眼前彻底崩塌了。吴三桂像被人当众打了一记耳光，原本白皙英俊的面庞一刹那涨得血红血红。他觉得自己的头好像涨大了一倍。三十三岁血气方刚的吴三桂简直不能相信这样的奇耻大辱会劈头盖脸落到自己身上。好一群流贼，他把山海关拱手而献，他们却夺走了他最心爱的女人！什么封侯之赏，什么犒师银，都是敷衍，他们分明把他吴三桂当成了玩物！有生以来，没有人这样侮辱过他！吴三桂一把拔出腰间的佩剑，刀光一闪，面前的桌案已经被劈成两半。

"大丈夫不能保一女子，何面目见人！"

吴三桂出屋上马，调转马头。三万大军像一头发怒的雄狮直扑山海关。守城的农民军还不知是怎么回事，已被袭杀殆尽，而闻讯应援的白广恩部，刚刚接近关城，也遭到痛击，竟然全军覆没。在战场上，很少有人是吴三桂的对手，尤其是在他狂怒之际！

一场激战之后的山海关出奇的寂静，吴三桂一个人坐在大厅之上，没有任何人敢进来。他既不是忠臣，也已不是孝子，命运撕掉了他所有的面具，现在，他只是一个因为女人而狂怒的男人。在狂怒过去之后，他发现自己真的无家可归了。

·9·

吴三桂多血质的性格特点此刻又一次激烈地表现出来。性格即命运，而此时，性格即历史。就在他冲冠一怒的那个瞬间，我们有理由相信，墨一样浓的愤怒淹没了他的理智，当他静下来之后，他发现自己已被判定为一出悲剧的主角：他不但失去了国家，也失去了家族，同时，还有最心爱的女人。在这个条理分明的世界上，他丧失了经度和纬度，找不到自己的坐标。

冲冠一怒使吴三桂永远地背负上了历史的重债，他因此而成了所谓“民族的罪人”。不过，我却觉得他在这愤怒的一刻袒露出的人性底色是历史上一抹斑斓的色彩，否则这部历史就过于灰暗乏味了。这个由赤裸裸的愤怒驱动着的人一瞬间挣破了文化在他身上形成的层层伪饰，显露出未被阉割的真性真情。否则，我们可以设想，一个不是历史罪人的吴三桂是什么样的呢？只有两种可能：

一、他驱兵西进，与李自成激战于北京城下，以卵击石，壮烈殉国。一出情节单调重复的英雄剧背后是无意义的生命损失，对于历史进程不会有丝毫影响。

二、他忍辱负重，为了民族大义，唾面自干，在那些羞辱捉弄了他的农民军将领前强颜欢笑，虚与委蛇，以此换取一点残羹剩饭。很明显，吴三桂在大顺政权之下非如此不能生存。这样的话，吴三桂确实是兼顾了民族大义和身家性命，可是这样的人格形象是不是更为卑琐？

愤怒很快就过去了。冷静下来的吴三桂又恢复了理智，而他的理智是出众的。他迅速判明了自己的处境，他不甘处于被打击被剥夺的地位。他要对命运反戈一击，永不服输的他在绝望中竭力奋争，试图冲出命运为他设计的险恶陷阱。

· 10 ·

甲申年（1644年），四月十五日，清摄政王多尔衮接到了这样一封书信：

> ……流寇逆天犯阙……先帝不幸，九庙灰烬……三桂受国厚恩，悯斯民之罹难，拒守边门，欲兴师问罪，以慰人心，奈京东地小，兵力未集，特泣血求助。我国与北朝通好二百余年，今无故而遭国难，北朝应恻然念之。而乱臣贼子，亦非北朝所宜容也。夫除暴剪恶，大顺也；拯危扶颠，大义也；出民水火，大仁也；兴灭继绝，大名也；取威定霸，大功也；况流寇所聚金帛子女，不可胜数，义兵一至，皆为王有，此又大利也。王以盖世英雄，值此摧枯拉朽之会，诚难再得之时也。乞念亡国孤臣忠义之言，速选精兵，直入中协西协，三桂自率所部，合兵以抵都门，灭流寇于宫廷，示大义于中国，则我朝之报北朝者，岂惟财帛？将裂土以酬，不敢食言！

这些充斥着“大仁”“大义”字眼的文字——“亡国孤臣”吴三桂的这番“忠义之言”，是他被李自成围困在山海关之后写出的。走投无路之时，他顾不得什么华夷之分、敌我之辨，向昔日不共戴天的死对头发出了乞求。可是连乞求都这么慷慨激昂，大义凛然，满腔悲愤，真好像文天祥再世，申包胥重生。可是，就连不识几个汉字的多尔衮也一目了然，这不过是一封投降信而已。多尔衮何尝不知道，这个“亡国孤臣”几天前还仆仆地奔走在投靠“流寇”的路上，兴致勃勃地想和流寇们分一杯羹！这些汉人真是会说话呀！

吴三桂重又捡起了通行的社会伦理。他并不指望谁真的从文字层面理解他的话。这只是一种信息的标准化包装而已，华夷通用。形式永远是重要的，有时甚至是第一位的，虽然大家彼此心照不宣。

多尔衮并没有用心思品味这些华丽的词语，他立刻感受到了这封信不同寻常的分量。这真是天赐之机，父兄两代人征战多年，始终不能接近的这座雄关，如今可唾手而得，逐鹿中原的宏愿即将实现，他怎能不大喜过望？他立刻发兵，向山海关奔去。

这时山海关已经被李自成的大军团团围住了。李自成这次亲征，不光带了六万大军，而且还带来了吴三桂的父亲。

他知道吴三桂是有名的孝子，他希望吴襄能发挥比六万大军更大的作用。到了山海关下，他做的第一件事，就是命吴襄在阵前致书劝降。

可是这封劝降书对吴三桂已经没有任何作用了。吴三桂现在不需要什么台阶来下，李自成那里已没有他落脚的地方。李自成收到了吴三桂给父亲吴襄的绝笔信：

> 父既不能为忠臣，儿亦安能为孝子？儿与父决，请自今日。父不早图，贼虽置父鼎俎旁以诱三桂，不顾也。

这冠冕堂皇的措辞让李自成无话可说。他知道再和吴三桂费口舌不会有任何意义了。大顺军向这座著名的关城发动了猛烈的攻势。

当多尔衮的大军到达城下时，这座关城已是岌岌可危。激战已进行了一天一夜，大顺军的攻势越来越猛，有的大顺军已经攻上了城墙。吴三桂焦急万分，可是老谋深算的多尔衮一点也不着急。他望着吴三桂那神情焦虑的脸，不慌不忙地提出，吴三桂得先剃发改服，他才能出兵。他还记着吴三桂在那封慷慨激昂的信中装出的那副大明忠臣的姿态。

吴三桂确实没想到这一招，不过他没有犹豫几秒钟，不就是把顶发剃掉，脑后梳一条汉人眼中猪尾巴似的古怪辫子吗？不就是穿上那身汉人眼中难看的满服吗？他已经抛弃了国家，抛弃了父母，抛弃了名誉，他还在乎这几根头发？！他已经不再在乎什么了，不再坚持什么了，就是把自己出卖给魔鬼，也没什么不可以的。事实上，他已经这样做了。

在一片震天动地的喊杀声中，吴三桂头顶上的一缕缕头发，飘落到地上。

心理学家说，外表的变化对一个人的心理有着重要的影响。举个简单的例子，当一个人心情不好的时候，清清爽爽理个发，换个发型，也许可以使人精神焕发，摆脱忧郁。满洲人在征服汉地的过程中，所到之处，坚决要求被征服者剃发改服，即使逼得这些人再度反抗也在所不惜。许多本来已经投降的汉人，仅仅为了保住自己的发式，再一次选择了死亡。因为双方都明白，这绝不仅仅是一种简单的形式上的改变，实际上这是为精神举行的葬礼。这种改变，意味着彻底放弃了人格独立，彻底放弃了先前的价值体系，把自己变成了异类。

吴三桂的精神世界终于放弃了最后一点依托。他完全认同了人性的平庸和趋利避害，完全认同了追求情欲满足的本能，所以不得不抛弃了人的精神尊严。不过这样也好，现在他心里已经了无挂碍，反倒获得了解放，从此他可以任凭自己胸中的贪婪、欲念和仇恨痛痛快快地肆意流淌！

多尔衮终于同意出兵了，吴三桂现在已经是他的掌中之物。不过，他依然从容不迫。为了保存八旗兵的实力，他命令吴三桂为先锋出城，去冲击敌阵。这样，既可以检验吴三桂的诚意，又能考察大顺军的实力，以便他随后实施有力的突击。

吴三桂只能从命了，他觉得自己已经成了一条狗，那么，就像狗那样去卖命吧！

吴三桂的精锐尽出，从四月二十二日早上八点到晚上六点，他率领大军冲锋陷阵，连杀数十阵。彭孙贻在《平寇志》中这样描述道：

> 三桂悉锐鏖战，无不以一当百。自成益驱群贼连营进，大呼，伐鼓震百里。三桂左右奋击，杀贼数千。贼多数鳞次相搏，前者死，后者复进，贼众（三桂）兵寡，三面围之。自成挟太子登庙岗观战，关宁兵东西驰突，贼以其旗左萦而右拂之，阵数十交，围开复合。

战场上的吴三桂永远是无与伦比的，只是现在，他只能是一个无与伦比的叛徒而已。

· 11 ·

法国传教士白晋在他所著的《康熙帝传》中写道：事实上，鞑靼人（满人）在征服帝国过程中，几乎没有付出任何代价，而是汉人在互相残杀。再加上汉人中最勇敢的人，反而为了满洲人去反对他们本民族。

吴三桂就是这些“最勇敢”的汉人中“最杰出”的一个。事实上，在大清取得江山的过程当中，平西王吴三桂在所有的将军中出力最多，功劳最大。一旦弃了道义信条，同胞的生命在他眼里就成了成全自己功绩的道具。出于一种特殊的心理，面对自己的同胞，他比满洲人下手还黑，手段还残暴。这也许隐藏着这样一个心理学事实，即这类举动正是为了掩饰吴三桂内心的负罪感、恐惧感和痛苦。

四月二十三日，山海关大战后的第二天，吴襄在永平范家店被斩首。四月二十六日，吴家满门三十余口在北京二条胡同被杀光。

虽然早已知道这样的结局，但在面对到处僵卧的亲人尸体时，吴三桂还是受到了极大的心理刺激。亲人的血湮没了他最后一丝犹豫和顾虑。他已心硬如铁，没有什么可以再软化他。山海关之战后，他发疯一样对李自成穷追不舍，终于在望都和真定之间追上了李自成。一场昏天黑地的厮杀之后，李自成扔掉所有辎重妇女，狼狈逃走，陈圆圆终于又回到了吴三桂手中。

这是吴三桂用整个家族的性命换来的女人。

击溃了李自成，马不停蹄，他迎击降清复叛的姜瓖，鏖战榆林叛将刘登楼，败明宗室朱森滏于阶州，败农民军将领王永强于同官，平定陕西，攻取四川，收复云贵……他的马蹄从关外一直践踏到云南，踏遍了大半个中国。没有他的浴血奋战，大清绝不可能如此顺利地夺取江山。这一系列战役，许多是硬仗、恶仗、死仗。他曾多次陷入绝境，生死悬于一发，凭着不屈不挠的斗志和运气他才一次次和死亡擦肩而过。他一生中最激烈的战斗是为满洲人打的。为了大清朝，他真的做到了舍生忘死。这一系列战役充分反映了吴三桂作为一个军人的杰出素质。从单纯的军事观点看，许多战役也许能成为军事经典。吴三桂的判断力、决断力，意志品质的坚定性、持久性，战略战术上的创造性，在此都得到了充分的表现。

虽然屡获大捷，但他并不敢居功自傲，仍然是每战身先士卒，躬履行间，把头别在腰带上浴血搏杀。他知道，为大清作战和为大明作战不同，作为一名叛臣降将，他在满洲人面前总有点伸不直腰，抬不起头。他只有豁出性命，表现出异乎寻常的忠勇，才能赢得清人的信任，才能在清朝的权贵中站稳脚跟。

顺治十七年（1660 年），在为满洲人卖了十七年命之后，吴三桂终于获得了报酬，他被封藩云南，位极人臣。

虽然满洲人授予他高官显爵，他还是时时处处觉察到了他们的防范心理，觉察到了他们目光中隐藏着的一丝轻蔑和不信任。

谁让他是一个降臣呢！面对满洲人那外松内紧的满汉分野，对汉人将领处心积虑的提防措施，吴三桂并没有过多的抱怨和愤懑。他天生是个行动人物而不是观念人物，他不会让这些没有任何积极效果的情绪占据他的理智空间，浪费他的心理能量。现实主义是他的坚定指南。他考虑的是如何采取下一个行动。

· 12 ·

吴三桂是追着永历皇帝的足迹来到云南的。

明朝虽亡，可是朱氏子孙一直没有放弃恢复大明王朝的努力。明朝的残余在江南又建立了南明政权，在全国依然有巨大的号召力。可惜这个小朝廷还是改不了窝里斗的老毛病，成天价忙着争权夺利，结果被清军追得整日东逃西窜。追得南明的永历皇帝经常是饥肠辘辘，卧不成眠，偶然讨得一碗饵块炒青菜，也要称之为“大救驾”。最后，走投无路，逃入了荒蛮炎热的缅甸，才算保住了一条命。

看来永历皇帝只能在缅甸无声无息地死去了，满洲人也终于放下了悬着的心。可吴三桂却有不同的想法，他认为只有擒杀永历，才能彻底证明自己的忠心不二。

吴三桂对永历皇帝个人并无好恶可言。作为昔日的明臣，他对这位故主的后裔也并非没有恻隐之心和抱愧之意。大明朝没有任何对不起吴三桂的地方，有的只是高恩厚德，他前半生的功名地位都是大明所赐，可是他无情追杀明朝皇室后裔。不过，既然做了恶人，就做到底吧！现在，他就要借昔日恩人的头颅一用。

于是，吴三桂上书，要求入缅扫灭南明残余。顺治皇帝认为没有必要，南明残部窜入荒夷，不可能东山再起，就放他一马吧。可吴三桂却反复恳求，提出所谓不灭永历，有“三患二难”，最后终于说得顺治皇帝动了心，于是，吴三桂又率大军踏上了为清廷效命的征程。

一个小小的缅甸怎能抵挡得住清朝的大军，清军势如破竹，把朱家子孙斩尽杀绝看来就要实现了。就在这时，他意外地收到了一封用绣着五爪盘龙的明黄缎子包着的书信。这是朱元璋的十二代孙、永历皇帝的一封亲笔信。吴三桂不由心中一震。看着这落难王孙的笔迹，他心里涌起一股无法言说的复杂情绪。

这封信文笔极好：

> ……仆由是渡沙漠，聊借缅人以固吾圉。山遥水远，言笑谁欢，只益悲矣！既失世守之山河，苟全微命于蛮夷，亦自幸矣！乃将军不避艰险，请命前来，提数十万之众，穷追逆旅之身，何视天下之不广哉？岂天覆地载之中，独不容仆一人乎？抑封王锡爵之后，犹欲歼仆以邀功乎？第思高皇帝栉风沐雨之天下，犹不能贻留片地，以为将军建功之所。将军既毁我室，又欲取我子，读'鸱鸮'之章，能不惨然心恻乎？将军犹是世禄之裔，即不为怜仆，独不念先帝乎？即不念先帝，独不念二祖列宗乎？即不念二祖列宗，独不念己之祖若父乎？不知大清何恩何德于将军？仆又何仇何怨于将军？将军自以为智，而适成其愚；自以为厚，而反觉其薄。奕祀而后，史有传，书有载，当以将军为何如人也！仆今者兵衰力弱，茕茕孑立，区区之命，悬于将军之手。如必欲仆首领，则虽粉身碎骨，血溅草莱，所不敢辞。若其转祸为福，或以遐方寸土，仍存三恪，更非敢望。倘得与太平草木，同沾雨露于圣朝，仆纵有亿万之众，亦付于将军，惟将军是命。将军臣事大清，亦可谓不忘故主之血食，不负先帝之大德也。惟冀裁之！

这真是一篇极好的文章，极尽嬉笑怒骂之能事，却又从容不迫，句句藏着机锋却又哀切婉转。这也是充满愤怒、茫然、沉痛的声讨檄文。

在吴三桂，抑或在当时任何一个人看来，这封信字字大义凛然，句句鞭辟入里，信中的每个字都像火焰一样烧灼着吴三桂的眼睛和心脏。他不能没有触动，这封信肯定会翻起他压制在心底却总是余烬未熄的深深的负罪感，触动他封存已久的良知。“将军犹是世禄之裔，即不为伶仆，独不念先帝乎？即不念先帝，独不念二祖列宗乎？即不念二祖列宗，独不念己之祖若父乎？”“第思高皇帝栉风沐雨之天下，犹不能贻留片地，以为将军建功之所。将军既毁我室，又欲取我子，读‘鸱鸮’之章，能不惨然心恻乎？”字字句句，提示着吴三桂生存状况的荒谬无依，提示着吴三桂的精神生命已被普遍价值观放逐于荒蛮，提示着吴三桂的灵魂在旷野中的无遮无蔽。

这位终日逃亡以胆小闻名的永历皇帝单凭这篇文章就可以被列入文字大师之列。不过和他的老祖宗朱元璋比起来，他还是太天真了。文字永远是最苍白无力的，它们只对那些苍白孱弱的灵魂起点作用，而在赤裸裸的邪恶面前，这种努力显得幼稚可笑。这封信只是让吴三桂不舒服了那么一阵而已，对大军的前进步伐一点也没影响。

缅人在清军的压力之下，不得不献出永历。在接到这封信的第二天，吴三桂带着几名护卫，缓步走向永历帝的居所。

在热带竹楼的厚厚屋棚之下，永历帝面南而坐。他头戴一顶马鬃瓦楞帽，身穿一件纯绢大袖的袍子，腰间束了一根黄丝带。这个末代皇孙空顶着皇帝之名，终生逃亡，到处漂泊。不过毕竟是天潢贵胄，他仪表伟岸，举止端庄。他一动不动地坐在竹椅上，眼睛空洞地看着前方。不知为什么，吴三桂看见这个人，心跳忽然凌乱了，他越走越慢，在永历帝几步之外悄悄停了下来。

永历帝见有人进来，轻声问道：“何人？”

不知为什么，吴三桂张张口，没说出话来。永历帝又问了一句："来者何人？"

扑通一声，吴三桂自己也没想到，恍惚之中，他已经跪在这个年轻人的面前。

"你就是平西王吴三桂吧？"永历帝依然轻轻地问。

吴三桂什么也没听见，他只是恍惚看到这个酷似崇祯皇帝的年轻人脸上的疑问表情。他分辨不出这个年轻人在说些什么，只是机械地一连声地应道："是！""是……"

也不知过了多久，他终于听到永历帝长叹一声："说什么都无益了！只是朕本是北人，想见到十二陵再死，这，你总能做到吧？"

他又勉强应了一声。永历帝轻轻向他挥挥手，让他退下，他却站不起身来，只好由卫士上来把他搀扶出去。

自这天以后，吴三桂再也没有见过永历帝。四个月之后，他不顾别人的反对，在昆明城外的篦子坡缢杀了永历帝，而没有把永历帝押赴北京。

· 13 ·

吴三桂不想再叛变了。他在云南的日子过得挺不错，他真的别无所求了。

他喜欢云南这地方，这里四季如春，天蓝得一尘不染，和内地简直是两个世界。

这里离辽东很远，离北京也很远，远到他似乎可以将它们忘却。那两处埋藏了他那么多复杂记忆的地方，他真希望不再想起。

“仕宦当作执金吾，娶妻当得阴丽华。”吴三桂现在所得到的，已经超过了他最奢侈的想望。现在，他是天下最富有、最有权力的人之一，云南的几千里土地上所有的金帛子女都为他所有，他可以在这里为所欲为。人生一世，他还能有何求呢？

在昆明，他次第建起了三座宫殿。天下所有的珍玩宝器和人类所能想得出享乐花样他几乎都可以拥有和尝试。昔日的风流将军此时更加风流狂放：三桂在滇中奢侈无度，后宫之选，不下千人。三桂公余，招幕中名士宴会，酒酣，三桂吹笛，宫人以次唱和。旋呼颁赏，则珠宝金帛堆陈于前，宫人憧憧攘取，三桂顾之以为笑乐。三桂不善书，然每喜临池。府苑中花木清幽，有所谓列翠轩者，厅事五间。春秋佳日，三桂辄携笔坐于轩内，作擘窠大字，侍姬诸人环视于侧，鬓影钗光，与苍翠之色互相辉映。厕身其中，殆无异蓬壶阆苑矣……

玩过奢侈玩高雅，吴三桂已经五十二岁了，却愈加裘马轻狂。昔日占据了他全部情感世界的陈圆圆现在已不能享专房之宠，青春年少不再，他要抓紧剩下已经不多的时间恣意享受，尽情追欢，仿佛只有这样，才能对自己的巨大付出做出补偿。

不过，吴三桂毕竟是吴三桂。虽然嬉游无度日日笙歌，可在世人眼里他却仍是一位贤明仁义的王爷。虽然跺一跺脚云南都要抖一抖，可他却是一副宽厚长者的模样。平时和衷御下，和蔼可亲。与人计事，相对如家人父子。人有诘难，益喜与之交往。文武官员每以公事拜谒王府，府中必于规制之外备饭款待。上至督抚下至守令甚至小吏，逢年过节都能得到王爷的丰厚馈遗。巡抚袁懋功应召返京，吴三桂以十万金相赠；继任巡抚李天浴患病，他竟不拘王爷身份，亲至府中视疾，以示眷礼之意。

凡是旧日上司或者朋友有求于他，不管多难，他必定尽心帮助。在辽东时，他曾隶属于毛文龙部，入清之后，未相往来。然而，当毛氏的老仆从几千里外的江浙赶到昆明，向他哭诉失势的毛家宅邸被将军李强霸占之时，他亲自出面，迫使李强退还了毛宅，还输金谢罪。宁都曾应遴于吴三桂有恩，其子游滇，吴三桂以十四万金相赠。

上上下下都知道王爷仁义诚厚，可是也都知道王爷曾经置父母性命于不顾，曾经追杀故主子孙以为功。吴三桂在朝在野，都混得明白，混得精神，所以收获的都是毕恭毕敬和衷心服从。

可是，富可敌国位极人臣的吴三桂却经常觉得有点不对劲。他越是拼命作乐，越是觉得空虚无聊。“浅把涓涓酒，深凭送此生。”每当此时，他总是一饮颓唐。他总是莫名其妙地心里发虚，夜里，经常在梦里惊醒，一夜无眠。

也许是一家三十多口横尸的场景总在他眼前浮动，也许是成千上万同胞的鲜血让他耿耿于怀，也许是列祖列宗的在天之灵让他难以安枕。

还有，那从遥远的北京射过来的闪烁莫测的目光。虽然他殚精竭虑地效忠，可是那些满洲人似乎总是和他若有若无地保持着距离，热情的外表下似乎总隐藏着深深的寒意……这种闪烁的目光，像是一把沉重而锋利的剑悬在头顶，让他时刻难安。

毕竟，他是个叛臣啊！

平西王爷开始信佛了，像是一个虔诚的佛教徒。他给云南遍地的佛寺大量布施。他在府内设了多座禅堂，常常像个孤僧一样长时间地打坐。他又在凤鸣山上以前无古人的手笔用纯铜铸了一座大殿，号称“金殿”。

平西王爷不光信佛，凡是神仙，他都热心讨好。他重修了昆明的玉皇阁、老君殿、报国寺、西寺。在报国寺的众佛之中，他又命人修了一尊奇怪的塑像，这尊塑像面容酷似吴三桂本人，“将巾，松花服色，锦边，右手抚膝，左执卷，面左顾”。这个奇怪的佛像叫“西来尊者”。

可是，所有这些高大的殿宇，也不能遮蔽他那无家可归的灵魂，不能阻挡一点灾祸。吴三桂的宿命，正向他一步步走来。

· 14 ·

满洲人对吴三桂的不信任，应该早在他亲身入缅、擒杀永历那一刻就开始了。

永历帝那封信里的话，成了吴三桂命运的预言：“将军自以为智，而适成其愚；自以为厚，而反觉其薄。”

顺治皇帝可以理解吴三桂在命运压迫下屈辱地投靠，也可以用混合着欣赏与蔑视的眼光看着他拼尽心力在大江南北为大清卖命。但是，当吴三桂为了进一步讨好他而再一次扑向故主时，福临不寒而栗了。吴三桂做得太过分了，过分得连被效忠的对象都有些难以接受。一条以噬咬旧主来取悦新主的狗能让人放心吗？一个没有任何道德原则的人，可以为功，更可以为祸。

当吴三桂从缅甸回来，马不停蹄地投入镇压云南当地叛乱之时，1661 年，康熙皇帝继位了。

康熙皇帝基本上是在和平环境中长大的。和从白山黑水中走来的祖先不同，他接受的是正规而系统的汉文化教育。到了他这一代，爱新觉罗家族才真正弄明白了儒臣所说的天理人欲和世道人心的关系。出于内心的道德信条，他不能对吴三桂当初的投奔抱理解态度，对于吴三桂为大清立下的汗马功劳，他也不存欣赏之意。对于这位王爷的卖主求荣，他更无法接受。吴三桂为了久镇云南，经常谎报军情，夸大边陲的动荡形势，以保证朝廷持续供给他每年高额的军费，这种用心也早已为某些人勘破。对这位功高权重的汉人王爷，康熙皇帝的心中只有鄙薄、厌恶，还有深深的猜疑和不安。

亲政不久的康熙皇帝在宫里柱子上悬起了一张纸条，上面写着三藩的名字，那是困扰他的首要问题。为了帝国的长治久安，他必须用纲常伦理来整合人心，而任用叛臣作为帝国藩篱实在是不可接受的现实。三藩中他最不放心的就是吴三桂。这个手握重兵的人是帝国最大的危险因素。为了大清的江山万无一失，必须解决这个人，而要解决这个人，首先必须解除他的兵权。要解除他的兵权，就得撤藩。在他看来："三桂等蓄谋久，不早除之，将养痈成患。今日撤亦反，不撤亦反，不若先发！"

刚刚二十岁的康熙说干就干，康熙十二年（1673年），撤藩的诏书便送到了云南。

对吴三桂来讲这确实是当头一棒。云南是他苦心经营准备留给子孙后代的。他为满洲人打下了大半个中国，云南这块封地并非丰厚的报酬。对此，吴三桂和顺治之间有着某种心照不宣的默契。可是现在，刚刚亲政的康熙皇帝却要剥夺他用半生的出生入死换来的这点报酬，这未免太欺负人了。

兵权就是吴三桂的命根子。像吴三桂这样的叛臣，在这个世界上，已经失去了道义的保障。他的所作所为已对正统价值系统构成了肆意挑战，使正人君子愤懑已久，而且，在军政上层生存的这些年，他结交了许多朋友，也不可避免地树了许多敌手。一旦失去兵权，他的身家性命就会受到严重威胁。朝里多少人对他虎视眈眈！他之所以到处横行无忌，处处游刃有余，还不是因为兵权在握！朝廷催促撤藩的诏令一道接一道，面对年轻气盛的康熙皇帝一步步杀机毕现的举动，他好像别无选择了。吴三桂没想到康熙会这样不念旧情，爱新觉罗家族会这样过河拆桥。飞鸟尽，良弓藏，狡兔死，走狗烹，看来竟是千古通义，历朝历代，概莫能外。可是，吴三桂实在不想再叛变了，叛变并不是他的专利。他原想在满洲人的庇护下安安稳稳地终此一生。

几乎所有的历史学家都把三藩叛乱的罪责归于吴三桂，我却愿意为他开脱。如果不是康熙皇帝对吴三桂个人品质的极度反感，不是他的年轻气盛以及超越祖业的雄心，叛乱本可以避免。如果康熙皇帝再老成一些，再等待几年，等已经六十二岁的吴三桂寿终正寝之后，再采取措施，他本可以用和平手段解决三藩问题，对中国历史造成的震动会小得多。

事实是，在康熙十二年（1673 年）九月撤藩诏下达之后，吴三桂经历了长达两个多月的犹豫彷徨。毕竟已经六十多岁了，吴三桂不再有当年“冲冠一怒为红颜”的锐气。明明大势已去，一向头脑清楚的他还在幻想皇帝能收回成命。可是，身边的幕僚们却比他清醒，他们日夜撺掇他起兵。智囊方光琛的进言一针见血：王欲不失富家翁乎？一居笼中，烹饪由人矣！

多年养尊处优的平西王现在又一次陷入了焦躁痛苦的抉择之中。他整夜失眠，动辄脾气大发。转眼到了康熙十二年岁末，宣诏的使臣又一次到了府中，平日温文尔雅的吴王爷头一次失去了自制。面对使臣的催问，开始还笑容可掬的他竟一下子“赤颊大骂”起来，他指着钦差的鼻子吼道：“吾挈天下以与人，只此云南是吾自己血挣。今汝贪污小奴，不容我治耶？！”

起兵势不可免了。

只是，难道反叛竟是他的宿命？

六十二岁那年冬天的一个早晨，吴三桂又一次全身披挂。在练兵校场的鼓角齐鸣中，他纵马疾驰，连发三箭皆中靶心。虽然已是华发满颠，延陵将军风采依然，还是那么英武绝人！

吴三桂率领二十万人马又一次踏上了征程。一路上，风动尘生，杀气袭人。

· 15 ·

起兵之初，形势对吴三桂颇为有利。吴三桂手下的官兵都是百战之锐，能征惯战。在吴三桂的指挥下，他们很快就拿下了贵阳、长沙、岳州、成都、常德、衡州，一路克捷，所到之处，清军望风披靡。

吴三桂又一次饮到了长江水。他亲临常德指挥，陈重兵于长江南岸，摆出一副汹汹之势。这时，吴军士气高涨，将领中有人主张立明朝后裔以收揽人心，有人主张疾行渡江，全师北上；有人主张沿江东下，控扼江淮，以绝南北粮道。可是吴三桂拒不表态。时间一天天过去，开始势如破竹的吴军仍在长江南岸按兵不动。

吴三桂自有他的打算。他想通过这个举动，向朝廷表明他并不是真的想反叛。他只是要保住自己应得的那份利益。他认为大军的一路摧枯拉朽足以吓倒未经世事的小皇帝。他派人给朝廷送去奏章，请求停战。同时，又转托西藏的达赖喇嘛为他向朝廷“说情”，示以“裂土罢兵”之意。

他觉得自己的要求合情合理，康熙皇帝没有理由不妥协。

这个举动暴露了吴三桂的目光短浅。这正是他这种精明的投机者和真正的历史伟人之间的差别，也是他注定不能成大器的证明。他这样的人，在历史脉络的缝隙间可以游刃有余，却缺乏引导历史、创造历史的眼光和识度。武力有时可以决定一切，却不是无懈可击的论据。当他的努力和更多人的利益针锋相对时，他的英勇、精明、识略都成了礁石上苍白的泡沫。

康熙皇帝比吴三桂想象得坚强许多。他身上有着吴三桂最缺乏的东西：原则性。他并不认同吴三桂的逻辑。就在吴三桂按兵不动时，康熙皇帝却在紧张地调动军队，动员种种社会力量。当他初步站稳脚跟，调整好整个国家应对危机的举措后，他对吴三桂做出了回答：将吴三桂留质在京的长子吴应熊、长孙吴世霖处死，其余在京子孙免死入官为奴。

史书记载，当吴三桂听到这个消息时，正在吃饭。他“闻报，惊曰：‘上少年乃能是耶，事决矣！’推食而起”。

至此，吴三桂的梦想才彻底破灭。他渐渐明白了自己的处境，一种不祥的预感笼罩上了心头，自己的一生有可能以彻彻底底的悲剧收场。在历史大情节中摸爬滚打了一生的他在晚年发觉自己一生奋斗的荒唐可笑。天下之大，竟然没有一条留给他的路。自以为聪明一世，英雄一世，谁料竟一直走在绝境的边缘。家庭观念极重的他在自己的爱子幼孙身上倾注了许多情感，这一新的打击使垂暮之年的他有些承受不了。他“在人前不肯显出，暗地里哭，云吃这一伙（指撺掇自己起兵的幕僚）亏了”。

退路已断，吴军只好再次发动攻势。可是此时战机已失，清军已做好了充分准备。形势的力量毕竟大于人，吴三桂的大军开始步履艰难。在清兵以全国之力奋力反扑之后，骁勇善战的吴军开始不断尝到失败的滋味。战局急转直下，吴三桂一生中的最后一次豪赌很快就失去了成功的希望。

1678年，起兵五年之后，六十七岁的吴三桂在绝境中痛苦死去。

三年之后，叛军余部被肃清，吴三桂的子孙后代无一幸免，包括襁褓中的婴儿。

· 16 ·

在吴三桂发动叛乱的七年前，洪承畴就死了。临死的时候，他已经失去了权力。也许正因为如此，他才能够寿终正寝。清政府在悼词中慷慨地送给了他许多美好的词汇，说他“应天顺时，通达大义，辅佐本朝成一统太平之业，而其人亦标名竹帛，勒勋鼎彝”。

然而，到了清朝中叶，天下已经平定，朝廷开始大力宣扬“臣节”。这位“勒勋鼎彝”的勋臣终于被清廷列入《贰臣传》，昔日的赞词荡然无存，剩下的只是对他背叛君亲的严厉指责和犀利嘲讽。他终于以嗜利偷生不顾君臣大义的罪名被钉在了道德审判台上。

· 17 ·

1772 年，清朝最有福气的大皇帝，康熙帝的孙子乾隆在出关祭祖的途中路过宁远城。乾隆饶有兴趣地观看了宁远城中这两座漂亮的石牌坊，这位爱作诗的皇帝又写了一首“御制诗”：

> 燧谨寒更烽候朝，鸠工何暇尚逍遥。
> 若非华表留名姓，谁识元戎事两朝。

意志力的化身：曾国藩

曾国藩以他的一生，验证了人的意志力所能达到的极限。梁启超在形容自己时，用了一个很好的比喻：如果把“梁启超”这个人身上所含的“趣味”元素抽出去，那么所剩物质就无几了。借用这比方也可以说：如果把“曾国藩”这个人身上的“意志力”元素抽去，那么剩下的也不过是一些平淡无奇的成分。

·1·

虽然有巨蟒转世的传说，实际上乡塾教师曾麟书的这个儿子只是个极普通的孩子。老曾家向来缺乏俊秀之才。曾麟书潜心苦读，直到四十三岁才勉强补上个秀才，在读书人里算是比较笨的了。曾国藩本人从十四岁起参加县试，考了九年，二十三岁才考中秀才。与同时代的名人相比，他的天资算得上平庸。小他一岁的左宗棠，十四岁参加湘阴县试，便名列第一。次年应长沙府试，取中第二名。李鸿章十七岁即中秀才。比曾、左、李稍晚的康有为幼年颖异，有神童之誉。梁启超更是天资超迈，十一岁中秀才，十六岁中举人，令曾国藩望尘莫及。曾国藩也常说自己“吾生平短于才”“秉质愚柔”“最钝拙”，这些也并不完全是谦辞。

曾国藩的家乡白杨坪，处在距离县城一百三十里的群山之中，虽山清水秀，风景不恶，但交通不便，消息闭塞。曾国藩在诗中说这里“世事痴聋百不识，笑置诗书如埃尘”。有史以来，在曾麟书之前，这里连个秀才也没出过。

从表面看，丝毫看不出一个震古烁今的大人物即将要从这里走出去。

·2·

曾国藩自拔于流俗，得力于他身上那种湖南山民特有的质朴刚健气质。

恶劣的自然条件，压不垮湖南农民艰苦奋斗的精神。在封闭的环境里，民风朴拙，人们没有别的生计，只知道下死力种田。中国农民的自我克制能力是无与伦比的，艰难的生存磨炼了他们的意志和韧性。虽然只有一个小院，数间茅屋，巴掌大的土地，但一家人还是每天天不亮就起床，春种秋收，喂猪养鸡，一时一刻也不愿白白放过。院里屋外，永远收拾得干干净净，几亩薄田，侍候得无微不至。虽然艰苦的付出和微薄的收获不成比例，一年到头也吃不上几顿好饭，穿不上几件好衣，可是他们从来不知抱怨，一个个乐观知足，全家上下都有一种奋斗向上的心气。曾国藩后来在家书中说，看一个家庭的优劣，不是看经济条件，而是看是否有奋发的气象。只要有“兴旺气象”，这个家庭总有出头之日。这便是来自他自身的经验。

和普通农家相比，曾家家风更为严峻。祖父曾玉屏虽然不大识字，但是有主见有魄力，性情刚烈，为人严正，在乡里很有威望，哪里有纠纷总是找他排解。遇上那种不讲理的泼皮无赖，他“厉辞诘责，势若霆摧而理如的破，悍夫往往神沮”。曾国藩继承了他祖父刚直强毅的性格特点，他很崇拜自己的祖父。他在家书中，常常谈到祖父的言行，并将之奉为圭臬。“吾家祖父教人，亦以懦弱无刚四字为大耻，故男儿自立，必须有倔强之气。”

曾国藩就是这个山村里朴实本分的孩子。在严峻的家风督促下，他从小勤奋刻苦，虽然天资不高，但由于拼命发愤，在连考七次之后，终于考上了秀才。次年中举，再经过三次会试，终于在二十八岁那年考中进士，成功地走完了自己的求学之路。他带着农家子弟的天真拙朴和吃苦耐劳精神走进了人文渊薮——北京。

中进士之前，曾国藩的全部精力都用在八股文上，日夜苦读，只为能有出头之日，对于儒学的大道理，并没有时间去研究。中了进士，进了翰林院，他才发现自己的学问修养毫无基础，“生平功夫全未用猛火煮过，虽略有见识，乃是从悟境得来”。在藏龙卧虎的翰林院，他见到了受传统文化熏陶的大儒们的高美仪范，知道人可以做到“浑然如天地，粹然如和风”的境地。他下定决心要弄通人生大道理，奋发向上，使自己的一生得到最完满、最壮美的实现。

人类最基本的一种心理倾向就是使自己变得完美，儒家的人格设计为这种心理倾向提供了最理想的释放途径。儒家学说认为，每个普通人都可以“超凡入圣”，都可以通过自身的刻苦努力达到圣人的境界。所谓圣人，就是完美的人，他通过自己的勤学苦修体悟了天理，掌握了天下万物运行的规律。这样，他的一举一动，无不合宜，可以经邦治国，造福于民，使整个国家达到大治的状态，而他自己也立功立德立言，万世不朽。这是一个何其宏伟、何其诱人的人格理想，在这一人格设计中，人的潜能可以得到最大限度地发挥，人的精神能得到最大限度地张扬。

这样一个壮美的人生设计虽然极为诱人，实际上却带有浪漫空想的色彩。“圣人”是一个超自然的概念，“学做圣人”便是个超越自我的过程，由于目标高远难及，手段便非同寻常，要求人把自然欲望压制到最低限度，每时每刻都严格控制自己的思想，使它不能逸出于儒学规范之外，每一分钟都展开对自然本性的搏杀，那真是针针见血，刀刀剜心。有的人虽然用圣人之言敲开了仕途之门，却从来没有认真对待过“圣人之道”；有的人曾为这个理想激动过，尝试过，终因这种努力非人性所能堪，不得不最终放弃。曾国藩，这个来自湖南乡下的读书人，一旦被这个理想所征服，便义无反顾，百折不回，用农民的质朴顽强去践履，终于做出了非同寻常的成绩。

曾国藩和普通官僚的不同之处是其志不只在封侯，而更在做人，做光明磊落的大丈夫。他在家书中说：“君子之立志也，有民胞物与之量，有内圣外王之业，而后不忝于父母之所生，不愧于为天地之完人”，“予自三十岁以来，即以做官发财为可耻，以宦囊积金遗子孙为可羞可恨，故私心立誓，总不靠做官发财，以遗后人。神明鉴临，予不食言”。这就是他为自己立定的“终身大规模”，在这个规模基础上，他开始艰苦卓绝地建设自己的人格理想。

曾国藩学习理学家倭仁的修身办法，坚持写日记，把一天之内的每件事、每个念头都记下来，有点滴不符合圣贤规范的做法想法，都严格地自我检讨，把“恶”消灭在萌芽状态。到朋友家拜客，见到主妇时，“注视数次，大无礼”；与人交谈时，“有一言谐谑，太不检”，都要深刻检讨。甚至做梦时梦见自己发财，醒来也痛骂自己一番，责备自己贪财之心不死。他还学习静坐之法，每天静思反省，不断地和自己的私心杂念搏斗。像所有的年轻人一样，他期望自己十全十美，一言一行都正确恰当；像所有的年轻人一样，他贪多求快，总想一下子改掉身上所有的缺点毛病。不过，和大部分年轻人不同，他有着钢浇铁铸般的执着顽强。翻检他的日记，从少时起，直到暮年，几乎每一天都要对自己痛责一番，每一天都有自责、焦虑、悔恨、恐惧的时刻。壮年之时，为了克制自己的生理欲望，他“日日自苦”，以求“不至佚而生淫”，通过每日勤学苦思，把精力耗尽，“如种树然，斧斤纵寻之后，牛羊无从而牧之；如燃灯，膏油欲尽之时，无使微风乘之”。作为一个禁欲主义者，他丢失了许多做人的乐趣。他真是花岗岩脑袋、混凝土脚踵。在那些常人不能忍受的关口，他都忍受过来了。在家书中，他总结自己的经验教导子侄说：“凡事皆有极困难时，打得通的，便是好汉。”他现身说法：“即以余平生言之，三十岁前，最好吃烟，片刻不离。至道光壬寅十一月二十一日立志戒烟，至今不再吃。四十六岁以前做事无恒，近五年深以为戒，现在大小事均尚有恒，即此二端，可见无事不可变也。”

实际上，儒家的人格理想是一种风险极大的设计，几乎就不具有可操作性。它使人日日如在悬崖之侧，一不小心就跌入人性弱点的深渊之中。自古至今，大多数人逃离了这条险途，或仅仅以此装点门面，或遁入老庄一路。只有曾国藩走得异常老实坚定，他给自己立了这样一个座右铭：不为圣贤，便为禽兽；莫问收获，但问耕耘。把自己推入“圣贤”和“禽兽”的两极选择之中，破釜沉舟，不留任何退路。通过这种本质上不合人情的、非人道的方式，他把儒家精神中刚健有为、光明磊落、忠恕待人、至诚慎独等优良品性熔铸到自己身上，涤去人身上常有的自私、虚伪、阴暗、猜忌，走入了道德的化境，达到高尚澄明的境界，这不能不说是一种奇迹。他以圣人之心为心，行动中没有做作气、虚荣心、自得感。他把行动与本心打通了，自有一番大境界大心胸，是一个真性真情的真男子。

事实证明，这就是“天资钝拙”的曾国藩事业成功的基础。

·3·

成就大事业，仅仅有大心胸、大境界是不够的，还得有大本领。曾国藩的大本领同样是从顽强刚毅中锻炼出来的。

四十二岁那年，曾国藩奔母丧回乡。其时正值太平军兵抵湖南，咸丰皇帝命他在家乡办团练。一介书生从此开始了带兵生涯。

曾国藩正值壮年，已是二品大员，性情刚直，自以为居心正大，又有皇帝钦命，所以办起事来雷厉风行，锋芒毕露。他对那些贪鄙畏葸的地方官吏本来就十分厌恶，所以常常越过他们，直接下达命令。他哪里知道，这些地方官员，虽然办起正事来昏聩糊涂，但是坏起事来，却都是行家里手。自巡抚以下，都因为曾国藩侵犯了他们的权力而深感不满，处处对他下绊子、打冷枪，掣肘使坏，弄得曾国藩事事不顺。

最严重的一次冲突发生在练勇半年之后。曾国藩训练团勇，要求当地绿营兵一道会操。平时懒惰惯了的绿营兵受不了他严酷的训练方式，在军官的挑动下，聚众闹事，攻入曾国藩的公馆，枪伤了他的随员和护兵。曾国藩狼狈逃命，才幸免一死。曾公馆和巡抚衙门仅一墙之隔，事发之时，全城皆知，巡抚却装聋作哑。直到曾国藩仓皇跑来，才假惺惺地出面过问，事后，甚至对肇事者未加惩处。

血气方刚的曾国藩受此挫辱，刺激极大。一开始，他想上疏给皇帝，把湖南通省官员弹劾一遍，出出胸中闷气。可是冷静下来一想，这样一做，以后在湖南办事更难。经过几夜不眠的反思，他决定“好汉打脱牙和血吞”，不争这一时闲气，他要从头开始，发愤振作，练成一支能打胜仗的军队，给湖南通省的文武官员看看。

正是这一事件，极大地激发了他的心理能量。他离开长沙，移驻衡州，在那里招兵买马，一改协助地方官训练团勇的初衷而要建立一支自家的军队，和太平军一决雌雄。事实证明，这是曾国藩一生事业的真正起点。如果没有这次受辱，也许他不会用那么大的心力去建立湘军，也就不会有后来的“中兴名臣”曾国藩了。几十年后，他还在家书中教育儿子说：“天下事无所为而成者极少，有所为有所利而成者居半，有所激有所逼而成者居半。”“百端拂逆之时”，“只有逆来顺受之法”。“所谓好汉打脱牙和血吞，……真处逆境之良法也。”这是他从挫折中得到的大智慧。他咬紧牙关，把这一番大挫辱活生生吞下，倒成了滋养自己意志和决心的营养。湘军因此而诞生，曾国藩的“中兴伟业”也即此起步。

曾国藩人生中的第二次大挫折发生在湘军刚刚成军的时候。那是咸丰四年（1854年），他耗尽心力，练成了这支一万七千人的队伍。他对这支队伍的组织、训练、装备、后勤，无不殚精竭虑苦心经营，力求万无一失。他非常重视首战的成败，认为这对士气人心极为重要，所以成军之后，耐心等待战机，没有十分把握，决不出战。连咸丰皇帝屡次下诏催他出兵，他都以准备不充分为理由拒绝了。

谁知，精心准备的第一战竟是个彻底的败仗。

咸丰四年四月，湘军探知战略要地靖港和湘潭进驻部分太平军，人少力薄，而且毫无戒备。等待多时的曾国藩听闻大喜，决定拿他们开刀。于是兵分两路，他亲自带兵前往靖港。哪知大军开进靖港，遇到的却是浩浩荡荡的太平军伏兵，湘军上当了。未经战阵的湘军一下乱了阵脚，纷纷溃逃。曾国藩把军旗插在地上，自己持剑立在旗下，大呼“过旗者斩”，可是他砍翻几个，余者仍然绕旗狂奔。兵败如山倒，眼看太平军杀了过来，卫兵把他拉上了座船，仓皇逃命。

曾国藩呆坐在船内，五内俱焚。自己惨淡经营了一年多的湘军，竟然如此不堪一击。想想自己在皇帝面前许下的豪言壮语，想想湖南官员将如何用嘲笑来迎接他，他就无地自容，一急之下，投江自杀。幸亏周围人拼命相救，才免于一死。

曾国藩败走长沙，原本就等着看他笑话的大小官员此刻来了精神。他们下令关闭长沙城门，不让曾国藩及湘军入城。正在走投无路之时，一个意外的消息救了曾国藩。原来另一支湘军在湘潭打了个大胜仗，歼敌万余人。这是太平军兴起以来清军取得的一次重大胜利！这个胜仗奠定了湘军的地位，也掩盖了靖港的惨败。

经过这一番大惊大险大喜大惧，曾国藩痛定思痛，开始了著名的“长沙整军”。他认为，靖港初战失利的原因是赏罚不明，良莠不分，没有在军内树立起不怕死的精神。对于在初战中一触即溃的队伍，他无条件裁撤，胞弟曾国葆一军首先被解散。对于那些不怕死的部队，则大量增员，表现勇敢者，大力提拔。此次整军，极大地提高了湘军的战斗力，确立了“扎硬寨，打死仗”的湘军作风，为以后一系列重大战役的胜利打下了坚实的基础。可以说，湘军以后的节节胜利，正是从靖港惨败中来的。

曾氏一生中最大的一次挫辱发生在领兵征战三年之后。如前所述，曾国藩刚正严厉的作风、正人君子的气质和地方官员卑鄙下作的品性相厌相克。与此同时，朝廷认为，一个在籍侍郎，振臂一呼，就集兵数万，非国家之福，对他不敢放手使用。曾国藩带兵三年，一直没有一个正式的名分，孤悬客寄，用兵用人用饷无处不难。由于他没有明确的职权，又拒绝和地方官同流合污，虽然为保卫疆土辗转各省，却处处受排挤刁难。几万大军的军饷地方上一直拒绝供应，左支右借，常常是有上顿没下顿，几万大军常常饿着肚子打仗。最让他心寒的是有的地方官竟以军饷为诱饵，引诱他的部下到必死之地去打仗。他手下最得力的大将毕金科就是因此阵亡的。他为毕金科写的悼文中有这样的词句："内畏媚嫉，外逼强寇，进退靡依，忍尤丛诟。"正是刻画了那几年湘军的艰难处境。

正在这时，父亲去世了，这个噩耗此刻倒好像成了他摆脱困境的天赐良机。他立刻上疏要求回家守孝，并且一股脑儿地把自己压抑已久的愁苦愤懑都说了出来。他期望这回皇帝会体谅他的苦衷，授予他职权。

可是咸丰皇帝还是不能相信他。适值太平军的势力日渐消退，没有曾国藩好像也没有大碍。于是顺水推舟，批准他回家守制三年，实际上是解除了他的兵权。

这当头一棒差点把曾国藩打昏。他万万没料到苦战数年，功高劳苦竟是这样一个结果。这对于一心建功立业并为此鞠躬尽瘁的曾国藩是一个极大的打击。那些平时和他作对的地方官一个个喜形于色。咸丰七年（1857年）二月，曾国藩灰溜溜地回到了乡下老家。原本自诩硬汉的他这回有点挺不住了，举动大异常态，整日生闷气，动不动就骂人。他数着江西的一帮文武骂，骂够了就找几个弟弟的茬吆喝，语言粗俗，蛮不讲理，理学名家的风度荡然无存。极为好胜的他整日如坐针毡，几年来的种种经历不断缠绕在他心头，在给曾国荃的信中他说自己在家中"回思往事，处处感怀"，"心中纠缠，时忆往事，愧悔憧扰，不能摆脱"，"近日天气炎热，余心绪尤劣，愧恨交集，每中夜起立，有怀吾弟，不得相见一为倾吐"。失眠症又一次发作。他反复阅读经史及老庄，把自己起兵以来的种种情形在大脑中一遍遍过电影，苦苦思索自己失败的原因。渐渐地，心慢慢静了下来，他像一个闭关的和尚一样把自己关在屋子里，一坐就是一整天。

经过一年多的乡居，再出山时，曾国藩如同变了个人。他斩关夺隘，没有被挫折打垮，反而本领大长。行动做事，由原来的方正，一变而为圆通。咸丰八年（1858年），由于战局重又紧张，皇帝不得不重新起用曾国藩。这次，他不再提任何条件，立刻出山。到了长沙，他首先拜遍大小衙门，连小小的长沙县衙他也亲自造访。对那些原来芥蒂颇深的地方官，他极尽拉拢抚慰之能事，"啖之以厚利"。他在家书中说："余昔在军营不妄保举，不乱用钱，是以人心不附，至今以为诟病。近日揣摩风会，一变前志。"他不再锋芒毕露，而是世故圆滑，以他人的私心私利为自己所用，大刚若柔，大智若愚。这套儒道融糅的老练、神鬼莫测的神态，使得曾国藩在官场上如鱼得水，从此他用人备饷比以前大为顺利。

同治六年（1867年），他在家书中对曾国荃说："兄自问近年得力，惟一悔字诀。兄昔年自负本领甚大，可屈可伸，可行可藏，又每见得人家不是。自从丁巳、戊午年大悔大悟之后，乃知自己全无本领，凡事都见得人家有几分是处。故自戊午至今九载，与四十岁以前迥不相同，大约以能立能达为体，以不怨不尤为用。立者，发愤自强，站得住也；达者，办事圆融，行得通也。"有此经历，曾国藩可以说是开始变得精明洞达，应对世物，如庖丁解牛，游刃有余了。这种世故圆融，不是他本性中所有，是从质朴方刚中升发来的，是靠不屈不挠的精神从一次又一次的跌倒中悟出来的。这是曾国藩和别人的不同之处，所以他的圆融是以质朴刚正为基础的圆融，其境界力量远超世俗的油滑机智，不可同日而语，这是他的大智慧之处。

梁启超说:“曾文正者，岂惟近代，盖有史以来不一二睹之大人也已；岂惟我国，抑全世界不一二睹之大人也已。然而文正固非有超群绝伦之天才，在并时诸贤杰中，称最钝拙；其所遭值事会，亦终身在拂逆之中。然乃立德、立功、立言三不朽，所成就震古烁今而莫与京者，其一生得力在立志自拔于流俗，而困而知，而勉而行，历百千艰阻而不挫屈；不求近效，铢积寸累，受之以虚，将之以勤，植之以刚，贞之以恒，帅之以诚，勇猛精进，卓绝坚苦。如斯而已，如斯而已。”

· 4 ·

时值儒家精神传统崩溃的前夜，曾国藩，这个近乎完美的最后一个儒家精神偶像出现了，好像是儒学这位长寿老人临死前的一次回光返照。传统的人格之美集中在曾国藩身上，在风雨飘摇的末世做一次告别演出式的呈现，绚烂而又凄婉。

立功，立德，立言，曾国藩全做到了。就立功而言，他从一介书生起家，创建军队，统率群雄，挽狂澜于既倒，扶大厦之将倾，使清王朝的生命又延续了六十年，于清王朝其功不可谓不大。就立德而言，他时时以圣贤标准要求自己，道德修养近乎纯粹，与他同时代的杰出人物，李鸿章、胡林翼、郭嵩焘等，无不对他推崇备至，包括五十年后相继主宰中国的两个大人物，蒋介石和毛泽东。说到立言，他作为中国最后一个大儒，对儒学身体力行，登堂入室，造诣很深，留下了洋洋千万言的全集，其精深博大之处，可以让学者终生沉浮其中，其家书语录，直到今天仍让普通人受益匪浅。

曾国藩做人的成功，证明了传统文化的强大生命力，可以部分抵消对儒学“空疏无用”的指摘。曾国藩一生的功业都是在传统文化的支撑下完成的。以天下为己任的强烈使命感，修身齐家治国平天下的宏大志向，民胞物与的博大胸怀是支撑曾国藩在艰难困苦中奋力挣挫的精神动力。实事求是、经世致用、反身而诚的认知传统又使他能够从前人、从他人、从自身学到智慧和经验，从而在应对复杂的世事时，绰有余裕。至诚待天、忠恕对人的道德准则，使得他能为人磊落，不为“低级趣味”所纠缠，纳人细垢，成己大德，用自己的人格力量去降服人、吸纳人，使英雄为我所用，终成大业。

曾国藩身上的儒学精神，是有活力，有弹性，有容纳力的。和那些愚顽浅薄的官僚不同，他掌握了儒学的真精神。他说：“学于古，则多看书籍；学于今，则多觅榜样。”“不说大话，不务虚名，不行架空之事，不谈过高之理。”所以，在清朝士大夫中，他这个理学名家是第一个对洋人平等相待的人。他主张在与洋人交往时，也一样要贯彻诚信原则。他是洋务运动的发起者，他奏派学生出国留学，开西学东渐之先河。在当时的氛围中，没有大眼光大见识是不可能做到这些的。

曾国藩做官非常成功。他善进退，在剿灭太平军之后，功名事业如日中天，这时他却能极度冷静，在大盛之时察觉大衰的先机，毅然上疏皇帝辞去节制四省的大权，并采取果断手段，裁撤自己的权力之本——湘军。他一生出将入相，没有大的蹉跌，在传统官场上像他这样成功者并不多见。曾国藩事君至忠，事亲至孝，对于兄弟，关爱有加，洞见肺腑，毫无芥蒂。夫妻之间，相敬如宾，感情深挚。对于儿女，他既慈爱又严格，能够尊重孩子的人格，教育孩子总是以鼓励为主，没有一般封建家长那种居高临下的不平等作风。曾氏家族数代以来，直到今天，依然人才辈出，这和他树立的良好家风有直接关系。所以，他被誉为“古今完人”，

“功比周公孔孟，名垂万世千秋”。

不过，从另一角度看，他的一生也充满苦涩。

苦涩的原因之一便是他那种极度克己的生活方式。他每天清晨即起，所有的时间不是处理事务便是读书作文还有反省自己，几十年如一日。由于用心过甚，得了失眠症。有时候，活得太苦时，日记书信中也偶尔会出现“寸心焦灼，了无生趣”之语。晚年之时，政事纷繁，诸病交集，压力巨大，常常恨不得早死。同治六年（1867年），他在给曾国荃的信中说：“诸事棘手焦灼之际，未尝不思遁入眼闭箱子（棺材）之中，昂然甘寝，万事不视，或比今日人世，差觉快乐。乃焦灼愈甚，公事愈烦，而长夜快乐之期杳无音信，且又晋阶端揆，责任愈重，指摘愈多。人以极品为荣，吾今实以为苦恼之境，然时势所处，万不能置身事外，亦惟有做一日和尚撞一日钟而已。”

然而曾国藩的苦恼消沉，绝不仅仅是由于政务烦冗，疾病缠身。更重要的是，在垂暮之年，他猛然发现自己一生的奋斗，最后竟然如拔刀斫水，并不能丝毫影响水之东流。他以圣贤自期，然而他遵循圣人之道一丝不苟地苦学苦修，却并没有达到“为天地立心，为生民立命，为往圣继绝学，为万世开太平”的儒家理想。他没能探悟到拯救旧世界的真理，没能实现自己的夙愿：澄清天下造福万民，创造一个以儒家学说为指针的太平世界。相反，眼看着神州不断陆沉，自己却无能为力。他以一人之力，无法挽回传统社会沉积千百年形成的强大颓势。清王朝的命运，无论如何是不能拯救了。他对晚清朝廷上下一如既往的昏聩混乱、对时世沧桑人心难复深感失望，对自己一生灯蛾扑火式的努力极为沮丧。同治十年（1871年），他听说自己艰难创办的长江水师在整个社会风气的挟裹下已堕落成了百姓的祸害，不禁感慨良多。他给曾国荃的信中说：

“长江水师，外间啧有烦言：或谓遇民间有骨牌者字牌者，则以拿赌讹索，得数千或千余文乃肯释放；或以查拿私盐、查拿小钱搜索民舟及附近人家，讹钱释放；夜索打更之灯油钱；民船拉纤，不许在炮船桅上盖过；干预词讼，至有哨官棍责举人者；甚且包庇私盐、袒护劫盗种种弊端。余设立水师，不能为长江除害，乃反为长江生害。”“而昔年所办之事，又有大不妥如水师者，贻人讥议。”“余向来本多忧郁，自觉平生之事，多可愧者。近因右眼失明，身体衰弱，尤念从前衍咎难再补救，此生学业毫无成就，用是愧郁交乘，有如圣人所谓长戚戚者。”

自诩为“好汉”“平生倔强”的曾国藩在晚年却失去了当年的豪气。悲观和失望成了他晚年生命的主色调。他经常和身边的幕僚赵烈文谈起清朝的前途，他说：“京城水泉皆枯，御河断流，朝无君子，人事偾乱，恐非能久之道。”“吾日夜望死，忧见宗社之陨。”

这不是他个人的失败，而是传统文化中的消极因素在他身上的显现。

事实证明，传统文化，有它博大精深、健康有为的一面，但不可否认，传统文化也有它保守落后的一面。这种保守落后，在明清两代，特别是清中晚期，表现得非常明显和顽固。这是任何坚忍顽强都无法弥补的。这就是曾国藩的悲剧所在，因为时代的原因，他已没有可能跳出传统文化的怀抱。他在最后一篇日记中说，自己的一生“如败叶满山，全无归宿。老大徒伤，不胜悚惶惭赧”。

他是在深深的忧郁失望中离开自己为之付出了一切的世界的。

曾国藩用自己的一生，证明了人的意志力所能达到的高度，同时，也证明了人的意志力的局限，然而，他为了塑造一个完美自我而不计任何代价的精神让后来者永远钦佩。他无望的努力在人类精神征途上树起了一座令人不得不肃然起敬的丰碑。

女人慈禧

中国历史对女性而言是不公平的。这片土地上不知出现过多少杰出的女子，她们水晶般聪明，鲜花一样美丽。可惜她们只能在文字之外悄悄凋零，上天赐予她们才华，却没给她们施展的舞台。正当中国因为数千年未有之困局而陷入空前的艰难之时，却有一个女人，凭着自己超人的胆量和聪明，绕过重重阻碍，出现在历史的聚光灯下。也许多灾多难是那时的中国不能摆脱的宿命，这个女人的出现显得是那样不合时宜。她也曾在政治舞台上竭力发挥自己的演技，然而事实证明，她的表演彻底失败了。

平心而论，在强大的观念和制度笼罩之下，被剥夺了早期受教育权利的叶赫那拉·兰儿，在政治演出中所表现出来的才干和能力还是出人意料的杰出，她比大部分男人还刚强果断。她可以称得上有胆有识，机智精敏，在她四十七年的掌权生涯中，她始终牢牢控制着整个局面，把那些男人中的精英人物操纵在股掌之间。她很有胆量。就在英法联军逼近北京，咸丰皇帝准备仓皇逃走时，她从储秀宫的帷幕后面第一次站出来，冒着违反祖制的巨大危险，极力反对这个懦弱的决定。“当皇上之将行也，贵妃力阻。言皇上在京，可以镇慑一切。圣驾若行，则宗庙无主，恐为夷人践毁。昔周室东迁，天子蒙尘，永为后世之羞。今若遽弃京城而去，辱莫甚焉。”懿贵妃的这番话掷地有声，足以让惊慌失措的满朝王公大臣蒙羞。

她很有度量。在丈夫死后，她以闪电般的手段发动宫廷政变，颠覆了由顾命八大臣组成的权力中心，但是，她只杀了为首的三个大臣，对其他人都予以放过，并且当众焚毁了从三大臣家中搜出来的政治信件，不追不问，从而使大批和政敌集团有牵连的官员都松了一口气，稳定了局面，安定了人心。这是她登上政治舞台后第一次颇为漂亮的亮相，当时曾赢得一片掌声。她也有一定的眼光。西方文化冲击之下中国第一个明智的反应——洋务运动，就是在她的支持下开展的，她支持派遣留学生，支持兴办工厂，支持建设新式军队。

在统治的最后十年，她相当努力地推行了政治改革，试图采用西方的君主立宪政体。她的改革范围甚至比康有为当初的设想还要广泛，改革手段也显然比戊戌变法时的举措更切实有效。如果她面对的是比较平稳的政治局面，我们有理由相信，她会很成功地完成她的政治生涯，不但会胜过历史上大多数女性执政者，也会胜过大部分政绩平平的皇帝。如果是那样，她在历史上留下的绝不会是骂名。

可惜，她偏偏撞上了中国最尴尬最困难的时期。

可惜，在她扮演的双重角色中，她表现得更像是一个女人而不是政治家，虽然她刚强能干。

据说，旗人家的女人往往比丈夫能干。许多八旗子弟在外面摆够了谱，回到家里，却要乖乖受女人的辖制。这样的女人，侄儿要叫她“伯伯”，儿子不叫她“妈妈”却叫她“爸爸”。兰儿无疑就是此类女子。光绪皇帝从小就叫她“皇爸爸”。碰巧，咸丰皇帝是那种比较软的男人，在内忧外患之中他直不起腰，成天除了听戏就是喝个烂醉。这样的男人在生活中往往需要和欣赏个性坚强的女子，甚至产生一种不自觉的依赖心理。当兰儿第一次尝试着给他出主意的时候，他并没有反对。于是，这个特殊家庭中的年轻聪慧的媳妇借此机缘接近并最终走入了权力中心。

可是，她本质上只是一个爱享乐的精明的贵族女子，她只会用她所熟悉的管理家庭的方式管理国家。从现存的文献资料中，可以看到许多她召对大臣的谈话记录。许多时候，这些谈话更像是亲戚唠家常，而不是政治家之间的对话。晚清最有名的大臣曾国藩第一次进京面见太后，没想到慈禧和他谈的都是些家常，什么你兄弟几人，出京多少年了，曾国荃是你胞弟吗之类。曾国藩在当天的日记中失望地写道："两宫才地平常，见面无一要语。"毫无疑问，她热爱权力，但是仅仅满足于用权力控制他人，维护自己的地位和生活而已。她没有男人那样为了事业、为了国家和民族牺牲自我的献身精神，她没有因为政治而牺牲自己的私人生活。相反，她对自己的私人生活倾注了大量的热情，她更关心给自己建造的园林，使她快乐的是和那些聪明的宫眷谈论女人们的话题，是豢养宠物，是研制化妆品。以她的地位和条件，如果她敏感一些，事业心强一些，她完全可以更深入地接触崭新的西方文明，更理智地观察世界，明了中国的处境和需要，从而凭借自己的才智把国家引导到更安全的轨道上来。可惜她仅仅对巴黎的时装、华尔兹舞感兴趣。每天处理完政务之后，她把大量的时间用在化妆、游赏、宴饮、看戏上，她完全把自己置于一个传统女贵族的生活趣味当中，没有看到用另外的方式发挥自己才智的可能。

在权力斗争中，她果断冷酷，在世界大势前却反应迟钝。她有足够的智慧和手段控制局势，却没有足够的热情和责任感去改变中国。在很多时候，她能明智地顺应时势，采纳正确的意见，比如信任汉人，支持洋务运动。但她也为了维持自己的地位做了许多错事，影响了整个国家的前途。比如她两次打击奕䜣，仅仅是因为奕䜣的权力太大，让她不太放心。这两次打击，让奕䜣这位大清王朝的主心骨心灰意冷，“依违两可，无所建白”，对晚清政局造成了不可忽视的影响。她进行的历次政治斗争，几乎都是纯粹的权力之争而非政见之争。

她不是一个女权主义者，她从未想在男人的领域全面展现自己。在她的意识深处，她始终摆脱不了“相夫教子，看家守业”的身份定位。有人把她比作俄罗斯帝国女皇叶卡捷琳娜二世，实际上这种比较是不确切的。她有着叶卡捷琳娜的精明果敢，却没有叶卡捷琳娜的世界眼光。在后者的开明专制统治之下，俄罗斯帝国提高了行政效率，招徕了大批外国科学家，科学技术得到了长足发展，综合国力大大增强，而叶赫那拉氏带给中国的却是一如其旧的沉闷和保守。

她的政治技巧使她完全能够跻身一流政治家的行列，但是她所成长的文化氛围局限了她的眼光，使她浪费了这个宝贵机会。这时的中国需要一个具有非凡气魄和超人识度的巨人来引导，才有可能摆脱沉重的惰性，渡过重重劫难。可惜，历史没能产生这样的巨人，却把这个位置留给了她，一个过于专注自我的女人。这就是她的悲剧所在。

不过，如果抽去其他因素，单纯从女人这个角度去看叶赫那拉氏的话，我们会发现，她是相当亮丽的。无论是外表还是内质，都颇有光彩。她不像那个时代的大多数女子那样，自甘柔弱地依附在男人身上，因为习惯的强大而自我压抑，在不公正的自我牺牲中委委屈屈、麻麻木木地消磨掉一生。她无所畏惧地向男在上女在下的传统发起挑战，冒着生命危险，冲破重重阻碍来张扬自己的生命热量。她身上具有许多现代女性的品质。她极其自信，敢做敢当，从不压抑自己，也不委屈自己。面对男人们的政治世界，她毫不胆怯。她通过自己的聪明和狡黠成功地把这个世界变成了维护自己欲望的工具。她精力充沛，热爱生命。她不像别的女人那样缺乏生命的热度，自甘于生命火焰有气无力地默默燃烧。

《宫女谈往录》中的老宫女回忆说：太后就是讲精气神儿，一天到晚那么多的大事，全得由太后心里过，每天还是那么悠游自在，腾出闲工夫，又讲究吃，又讲究穿，又讲究修饰，又讲究玩乐，总是精神饱满，不带一点疲倦的劲儿。她爱美，二十五岁时，成了寡妇，可是在寂寞深宫里，她仍然满腔热情地打扮自己。她对美异常执着，四十多年里，天天都要在妆镜前消磨上几个小时，一定要把自己打扮得光彩照人。她常说："一个女人没心肠打扮自己，那还活什么劲呢？"她天生喜欢大红大紫，喜欢明亮绚丽的东西。她冰雪聪明。刚进宫那会儿还不怎么识字，可是通过自学，她也粗通文墨，能看懂奏章。她喜欢唐诗宋词，据说还喜欢《红楼梦》，这部小说是她在深宫的寂寞伴侣。她还喜欢绘画，留下了一批还过得去的作品。她有很高的艺术鉴赏力，对于园林建筑颇有造诣。她生活得富于情趣，生活中的每个细节都安排得有滋有味。

她有冷酷无情的时刻，可是也富于人情味儿，特别是对待身边的宫女，她极其和蔼可亲，很少疾言厉色。宫中的女眷们回忆起她来，话语中不无温馨：老太后是最圣明不过的人，对自己最亲信的贴身丫头是另眼看待的。不管外面有多不顺心的事，对我们总是和颜悦色。比如，她对我讲：荣儿，你过来，你那辫梢梳得多么憨蠢，若把辫绳留长一点，一走路，动摆开了，多好看！在德龄等人的回忆录中，你看到的绝不是那种冷面冷心的铁女人，而是一个既威严又慈祥的老太太。

也许作为一个女人，叶赫那拉氏最对不起爱新觉罗家族的，是对孩子的教育。对独生子同治，她任由母爱泛滥，溺爱孩子，使这个孩子成了清朝十二代帝王中最没出息的一个，自制力奇差，整天热衷于微服出游，泡茶馆妓院。这样一个儿子，她怎能放手让他接管全部权力？对继子光绪，她又矫枉过正，管束过严，教育出一个过于懦弱的孩子。这样的继承者实在无法承担起拯救破落帝国的重任。家庭教育的失误，无疑是叶赫那拉氏这个聪明女人的人生败笔之一，而这，又是她如此长久地涉足于政治不能自拔的部分原因。

不可否认的是，叶赫那拉氏深深迷恋权力，这是她难以摆脱的弱点。权力这两个字具有太大的吸引力，对权力的渴望根植于人性深处，这个东西使得人性中根深蒂固的超越意识得到最充分地实现，这是任何强者都难以抵御的诱惑。从这点上来说，叶赫那拉氏的失败是源于人性的普遍弱点而不是自己的性别因素。

慈禧就是这样一个女人。她有着那个时代普通女人所没有的叛逆性格，却跳不出那个时代的局限。她妩媚又泼辣，她聪明又愚昧，她大胆又保守，她勤奋又贪图逸乐。她错误地理解了政治，政治也让她背负了千载骂名。

女人慈禧由着自己的性情，泼泼洒洒风风光光，也辛辛苦苦曲曲折折走完了自己的一生。在生命的最后时刻，她好像有一点后悔。她在病榻上留给人们的最后一句话是:“以后勿使妇人干政。此与本朝家法有违，须严加限制。”

她承认自己不成功地涉足了政治。她希望其他女人不要效仿她，要做单纯的女人。可是，如果她不涉足政治，她怎么能把女人做得那样风光？

她给不出这个问题的答案。

为朱元璋画像

正面

在参加红巾军以前，如果有谁说太平乡的朱重八（朱元璋原名）能大富大贵，一定会被人们包括朱重八自己当作一个天大的笑话。这个农村后生在当时就像茫茫荒野中的一株细草，微贱得无法被辨认出来。他的祖先追溯上去全部都是穷困潦倒的文盲农民，以至于在位登大宝之后，他无法像其他开国皇帝那样穿凿附会地攀附为某位名人之后。他长得结实魁梧，这也不过预示着他要在地里淌更多的汗受更多的累。他是在母亲下田的路上草率而匆忙地降生的。和任何一个佃农的儿子一样，他把自己的少年时光随意抛洒在山间垄头，从来没有费心为自己的未来做过非分的梦想，为自己日后那不平凡的前途做过什么准备。后人总拿他和汉高祖刘邦做比较，因为他们同样出身农民。可是他没有浪荡子刘邦那份“大丈夫当如此”的不安分，如果没有那场翻天覆地的农民大起义，他注定是一个克勤克俭苦熬苦作的农民，一生被土地牢牢锁定。

也许是中国的宿命，元末那场轰轰烈烈的大起义似乎就是为了把他从社会最底层最不起眼的角落颠簸出来，让这个原本的不可能变成可能，把中国置于一个农民的粗糙大手之中，看他如何摆布。

事实证明，这块广阔而贫瘠的土地褶皱里曾经掩藏了无数才华璀璨的生命。这个因为绝对偶然从最底层走出来的农民向世界证明了他生命不平凡的热度和力度。应该说，朱元璋才华横溢。他从大字不识一筐的半文盲佃户，在行军打仗的间隙自学读书写字，到后来居然能和大臣们讲经论史，也能舞文弄墨，写正经八百的骈文，而且写得还颇像那么回事。明朝开国之后，徐达初封信国公，朱元璋亲制诰文："从予起兵濠上，先存捧日之心；来兹定鼎江南，遂作擎天之柱。"对仗工整，语意豁达，确实是上佳的作品。有一年秋夜，他置酒会儒臣，宋濂不会喝酒，被他强灌几盅醉倒，他写《楚辞》一首相赠：

西风飒飒兮金张，会儒臣兮举觞。
目苍柳兮袅娜，阅澄江兮水洋洋。
为斯悦而再酌，弄清波兮永光。
玉海盈而馨透，泛琼斝兮银浆。
宋生微饮兮早醉，忽周旋兮步骤跄跄；
美秋景兮共乐，但有益于彼兮何伤！

在历代帝王中，他的诗写得也算不错，粗朴豪放，有一种信手拈来的灵气，如这首《咏雪竹》：

雪压竹枝低，虽低不着泥。
明朝红日出，依旧与云齐。

不能不说，朱元璋有很高的天分和悟性。他自己也为此得意不已，曾对侍臣说：“朕本田家子，未尝从师指授，然读书成文，释然自顺，岂非天乎？”扬扬自得之情溢于言表。

不过，文字才能对于一个开国帝王来说毕竟只是装饰点缀。他真正的才华是在军事政治领域。他的成功完全是自己赤手空拳九死一生搏来的，在群雄逐鹿的过程当中，他表现出的勇气、眼光、魄力、坚忍是他人所不能及的；在他传奇般的军事生涯中，杰出的大局感以及细部问题上的精细同样让人叹服。他做事天生分寸感强，精明狡黠又有主见，能当机立断。他夹在陈友谅和张士诚两大强敌之间，审时度势，抓住时机各个击破，奠定了兼并天下的基础。北上中原之时又能独排众议，避敌锋芒，利用敌人内部矛盾直取虚弱之处，先剪枝叶，再挖老根，强攻与招降并用，迅速底定天下。《明史·太祖本纪》对此总结说：帝天授智勇，统一方夏，纬武经文，为汉、唐、宋诸君所未及。当其肇造之初，能沉几观变，次第经略，绰有成算。

当他终于削平群雄，登上帝位，由一个赤贫的农民一跃成为天下之主时，他也没有表现出一点慌乱和底气不足。他敢想敢干，大刀阔斧，对几千年传衍下来的政治构架大砍大削，对帝国人民的生活进行全方位的强悍干涉，毫不客气地把自己的个性因素有力地标记在大明社会的方方面面。这个半文盲皇帝，三十一年间，建立了一整套涵括政治、经济、军事和文化在内的详尽周密的国家体制，这一套体制，影响了中国社会整整五百四十三年。这套体制的每个细节都体现了他谨慎周密、精明狡黠的个性特征。两百多年后，跟在李自成屁股后面夺取了大明江山的满洲君主顺治皇帝仍然对此钦佩不已。他说唐宗宋祖都不如朱元璋雄才大略。“何也？数君德政有善者，有未尽善者。至洪武所定条例章程，规画周详，朕所以谓历代之君不及洪武也。”

《明史·太祖本纪》对他的赞扬达到了无以复加的地步。《太祖本纪·赞》中说：

> 太祖以聪明神武之资，抱济世安民之志，乘时应运，豪杰景从，戡乱摧强，十五载而成帝业，崛起布衣，奄奠海宇，西汉以后所未有也。惩元政废弛，治尚严峻。而能礼致耆儒，考礼定乐，昭揭经义，尊崇正学，加恩胜国，澄清吏治，修人纪，崇风教，正后宫名义，内治肃清，禁宦竖不得干政，五府六部官职相维，置卫屯田，兵食俱足，武定祸乱，文致太平，太祖实身兼之。

根据这些说法，朱元璋这个有史以来出身最低贱的君主却成了中国历史上最伟大的帝王，他把中国社会治理到了近乎完美的地步。历史的恶作剧似乎取得了意想不到的效果。不过，当我们回望历史时，朱元璋这个按传统标准算得上伟大的帝王，却如同一尊失却了法力的神像，彩绘和金妆从他那庄严的面容上剥落，丑陋的木胎开始显露，眼眶里仅剩下茫然与迷惑。

背景

中国社会从什么时候开始陷入贫穷的？至少在公元前300年，孟子的笔下就出现了“老羸转乎沟壑，壮者散而之四方”的流亡场景，“庖有肥肉，厩有肥马，民有饥色，野有饿莩”之类悲愤词句曾屡次出现在

《孟子》中。面对着战国以后不断蔓延的贫困现象，孟子奔走各国，极力宣扬自己的政治主张，而他自视为完美的政治主张所要达到的理想目标不过是“乐岁终身饱，凶年免于死亡”，也就是让人民能勉强达到温饱。他用形象化的语言来夸饰他的政治理想：五十者可以衣帛，七十者可以食肉。这种沾沾自喜的夸饰带给我们的却是一种酸楚的感觉：挣扎奋斗一生，垂暮之年才能“食肉”，这是多么辛苦的人生，而这样的一生，竟就是我们祖先梦寐以求的理想！

然而，自那时起，这种理想好像很少在这片土地上实现过。据统计，自公元前 300 年至清朝灭亡的 1911 年，中国官方文献中共出现过旱灾 1392 次，水灾 1621 次，平均每年出现灾荒 1.4 次。饥饿和赤贫始终追随着我们的先人，连同战乱和灾祸，从孟子时代穿越汉唐宋明。几十个朝代人口统计数字的大起大落从一个侧面说明了我们祖辈承受过的痛苦。几千年来，中国的下层民众始终在贫困线上挣扎，而那些在城郭里养尊处优的上层人士整日思考的主要问题始终是如何控制这些因为贫困和饥饿而心怀不满的百姓。这就是几千年来中国历史的一个特殊背景。事实上，直至我出生的 20 世纪 70 年代，贫困依然是中国大地上最鲜明的景色。我清楚地记得邻居家的孩子因为偷吃了一块月饼而被家长打得头破血流，清楚地记得那时候的农民是如何一年到头不抱希望地在土地上苦熬苦受，却总也得不到温饱。7% 的土地养活世界 20% 的人口，与其说这两个数字代表的是一种成绩，不如说是一种悲哀，而中国的几千年历史就是这样写就的。

当我们试图去理解朱元璋时，不应忽略这样一个大的历史背景。事实上，在温文尔雅、充满书香气的上层文化氛围之外，中国社会还一直存在着一个恒定的下层文化场，这种文化是饥饿的产物，实用主义是它的核心，占有和保存那点为数不多的生存资源吸引了这一文化场的全部注意力，而诸如人的尊严、价值与美之类的优雅话题不属于它的话语范围。它是现实、精明而有效的，没有上层文化那种悠闲雅致空疏烦琐。为了一点粮食、几间草屋，人们可以毫不顾惜地运用体力脑力，把算盘打到最精，让每一粒米都发挥最大效益。同时，在饥饿和自我保护的危机感的逼迫下，道德和良心成了一种可以轻易摆脱的累赘，人们极为现实而残暴地运用一切手段。所以，这种文化带有巨大的生命活力和破坏力。朱元璋就是在这样一种文化背景下登上皇位的。

普天之下，莫非王土

中国历史上的人治传统有着浓重的非理性色彩，而现代群体心理学理论关于群体的盲信、易受暗示和蛊惑的学说，也证明了那些拥有强悍人格力量的统治者，常常会让整个国家轻而易举地屈服在自己的个性、爱憎或狂想之下。有时候，一个人的性格会主导整个国家的性格，一个人的文化素质会影响到整个民族的文化素质，而且这种偶发的影响可能非常久远，从而成为一种巨大而沉重的历史存在。

朱元璋就是如此。

影响中国历史发展至为深远的明初政治，与朱元璋的个性心理密切相关。

朱元璋爱把自己和一千多年前的汉高祖刘邦相比，因为他们都是起自寒微。甚至可以说，正是刘邦的先例，才使朱元璋做皇帝做得理直气壮，否则他会为自己由贱民一跃成为皇帝的合法性而感到忧心忡忡，然而，朱元璋的个性和刘邦完全不同。刘邦本是一个流氓，骨子里有股无法无天的放荡豁达，为人也豪爽开朗，他这样一个普通百姓，见到始皇车驾，居然大言不惭地说："大丈夫当如是也！"攻下咸阳之后，他沉湎于秦朝故宫的金帛子女，一门心思想住下来快活一番，还是在身边大臣苦口婆心地劝谏下，才恋恋不舍地走出"温柔乡"，由此可见其贪图享乐的性格。朱元璋则有着强烈的农民本能，他本来对锄头镰刀更感兴趣，从祖辈那里继承的遗传基因使他一直抱着"三亩地一头牛，孩子老婆热炕头"的质朴理想。在前二十五年穷困至极的生活中，史书上也从未记载他有过什么叛逆性的举动，但元末农民大起义把他颠簸出原来的生活轨道，开始了不一样的人生。否则，他会是一个终生勤勤恳恳、克勤克俭、奉公守法、治家严厉的模范农民，督儿率女，勤耕苦织，节俭度日，即使家道充裕了也不会乱花一文钱。

当初，刘邦释放犯人有一时冲动的成分，而朱元璋参加起义军，是在万般无奈的情况下才做出的决定。没想到生活从此为他打开了一条虽然险恶不断，却越来越宽阔光明的道路。他以一个精明农民不放过任何增加财富机会的精神，在命运的跌宕起伏中，苦心经营，居然不断成功，节节胜利，并被命运的波澜推上了他做梦也没想到的地位。他得到的不是"三亩地一头牛"，而是九州山河这么大的一片家业！他没有像刘邦那样开始放松地沉醉于美酒妇人，相反，他陷入了深深的忧惧之中。在农村，家里有了几块银子，还要深埋进坑洞或灶间，何况这么大的家业，怎能不用心打点！他从此开始"寝不安枕，忧悬于心"。他谆谆告诫大臣们：忧患之来，常始于细枝末节。明智者能从无踪无形中嗅出危险的味道，而愚昧的人在事情已出现萌芽时还毫不在意。

刚刚登上皇位不久，他就下令设专人，每天五更时在城门的谯楼上吹起画角，高声唱道："为君难，为臣又难，难也难；创业难，守成更难，难也难；保家难，保身又难，难也难！”

在这种戒备心理的支配下，贯穿明初政治的一条主线就是“保守家业”，让整个国家最大限度地掌握在朱家手中，不和任何人分享权力。为了这份家业的安全，他想尽办法束缚乃至扼杀各阶层人民的活力和创造力。

基于这种心理，从土地里走出来的朱元璋开始用管理一个村庄的方式管理国家，而经过几千年的发展，有了一定层级结构和分权体系的中国社会在他的治理下变成了一个大村子。

让我们来看一看他是如何治理的。

首先，他弄不清也不放心历代传下来的分级负责、层层分权的复杂政治体系。他凡事喜欢一目了然，觉得这套繁复的体制不容易控制，可能会藏污纳垢。所以他干脆利落地打碎了这套复杂的政治体系，取消丞相制，让天下所有的大小官员都直接向他负责，每个官员都直接为他跑腿。这样，他就可以一管到底，不留一点死角。他可以通过这套单薄得近乎透明的官僚网直接看到他的子民在田间地头的劳作情况，这样，他的心里才能舒服一点。

对这些直接为自己跑腿的官员，他还是不放心，生怕他们办事不细心或不安分。于是，他亲自撰写了《授职到任须知》，对每一级地方官吏的职责都做出详细的规定。他把地方公务分为发布公告、征收田粮、管理仓库、会计核算、受理诉讼、管理囚犯、管理官署房产、管理辖内读书人、管理地方渔业、管理地方窑冶等三十一项，并且逐项开列地方官应当注意的事项，而这些注意事项往往还有许多具体的要求。比如对管理囚犯一项，不但要了解已经了结的案件有多少，在押犯人有多少，还要“知入禁年月久近，事体重轻，何者事证明白，何者取法涉疑。明白者，即须归结；涉疑者，更宜详审，期在事理狱平，不致冤抑”。谆谆嘱咐，像个碎嘴婆婆，恨不得一个个手把手教他们干，一身化为千万，在旁边严密监视。

为了把农民牢牢控制在土地上，他严格限制人口流动。为了达到这个目的，他设立了路引制度，也就是通行证制度。普通百姓只要离开出生地百里，就得持有官府开具的通行证，否则就以逃犯论处，一律充军。人们必须困守田园，不许四处游荡。“一里之间，百户之内，见诰仍有逸夫（游民），里甲坐视，邻里亲戚不拿……逸夫处死，里甲四邻，化外之迁。”在朱家天下做百姓有近乎囚徒的意味。

为了便于管理，防止豪门巨户威胁朱家天下的安全，在他统治的三十一年里，他借屡兴大狱之机，以种种借口，把全国的豪门巨户杀得所剩无几。到1397年，即他离世的前一年，户部向他报告，全国有七百亩以上土地的仅剩下一万四千三百四十一户，并且把详细名单送呈这位多疑的皇帝御览。朱元璋松了一口气。他通过对中国社会动大手术，通过蛮不讲理的屠杀，使中国的社会结构大为简化，在庞大的自耕农基础上建立了原始的、扁平的、效率低下的官僚网，方便他用僵化的制度去束缚所有社会成员的活动，以求天下永远太平，不出一点乱子。

在这个基础上，他颁布了《大明令》，颁布了《大明律》，颁布了《大诰》《大诰续编》，颁布了《皇明祖训》。连篇累牍，林林总总，无所不包，而且都是以朱元璋特有的“碎嘴婆婆”的方式，对帝国生活的方方面面规定得无微不至。他甚至费尽心思为老百姓制定衣服服色、房屋样式，还为此多次颁诏。洪武十四年（1381年）下诏规定，农民只能穿绸、纱、绢、布，而商贾只能穿绢、布，农民家里但凡有一个人是做生意的，全家都不能穿绸穿纱。洪武二十二年（1389年），规定农民可以戴斗笠、蒲笠出入市井，不务农的则不许。洪武二十五年（1392年），又诏令礼部禁止庶人穿靴，因为庶人靴子的样式模仿了官靴。“惟北地苦寒，许用牛皮直缝靴。”这些在我们今天看来琐碎得可笑的东西当时都是朱元璋用来明确社会角色、严格阶级区分的国家法律，谁要违反，轻则杖责，重则充军，绝对玩笑不得。小农式的自然经济，狭隘的家族群居方式，使得朱元璋眼里的世界是封闭的，静止的。天圆地方，日月循环。朱元璋的初衷，就是为子孙后代制定一套无所不包的万年不变的运行模式，以让大明社会在这个模式里永远平平安安地运转下去，使得老朱家的家业永远传下去。

时光迤迤逦逦，朱元璋撒手人寰之后，他的愿望基本实现了。他所发明创造的这套古怪而实用的制度保佑他那些大多昏聩低能、行为乖张的子孙在皇位上坐了近两个半世纪，然而，他的治理却造成了中国社会经济结构的一次巨大倒退。本来经过一千多年的发展，至宋代，中国的社会结构在小农经济的基础上已有所松动，经济结构趋向开放，手工业和商业迅速发展，社会活力有所增加，在此基础上，政府功能渐趋繁复，财政制度也趋向理性化。朱元璋扼杀了这一发展势头，以他独特的创意建立了一个超前稳定、效率超低的社会。结果，这一制度的基本精神延续了五六百年，极大地遏制了中国社会的活力和生命力。

率土之滨，莫非王臣

在孤庄村的放牛娃里，朱元璋是个孩子王。他们最常玩的游戏是做皇帝。就像吴晗那部文笔生动的《朱元璋传》所写的那样：

> 虽然光着脚，一身蓝布短衣全是窟窿补丁，他却会把棕树叶子撕成丝丝，扎在嘴上做胡须，找一块车辐板顶在头上当平天冠，弄一条黄布包袱披在身上，土堆上一坐，自己做起皇帝来了。拣一些破木板，让孩子们毕恭毕敬地双手拿着，当作朝笏，一行行，一排排，整整齐齐地三跪九叩，同声喊“万岁”。

这些游戏给朱元璋灰暗的儿童时代涂上了一抹亮色，在游戏中模拟帝王给他带来了虚幻的快乐。在游戏中他至高无上，无所不能，他是天地万物的主人，一切的一切都在他的绝对主宰之下。做这种肆无忌惮的游戏时，他绝不会想到自己有一天会真的登上皇位，不过，下层文化中对于皇帝的种种幻想无形中被他深深吸纳进意识深处。自身权利极度缺乏的底层民众在幻想中把皇帝的权威夸大到无限的程度，就像老百姓以为皇帝成天在深宫里吃猪肉炖粉条一样，他们也同样认为做皇帝就是不受任何拘束，没有任何限制，高高在上，随心所欲。民间传说中，总有类似的故事：某个卑贱的下人，因为皇帝酒后一句口误，封他为某某王或者某某侯，就真的成了王侯，因为天子口中无戏言。

事实上，中国传统政治结构中的皇权无限只是理论上的，在实际操作中，皇帝的权力要受到诸多限制，从来没有哪个皇帝真的做到了无拘无束。在朱元璋以前，社会上层人士的代表——元老重臣在朝廷上都受到充分尊重，他们合法地分享部分统治权力。在制度上，丞相拥有很大的实际权力，而且隋唐以来的三省制度中有一种封驳权，即皇帝的旨意如果不合法，大臣可以封驳退回，不予执行。这样，就在很大程度上限制了皇帝一人一时的喜怒给国家人民带来的破坏性影响。

朱元璋对此不以为然。他要依照自己头脑中的形象去做皇帝。在命运以其神奇的手段把他送上人世间权力的巅峰之后，他要真的挥舞着权力的魔棒，决定一切，操纵一切，把自己的意志强加在所有人的头上，任何想同他分享权力的人都遭到他毫不留情地打击。在他眼里，自己是天下真正的主人，普天下的人民都是他的所有物，是他可以计数的财富，可以由他任意处置。开国之初，百姓贫困，朱元璋为禁止官吏过度剥削，在诏书中打了个生动的比方："且如人家养个鸡狗及猪羊，也等长成然后用，未长成，怎么说道不喂食、不放？必要喂食看放有条理，这等禽兽畜生方可用。"在贫困线上挣扎的中国农民关心的不过是吃饱肚子，他们对自己作为一个人所拥有的自然权利并没有自觉的要求。他们能活下去，能传宗接代，就心满意足了。同样，在这种乡野文化浸淫中长大的朱元璋对待自己的子民，只承认他们有生存权，甚至这种生存权，也只是在任他摆布的前提下才能拥有。他根本不知道尊重他人的生命尊严，尊重人的价值。甚至对于大臣，对于自己册封的公侯贵族，他也缺乏最起码的尊重。这些人也不过是他手里的工具，一不高兴，他就喝令身边的武士扒下任何一个大臣的裤子，在大庭广众之下打他的屁股。这就是明朝有名的"廷杖"制度。在他的一怒之下，诸如工部尚书薛祥等许多高级官僚都被活活打死了。

在明朝以前，即使君权至上，士大夫阶层还是享有一定程度的人格尊严和人格独立。那些按自己的思维方式践行的士人有权游离于正统社会之外，隐居世外，不闻世事。这些人被称为"山林隐逸"。正统社会观念对这种高度自尊的生活方式是宽容甚至尊崇的，隐士们通常被称为"高人逸士"。在一些朝代，对于那些著名的隐士，皇帝甚至会纡尊降贵，重礼去请，如果这个人坚持自己的活法，皇帝也会重重赏赐，以表明自己的尊敬和欣赏之意。这是传统社会留给人们最后一块自由呼吸的空间。

可是朱元璋登基之后，这块保留着最后一丝宽容气息的空间就被封杀了。朱元璋没有这份雅量，也没有这份雅兴。他认为，这些拒绝与他的政权合作的人必定是看不起他或者是心怀怨望，他不能容忍在他至高无上的皇权之下还留存着他们的高傲。他发布命令：“率土之滨，莫非王臣。寰中士大夫不为君用，是自外其教者，诛其身而没其家，不为之过。”在这道前无古人的“寰中士大夫不为所用律”下，苏州人姚涧、王谟，贵溪儒士夏伯启叔侄因为不肯出山做官，都被朱元璋诛杀，并籍没全家。士大夫仅有的一点点独立的人格空间在洪武朝消失了，所有人都被完完全全地纳入了朱元璋的私人所有物范围。

朱元璋素有节俭之誉，对生活的要求不高，但是他非常注意帝王的威严，皇帝日常生活的礼仪威严比之前代要烦琐夸张得多。明初政治的一系列大胆泼辣的举措证明他是按照自己对“皇帝”一职的理解去履行职责的。他时常做出人意料之举，任意处置摆弄官吏，以体验一种大权在握纵横无忌的快感。他让和尚还俗，做到一省布政使这样的高官。老臣钱宰因为公务繁忙，不胜劳累，在家中作诗一首：“四鼓咚咚起着衣，午门朝见尚嫌迟。何时得遂田园乐，睡到人间饭熟时。”此事被朱元璋的耳目侦知报闻。第二天，朱元璋和钱宰闲坐，对这个好发牢骚的大臣说：“昨日好诗，然何尝嫌汝。”钱宰一听，吓出一身冷汗，跪地觳觫，他知道这位爱挑大臣毛病的皇帝完全可以就此把他杀了。不料朱元璋却莞尔一笑，给他假，派人把他送回老家，说：“朕今放汝去，汝放心熟睡矣。”从这件事里，你可以充分体验到朱元璋那种收放自如的权力快感。

朱元璋把皇权扩大到了极点，把自我放大到了极点，他的行为严重压缩了社会其他成员的生存空间和权利空间。他强悍野蛮的人格阴影覆盖了社会的各个角落，你不敢反抗，你也无法反抗。洪武朝那么多的冤案，那么多的血腥，那么多的不公正都那样毫无阻碍地出现了，抗议之声寥寥，而这仅有的几声呼喊，也被朱元璋毫不手软地抹杀干净。他的野蛮践踏使社会个体的自主性和自我意识被摧毁殆尽。人们原本不多的自尊意识更被扫除一空，奴性就在人格空地上如野草一样蔓延开来。中国人的人格素质又在朱元璋时代那原本不高的基点上做了一次大幅度的退化。

大屠杀

朱元璋的外戚郭德成是洪武朝最幸运的贵族之一，说他幸运是因为他在朱元璋的统治下保住了一条命。那一天他进宫陪朱元璋喝酒，朱元璋酒量大，没醉，但郭德成喝多了。临走时摘了帽子叩头谢恩，露出了自己的秃顶。朱元璋酒后兴致不错，取笑他说："醉疯汉，头发秃成这样，是不是因为酒喝得太多了？"郭德成随口答道："这几根还嫌多呢，什么时候都剃了，落个痛快。"朱元璋听了，一声不吭。回到家里酒醒了，郭德成知道自己闯下了滔天大祸，原来曾经是游方和尚的朱元璋对与和尚有关的一切词句都十分敏感。虽然自己是郭宁妃的哥哥，可是也难保多疑的朱元璋不记在心里，什么时候找个借口把自己杀了。他越想越怕，越想越怕，终于真的剃了头，穿上僧服，整天装疯大声念佛。他似乎是个很不错的演员，朱元璋也信以为真，对郭宁妃说："没想到你哥哥真是个疯汉。"在洪武后期迭兴大狱之时，郭德成居然因为是个"疯子"，逃脱了死神的魔掌，"以功名终"。这在洪武朝是个罕见的例外。

同样幸运的还有一个叫袁凯的御史。一次召对之时，他的言语不合朱元璋之意，惹得朱元璋脾气大发。袁凯自知大祸临头，也学郭德成，第二天没去上朝而是在家假装疯癫。朱元璋不信，派使者前去观察，只见袁凯正伏在自家篱笆边吃狗屎，见了使者，便对他唱《月儿高》曲，朱元璋这才相信，从而免于一死。原来袁凯早有准备，知道朱元璋多疑，先叫人用面捏成狗屎形状，撒在篱笆下面，这才骗过了朱元璋。

这两个人是在朱元璋手下工作过的官员中为数不多的幸运儿，而其他才智之士则没有这么幸运。在朱元璋统治后期，他精心策划了数次巨案，有效地清洗了当时上层社会几乎所有智商比较高、权力比较大的人。他们之所以头颅落地，原因很简单：朱元璋担心他们的才智对他的家业构成威胁，因为根据自身经验，他知道那些智商过高而且拥有一定权力的人通常都有得陇望蜀的心态。

洪武十三年（1380年），朱元璋炮制了胡惟庸案。

胡惟庸是朱元璋的老乡，事实上，在洪武元年（1368年），朝中的实权派人物大多是朱元璋的老乡，即所谓“淮西勋贵”。他们和朱元璋说同一方言，有的干脆就是他儿时一起做游戏的伙伴。在十余载栉风沐雨的征战途中，他们形成了一个以朱元璋为核心的坚强集体，结下了深厚的友谊，然而，在天下安定之后，朱元璋开始有计划地屠杀这些昔日的战友。他声称宰相胡惟庸权力过大，妄图谋反，赐死了胡惟庸，并且把和胡氏关系密切的淮西贵族一个个深文周纳，觉得谁不可靠，就把谁牵连到胡案之中，诛其全族。整个胡惟庸案先后诛杀了三万余人，其中包括朝中最有权力的二十二名淮西贵族，都是公侯一级。朱元璋甚至连自己的儿女亲家李善长也没放过。李善长被杀时已经七十七岁，开国元勋，替朱元璋办了三十八年事，位极人臣，为人也老实本分，本以为能把尊荣富贵享到头，谁料朱元璋借口星象不吉，需要杀大臣应灾，李家及其妻女弟侄家七十余口全部被杀。

胡惟庸案杀的多是文官。后来，朱元璋又制造了蓝玉案，又杀了两万余人，这次多是武将。通过这两次屠杀，朱元璋把满朝最有实力最有能力的文武大臣基本杀光了。由于需要杀的人太多，他也懒得编造像样的借口，于是就一律“串通”“谋反”。他知道再巧妙的借口也无法掩饰他那过于明显的动机，所以他在这一环节上有意地敷衍了事。他有绝对的信心，没有人会天真地去揭穿他的借口。

探究朱元璋疯狂屠杀背后的心理动机，显然还是深刻的不安全感。他自己对此也并不讳言，当秉性颇为仁慈的太子劝他手下留情时，他直截了当地告诉太子：我这样做，就是为了让你在我死后做安稳皇帝。登上帝位的朱元璋没有一天不被恐惧折磨，他总是怀疑别人在盯着他这份过于丰厚的家业，垂涎欲滴。他总是幻想别人对他不怀好意。显然，在历经磨难之后，他的心理状态已经不正常了。百战之余九死一生的朱元璋虽然在一系列阴谋、背叛、危险中突围而出，但回首一望，当年的惊险万状仍令他不寒而栗。长期复杂紧张的军事生活，使原本谨慎的他更加多疑，而且发展到近乎变态的程度。早年的卑屈生涯与现在的高贵地位之间巨大的落差，让一切恍然如梦，他心里时常泛起一种不可信、不真实的感觉，时刻担心这如梦如幻的荣华富贵会因一时疏忽得而复失。正是这种得而复失的恐惧令他做出了种种奇怪的举动。

这种令人难以接受的个人行为，是以民族的集体心理为背景支持的，否则朱元璋再残忍，再自私，也不可能做出这样决绝的举动。

中国人不大习惯于平等合作，历史上从来没有出现过自发成立的自治城邦。一个群体的构成，首要的条件便是权威的确立，而维持群体的稳定，则必须有效地消灭对权威的挑战。所以，朱元璋诛戮功臣，是中国权威型政治体系自我保护的一种反应，虽然血腥，虽然下作，但是并未受到传统史观的苛责，也不影响在传统史家眼中朱元璋一代雄主的地位，甚至正相反，它成了朱元璋雄图大略的一个组成部分——如果把稳定作为最高政治目标的话，这一举动是达到这一目标的保险系数最高的手段。

在有文字记载之前，中国人一定已经经历了无数代的相互欺骗、背叛、陷害和内争，过早成熟的智力和过于丰富的历史破坏了祖先们相互信任的能力，给他们留下了深刻的相互伤害的痛苦记忆。所谓天无二日，国无二主，两个并立的政权，谁也不能保证没有吞并对方的企图，谁也不能打消对对方的恐惧，所以最明智的做法当然是强大起来，吞并对方。而一代代积存在血液中的记忆"漂流物"，使我们祖先的猜疑能力发展到极端，从而在汉语中出现了"斩草除根"这一令人毛骨悚然的成语。一个王朝被灭掉之后，新皇帝的第一件事就是千方百计追索前朝皇帝的后代，务必干净利落地全部杀掉。相互防范、相互猜疑的心理发展到极端，几乎已经成了群体性心理障碍，因为总是用最坏的想法去推测对方心理，所以在心理上形成相互惊吓的共振效应，迫使人们以妄想狂的心态用种种极端措施来消除自己给自己制造的恐惧。甚至历史上最有人情味、最为宽容理性、最有人缘的唐太宗李世民也是同样的刽子手。在和自己的兄弟争夺王位胜利之后，为了确保自己王位的安全，他把哥哥建成和弟弟元吉的那些无辜的孩子，一律杀掉。当然，这在中国历史上几乎是例行公事，不值得大惊小怪。所以，三百多万字的《资治通鉴》对这件事只用了这样一句轻轻带过："建成子安陆王承道、河东王承德、武安王承训、汝南王承明、钜鹿王承义，元吉子梁郡王承业、渔阳王承鸾、普安王承奖、江夏王承裕、义阳王承度，皆生诛，仍绝属籍。"

就算有如此残酷的文化背景，朱元璋的所作所为还是太过分了，超出了人之常情。他最为欣赏的楷模刘邦，在诛戮功臣这一做法上自然应该承担始作俑者的责任，但刘邦毕竟还事出有因，不管怎么说，这些昔日的功臣大都是自己先举起了叛旗。朱元璋的所作所为却完全是出于猜忌，出于最大限度地保证大明江山的安全而不择手段。他不害怕神降罪，也不在乎良知的谴责，更不顾及友谊、信义这些人世间美好的情感，视他人的生命如草芥，因为一点点小事就可以大开杀戒。“所杀的人，从开国元勋到列儒裨将、部院大臣、诸司官吏到州县胥役、进士监生、经生儒士、富人地主、僧道屠沽，以至亲侄儿、亲外甥，无人不杀，无人不可杀，一个个地杀，一家家地杀，有罪的杀，无罪的也杀，‘大戮官民，不分臧否’。”

面对这样疯狂的屠杀，整个社会却如一潭死水，逆来顺受。面对朱元璋荒诞无稽不堪一击的指控，面对一桩桩一件件赤裸裸的冤假错案，被屠杀者们保持着令人难以理解的沉默。几乎没有人上疏抗议，没有人采取什么激烈的反抗措施。被牵连进去的就安安分分地受死，侥幸逃脱的则暗自庆幸白捡了一条命。吴人严德珉因病辞官，被朱元璋疑为不愿为其所用，流放广西。朱元璋死后被赦放还。每说起此事，他都为朱元璋当时留其一命而感激不已，总是北面拱手，连说“圣恩！圣恩！”

偶有几声不同的声音，却不是抗议，更不是批评，而是善意地提醒。被屠杀者这时还忠心耿耿地站在朱元璋的立场上，小心翼翼地向朱元璋指出，是不是杀得太多了，“才能之士，数年来幸存者百无一二”。这样不分青红皂白地大量屠杀，是不是没有必要？这样下去，有可能带来一些副作用，比如天下无人可用，比如人们都不再愿意为朱家天下出力，“四方因之解体”。

这些沉默或者善意并不表明中国人麻木怯弱。相反，它恰恰说明了背负着数千年沉重历史的中国人的聪明智慧。人们知道朱元璋为什么举起屠刀，他们谁也不会天真到去揭露朱元璋那些荒唐的借口。他们明白，抗议逃避或者哀求都不会有任何作用，只是浪费精力而已，而且很可能还会因此激起他更大的屠杀欲。更为关键的是，他们心里也完全认同朱元璋的逻辑，如果是他们处在朱元璋的位置，也很有可能采取同样的行动。所以，这时唯一可行的是以朱元璋之心为心，告诉他：你杀我，我毫无怨言，只是这对你并不利。这无疑是最聪明的做法。

中国历史上最让人悲哀最让人无可奈何的，无疑正是我们祖先的这种近乎极致的聪明和智慧。

酷刑

早年的贫困，给了朱元璋磨炼和智慧，也给他造成了深深的心理伤害。贫穷在什么时候都不是一种荣耀。他清楚地记得父亲领着一家人，转佃四方，为了一张嘴，搬了一辈子的家。每觅到一家田主，佃来几亩荒地，一家人在土地上苦熬苦干上一年，算算收成，一多半是田主的租子。好容易把地侍弄熟了，多打一点粮，田主立刻就加租，不同意，就得领着一家老小继续上路。贫穷使得他在饥饿线上挣扎，贫穷让他们一家人如同几棵野草，受尽践踏，孤立无援。这个毫无社会地位的家庭一次次受到地主明火执仗地欺压凌辱，一次次遭到里甲胥吏明目张胆地盘剥压榨，却只能忍气吞声，毫无反抗能力。朱元璋十七岁时，一场大旱，使这个在卑微屈辱中辛苦维持的家庭立刻土崩瓦解，几个月的时间死了八口人，一家人几乎死绝了，只剩他自己，茫茫大地上他竟找不到一寸立足之地。

那时节，真是呼天天不应，叫地地不灵，朱元璋觉得他活在这个世上，不但多余，简直就是一种罪孽。在淮河两岸靠乞讨为生的四五年里，为了一口饱饭，他不得不厚着脸皮在豪门大户门前一遍遍地敲那连自己听了都觉得刺耳的木鱼，忍受他人毫不掩饰的轻蔑眼光和厌恶表情。自尊心极强的他为了活命，不得不把这一切默默吞下。这些沉重而锋利的伤痛屈辱在他心中日积月累，早已化成浓黑浓黑的怨毒。他仇恨那些豪门富室，仇恨那些贪官污吏，甚至莫名其妙地仇恨一切过得幸福的人。

朱元璋的大屠杀对象，有他的政敌，有他的潜在对手，也有他一时冲动的牺牲品，最多的，还是那些中饱私囊的贪污官员。

腐败是这个国家几千年来的痼疾了。从根本上说，它附生在制度的漏洞上。明朝开国之初，朱元璋对待官吏极为严苛，给予的官禄极低，做官的甚至没法用俸禄养活自己。许多陋规，虽然没有明文规定，却是历代相沿，实际上已是一种变相的制度。从这个角度说，某些贪污行为是无法避免的。虽然已经成了最高行政首长，朱元璋却从来没有从制度的角度去考虑问题，他依然简单地、意气用事地把一切贪污都归结为道德问题，他杀贪官，不分罪行轻重，不管官职大小，只要略涉贪污，一律杀无赦。在洪武朝做官，人人战战兢兢，不知什么时候就要身首异处。由于诛戮过甚，南方经济比较发达的省份，几十年间竟没有一个做到任满的官员，大多不到考满就掉了脑袋，侥幸没死的也都是流放边疆。有些衙门，因为官吏被杀的太多了，无人办公，朱元璋不得不实行“戴死罪、徒流罪办事”，叫犯罪官员戴着镣铐回到公堂办事。

洪武十五年（1382年），发生了著名的空印案。按明初规定，每年各地官府都要到户部报送账目，手续极为严格。有一项数字稍有差错，整个账册便被驳回。大部分州府和南京相距数千里，重新造表加盖印鉴得花费数月甚至一年的时间，于是各地官吏到户部对账时，都带着事先盖好印的空账册，以备驳回重新填写。这本是一个公开的秘密，通行多年，从来没有人提出过异议。洪武十五年，朱元璋忽然发觉了这件事，看到这种违反规定的事竟然就发生在自己眼皮子底下，大发雷霆。一声令下，从户部尚书到各县衙门的长官，包括全国大省的布政使，一个不留，全部杀掉。这次共有数千人死于非命，其中包括许多有名的清官良吏。

引人注目的不仅仅是朱元璋诛戮范围之广，更由于他屠杀时花样翻新的手法。

每个州县衙门门口，都有一座土地庙，在明初，此庙被叫作皮场庙，因为这里是杀人剥皮的场所。贪污的官员就在这里被处死，砍下来的头颅被挂到旗杆上示众，剥下的人皮被塞上稻草做成人皮标本，立在衙门大堂的长官座位旁，提醒后来的长官，不要效尤。一时间，全中国大多数州县的县衙，都成了活地狱。

这还远远不算完，朱元璋的花样比这多得多。对付贪官，有墨面文身、挑筋、挑膝盖、剁指、断手、刖足、刷洗、称竿、抽肠、阉割、凌迟等许多非刑。仅仅这些汉字的组合，就已经让人的视觉神经难以承受。所谓刷洗，是把犯人光身子放在铁床上，浇上开水，用铁刷一遍遍刷去皮肉；而抽肠，则是用铁钩钩入犯人的肛门，把犯人悬起，直至肠子被钩出来。

这些本应属于地狱的刑罚，居然被号称治世的洪武朝天天使用，不能不令人深思。朱元璋对酷刑的偏爱显然不仅仅是政治需要，而且有一种心理上的驱动。他的生命中遭遇了太多的痛苦，目睹了太多的血腥，积累了太多的怨毒，浓黑的仇恨使他的心理已经严重变态。当他从社会最底层爬到最顶端，他终于可以一舒心中怨气，任心中的恶意肆意流淌。

他显然在折磨他人的过程中享受到了某种快意和满足。

酷刑在中国已经有几千年的历史，残忍是我们这个民族性格中不可回避的阴影。鲁迅在翻检中国历史时，曾以悲愤的心情慨叹中国人在酷刑上的想象力。他说："自有历史以来，中国人是一向被同族和异族屠戮、奴隶、敲掠、刑辱、压迫下来的，非人类所能忍受的楚毒，也都身受过。"过多的苦难折磨，一方面，成全了我们无与伦比的忍耐；另一方面，也造成了我们心理上的黑暗。

由于早年社会最底层的生活经历，朱元璋习惯了血腥并能从中体验到乐趣。他把经历了汉唐盛世的14世纪的中国变成了人间地狱。他不分青红皂白地杀杀杀，可是杀了这批，换了一批，还是达不到朱元璋的严苛要求。为官者看到无论如何都没有好下场，不如变本加厉地虐民为害，也不枉为官一场。"以禁网严密，朝不谋夕，遂弃廉耻，或事掊克。"贪污事件依然层出不穷。"朝治而暮犯，暮治而晨亦如之，尸未移而人为继踵，治愈重而犯愈多。"晚年的朱元璋不禁心灰意冷，在《大诰武臣》里无可奈何地说："似这等愚下之徒，我这般年纪大了，说得口也干了，气不相接，也说他不醒！"

这种"说不醒"正是朱元璋自己造成的，从某种意义上说，这也是他希望看到的局面。事实上，这种状况恰恰为他发泄潜意识中的残忍血腥找到了借口，使他的变态心理得以在"惩治腐败"的幌子下实现。这一点也许连朱元璋自己也没有意识到。

距离

在保守家业的本能驱使下，朱元璋在位三十一年，"每旦星存而出，日入而休，虑患防危，如履渊冰，苟非有疾，不敢怠惰，以此自持，犹恐不及”。他自述道，自己经常“夜卧不能安席，常常因为想起一件什么可能危及帝国安全的事，便一夜失眠”。可以说，他为了大明帝国的长治久安耗尽了全部心力。在他的统治下，大明朝的社会确实空前安定，人民生活秩序井然，以往那些威胁传统社会稳定的权臣外戚藩镇也被有效防范。在传统帝王中，他自律极严，生活非常俭朴。他不喜饮酒，平时除犒赏将帅、宴请百官，在后宫从不举行宴会，他每天早饭只吃蔬菜。从传统观点来看，他确实是一位不错的，甚至非常杰出的帝王。

当拉远观察距离，我们看得更清晰的是，作为佃农的儿子，他在统治帝国的过程中把狭隘的农民意识充塞到整个帝国空间，乡野文化的粗朴有力地冲击了中国文化宽容优雅的高贵气息。虽然他智力发达，可是注定无法摆脱农民的视野和心理习惯。于是，他给整个中国的文化性格打上了浓重的农民烙印，使中国由外向转向内向，从开放走向收敛。他的高压政策和血腥手段扭曲了民族的心理性格，封闭了人们的视野。联想到此时西方已处于近代文明的前夜，欧洲人将要开始他们野心勃勃地扩张，朱元璋不合时宜地出现尤其令人痛心疾首。

我们民族性格中的许多阴暗因素是世代积累的结果，而朱元璋在这些因素的传承中起了重要作用。基于他自身的视野、心理和修养，他把传统文化中的消极、保守、落后的东西通过强硬的政策放大到整个国家的性格里，给整个民族的素质造成了不可挽回的影响。

在西方人通过炮舰打开中国尘封已久的大门之后，他们好奇地向里面张望，惊讶地发现，这个传说中富于才智的民族已经成了孱弱的病人，或者像刚刚从囚笼里放出来的犯人那样，脚步虚浮，精神倦怠，反应迟钝，思维混乱，而且还几乎表现出痴呆的症状。西方观察者们一致承认中国人的忍耐与坚韧无与伦比，勤劳和节俭精神使他们深为震动。同时，他们的另一个突出印象是中国人麻木不仁，对不合理的现状逆来顺受，毫无主动性与创造性。这种现象让他们深深困惑，法国人勒戎德尔甚至认为这是生理上的原因。他说中国人脑力衰弱，"脑髓机能有缺陷，感觉麻木，五官不甚锐敏"。现代化过程中人的素质始终是个根本性的问题，现代化过程中的许多问题，都容易让人想到朱元璋，这个虽有雄才大略却愚昧野蛮的农民帝王。他的阴魂缠绕这个民族数百年不散。

结尾

一个众所周知的秘密是朱元璋有两幅画像。一幅是他的真容，瓢把子驴脸，一脸横肉，满面杀气，十分不中看，这幅画像一直被秘藏着。另一幅则是五官俊美，仪表堂堂，完全可以称得上是美男子。

用一张不存在的脸来代表自己，并且希望后世子孙以这个形象来认识自己，这种荒唐可笑的事只有朱元璋做得出来。数百年来，把朱元璋从他的本来面目描画成一个中国历史上最成功的帝王，却一直是我们的传统文化体系自觉致力不怠的事，这种努力甚至一直持续到今天。

现在，是找到他隐藏的真面孔的时候了。

神女生涯：柳如是与顾眉

和大脑中储存的男性名人的数量相比，几千年里能被我们记住的女子屈指可数：杨玉环、赵飞燕、苏小小、薛涛、李清照、陈圆圆、柳如是……

写下这些香气氤氲的名字，从头数来，令人心惊：这些被一代代后人怀想不已的女性，十之有五倒是至卑至贱的风尘女子。这些原本应是野草一样卑贱无闻的女人几千年来一直在一代代男人们的记忆中音容宛在，而无数大户豪门的千金佳丽，寻常巷陌的良家妇女，还有曾经满书满卷的贞节烈女，却都如落在书上的灰尘，被岁月之手一拂即去，未能留下丝毫痕迹。

这些活着的时候被人们抛弃、践踏、轻蔑、诅咒的女子，死后却飘凝成了我们历史天空中最奇幻的一抹云霞。

神女的没落

谁能想到，这个人们心目中最肮脏的职业却起源于神圣的祭坛边？

在人类刚刚走进文明的时候，性是一件自然美好的事情。天真纯朴的人们要把一切美好奉献给神，于是他们想到了那种带给他们极致快乐的东西：性。美丽的少女心甘情愿地在高大圣洁的神殿里，在神的目光注视下裸露身体，和那些参加祭祀的男子们如醉如痴地亲热缠绵。任何一个躬逢其盛的男子都有权拥有那具美丽的身体，原始的激情此刻成了庄严的仪式。他们认为，神欣赏这种仪式甚于最庄严的舞蹈：

> 事实上，卖淫并非历来遭人蔑视，而且曾经无须遮掩，它的起源是极崇高的。最初，娼妓是献身于神的女祭司，她们以服务于路人为一种礼拜行为。那时，她们是受人尊敬的，男人们既利用她们又敬重她们。

最早的娼妓有着女神般的性格：她们是无私的奉献者，她们的奉献对于男性来说，带有一种慈悲怜悯的意味。

当女祭司用自己的身体作为神的祭品之时，就意味着神已由远古时的大地之母变成了男性。男性已经成为大地的主宰，男性的自私和冷漠注定将越来越无情地笼罩整个世界，如同冬季将要来临。不知从什么时候开始，性变成了人世间最丑陋、最黑暗、最难以启齿的事物。人们畏性如火，他们担心这种如火的激情会烧掉制度和秩序。这是一个男性主宰的世界，一切秩序和规则都反映了男性的强硬、狭隘和冷酷。男人们为了自己的利益发明了“女诫”“女训”“女论语”，发明了“男女授受不亲”“叔嫂不通问”，发明了“女子无才便是德”，他们用高墙重院，用小脚绣鞋，用谎言和恫吓把女人们囚禁在自己的手心里，最大限度地把她们与性隔离。可是在诅咒性的同时，他们却在妻妾成群之后还要眠花宿柳，用金钱换取肆无忌惮的性放纵。

他们把这些聪明美丽的女子称为“婊子”，在他们的文化体系中她们被视为天底下最肮脏最下贱的生物。她们被摒弃于正常社会之外，活着没有尊严，死了只能葬在孤坟野岗。人们说，这些女子是“无耻之尤”，是罪恶的源泉，她们的去处只能是十八层地狱，天厌神弃，永世不得超生。

冬季

在男权主义凛冽肆虐的季节，女性如同选错了时序的鲜花一样无法逃避憔悴凋零的命运。男性社会按照他们的需要，野蛮地肢解了女人的天性。这是一种目的和手段都极其野蛮的手术。

女人不许爱美。这句话听起来如同让太阳不许发光，树木不许结果一样荒谬，然而它却成了女性宪法中的纲领性条款。女性如果把自己打扮得千娇百媚，花明雪艳，主动向外界展示自己的性魅力，其目的显然是为了招蜂引蝶，后果不堪设想。对有些女性来说，漂亮本身就是罪过。《红楼梦》中的晴雯之所以被逐出大观园最终郁郁而死，正是因为她雪肤花貌，体态风流。且看王夫人对她的评价：“我看不上这浪样儿！谁许你这样花红柳绿的妆扮！”红颜薄命，正是男权社会制造的一个无比乖戾的矛盾。为了满足社会标准，女性只能把自己打扮得远离性感，远离“女人味”，以表示自己心中没有欲望，不会给社会秩序造成麻烦。那位举案齐眉的模范女性孟光之所以被树为千古楷模，重要条件之一即是她本身没有女性魅力，据史书记载，她“肥丑而黑，力举石臼”。“丑妻近地家中宝”，只有这样的女人才能让男人百分之百放心。

女人不许发展自己的能力。她必须安守第二性的位置，和男人保持能力差距，以确保男性的优势地位不受威胁。按照班昭的标准，女人不要“才明绝异”，只要规矩老实，安静本分，即为有德；不要“辩口利辞”，只要言语礼貌，不出秽语，便是“有言”；不必“工巧过人”，只要专心纺织，能洗衣做饭，便是“有工”。而吐辞流盼，言语动人，分明是不安分的征兆；读书习字，吟风弄月，则绝对是“败家的根本”。完美女人的三条标准是文盲、口讷、体力好能干家务活。这更像是奴隶的标准。

女人不许有性要求，在性的问题上，稍稍主动，就是淫荡。夫妇之间的性生活只能是为了完成继祖承宗的大业而不得不为之，除此之外，能够节制，就应当尽量节制。男人可以用各种借口放纵自己，就像《红楼梦》中的贾琏，与人通奸被捉后，贾母也为他开脱：“小孩子们年轻，馋嘴猫儿似的，哪里保得住不这么着。从小儿世人都打这么过的。”女人们仅仅有这方面的念头，便是了不得的大事。王夫人因春色荷包而审问凤姐时，那神情如同天塌地陷了一般。王夫人本人自从有了宝玉之后，便只好整日吃斋念佛，以此来压抑自己的性冲动，打发一个个漫漫长夜。按 M.E. 斯皮罗的理解，东亚家庭中，母亲那臻于极致的强烈母爱正是性挫折的一种升华。正派女性，理应在性压抑中度过一生。

女人不能有自己独立的人格和利益。她们必须根据公婆和丈夫的要求来调整自己的心态和立场。夫在从夫，夫亡从子，她们的使命便是服从忍让，随时随地准备做出牺牲，甚至是牺牲自己的根本利益。最贤惠的女人会主动提出为丈夫纳妾，甚至会瞒着丈夫偷偷地觅来美妾献到丈夫面前，如同《浮生六记》中的芸娘那样。

一个女人按照上述要求去做的结果无疑意味着自我毁灭。几千年来，这片土地上一代代女性就是按此标准被制造成愚昧、麻木的良家妇女和心理严重扭曲的贞节烈妇。无数蕴藏着才华的生命活得如同灰尘，没有任何色彩。

这是一个真实的故事：一个书香门第中的漂亮女孩儿，自幼聪颖异常，通过自学读书识字，而且喜爱读诗。十二岁的一天夜里，女孩面对当空皓月，作了一首七绝，文笔流畅，颇有才思。女孩天真地把这首诗送给父亲看，这位知识分子父亲读后却忧从中来：他从这首诗中看出这孩子感情丰富，将来必是多情种子，而且天生丽质，难免不给家里酿成“不才之事”。即使出嫁，也不能指望她如同那些“无才便是德”的蠢妇一样安分守己。为了防患于未然，这位有远见的父亲干脆为女儿削去头发，送入尼庵，让她去和青灯古佛伴终身了。

不幸的幸运者

1640年前后的秦淮河畔，杨柳依依，楼台隐隐，湿润的空气中飘荡着酒香和乐声。世界在这里变得有些奇怪。一些风尘女子经常和士子们举行集会，或饮酒赋诗，或寻幽探胜，或品茗赏花，他们的话题是古琴谱的真伪，历史名人人品的高低，各书家作品的妙处，以及国运兴衰朝政得失。赋诗联句中，这些女子往往不逊于那些男人，她们往往诗、书、画各擅胜场，甚至让男人们自愧不如。特别引人注目的是，这些集会中，男人和妓女之间的关系，看上去更像一种真正的朋友关系而非性的关系，他们的友谊是建立在人品才华之上的互相欣赏，相互间称兄道弟，礼尚往来。当然，两性之间，感情难以划分得锱铢不爽，也许陈寅恪的概括更为准确：“以男女之情而兼诗酒之谊。”

这些女子都是出类拔萃之辈，她们聪明、活泼，各有所长。她们对人情世态颇有阅历，为人处世有主见，有胆魄，能自立，都很善于在风波险恶中保护自己。她们颇善于生活，绝不放弃能够得到的幸福。甚至青楼中的鸨母也颇富人文情怀，《板桥杂记》载，许多名妓都是鸨母的亲生女儿，妓女出身的鸨母对她们“怜惜倍至，遇有佳客，任其流连，不计钱钞；其伧父大贾（粗俗的商人）拒绝勿通，亦不怒也”。如名妓李湘真，性情高傲，常常称病不接宾客。“阿母怜惜之，顺适其意，婉语辞逊，概勿与通。惟二三知己，则欢情自接，嬉怡忘倦。”

这大概是古今中外最有人情味的妓院了，歌舞繁华中因此也隐匿着一种令人不安的叛逆气息。

颠倒的不仅是秦淮河两岸。明朝晚期是一个让正人君子蹙眉叹息的时代，礼崩乐坏，天下糜烂，人欲避开与天理的正面交锋在那些模棱两可的社会局部肆意滋生蔓延。市井小民随波逐流，而文化人物则有意识地蔑视礼法。傅山说：“名妓失路，与名士落魄，赍志没齿无异也。”这句话用另一种词序来表达，不改变其原意，即名士之不见容于世俗，正如名妓之被社会所抛弃。他们同样有才华，有热情，同样是社会规范的叛逆，同样是纲常礼教的弃儿，所以他们才能相互发现。

相比起那些被种种规范束缚在高墙之内的良家女子，这些原本不幸的风尘中人倒活得更完整，更丰富，更深刻。说起来完全是一种错倒的因果，正是社会的放逐使她们获得了一块自由呼吸的空间，正是命运的打击使她们的生命焕发出奇光异彩。人们剥夺了女子爱美的权利，偏她们能恣情纵意地张扬自己的天生丽质；人们期望女子蒙昧，偏她们可以和男人一样吟风弄月，尽意书写自己心中的块垒；人们期望女子远离爱情，偏她们中的一些人获得了真正的爱情，与自己真爱的人相伴一生；人们期望女子没有自我，偏她们完全依靠自己的力量，和一重重的风浪相搏击，正是在这种搏击中，她们体验到了生命本质上的力量和尊严。

成百上千条的规矩是为那些良家女子制定的，她们不配去遵守。这反而使她们的生命得以保留本来面目。她们站在正常社会之外，反而能有一个独特的观察视角，去看清纲常礼教的真面目，看清人性和人生的真面目。她们尝过了人生的千百种况味，经历了人生的千百种险境，所以，意志坚强，目光犀利。

她们能够从那些以风雅自命的才子文人中发现谁是真正的男人，谁是以风流自赏的俗夫。他们也能够穿透世俗的偏见，发现这些女子身上的夺目光彩。

柳如是

时间坐标是明亡前后，空间坐标是南京秦淮河畔桃叶渡，在这样狭小的时空范围内，有四位杰出的女子同时被中国史永远珍藏。她们就是被称为明末四大名妓的柳如是、顾眉、董小宛和陈圆圆。她们是一个群体的代表。其中，柳如是尤其被人关注。

年仅十岁，她就被卖入了娼寮。她在这里学会了很多东西，不仅仅是琴棋书画，更主要的是反抗。所以，在十四岁被卖给一个老翁做妾后，她很快就同这家的一个男仆私相授受，干净利落地给老头戴上了一顶绿帽子。

结果当然是一顿羞辱之后被逐回娼门。在柳如是的眼中，从良做妾也并不比青楼生涯更为体面，生活在豪宅之中也不过是别人的性奴隶而已。阅历日富的柳如是张张扬扬地卖身为生，她性情刚烈，为人豪爽，敢做敢当，颇有男子风范。她在花柳丛中佯狂出世，时常穿儒服戴儒巾，招摇过市，见到相识则抱拳施礼，称兄道弟。她天生聪颖，凭自学积累了很深的文学底蕴，“分题步韵，顷刻立就；使事谐对，老宿不如”。她酒量颇丰，和男人们比诗斗酒，经常让男人们醉吐狼藉，她却若无其事。

幸运的是，那些流连在花街柳巷的不羁文人能够欣赏柳如是的这种作风。他们能看到柳如是别具一格的美，乐于和她诗酒往还。

不过，流荡飘零毕竟不是她的本意，一半是欣赏“文坛领袖”的才情风雅，一半是为了逃避江湖上的风波险恶给自己找一个终身归宿，二十三岁的她开始主动追求起年过花甲的钱谦益。崇祯十三年（1640年）十一月，她轻舟简装突然出现在钱谦益的半野堂，使后者大吃一惊。只见眼前这位女子“幅巾（儒巾）弓鞋，着男子服，神情洒落，有林下风”，明媚清秀的脸庞在男装的映衬下更显得姿媚横生。老名士钱谦益在“文坛领袖”之外还有一个别号，叫作“风流教主”，从青年时代便是脂粉堆中的英雄，风流阵中的魁首。如今虽然廉颇老矣，为人却更是通达旷放，阅事既多，颇识得真正的人生三昧。他曾在诗酒集会上和柳如是有过往还，当时颇为青目。此刻，对柳如是的突然出现他并不以为鲁莽，反而对柳如是的大胆简洁非常欣赏，而且花甲之年能有这样出色的女子主动追求，亦是喜出望外。

几天之后，柳如是便成了半野堂的女主人。半野堂松涛满耳，杂花满目，更有山泉激湍，挟花片而过。一老一小，一对恋人，在堂内“湘帘檀几，煮沉水，斗旗枪，写青山，临墨妙，考异订伪，间以调谑”。这无疑是数千年中国人家庭生活中为数不多的完满的幸福片段。

女人的美丽和男人的觉醒是分不开的。周作人曾说，士人的高下在他对女性的态度中即可鉴别。柳如是的幸福也有赖于钱谦益的通达。这位老名士对人生对世界都有着与众不同的看法，由此导致他一系列与众不同的做法，其中包括他不为明朝殉节。钱谦益乃是致仕大员、社会名流，和柳如是结婚时，居然按迎娶良家女子的方式郑重其事：“行结郦礼于芙蓉舫中，箫鼓遏云，兰麝袭岸，齐牢合卺，九十其仪。”这种蔑视规范的做法引起社会公愤，认为他“亵朝廷之名器，伤士大夫之传统”，物议沸腾。看热闹的老百姓纷纷捡砖取瓦，掷打彩船，钱谦益在舱中“吮毫濡墨，笑对镜台，赋催妆诗自若”。

柳如是既嫁，也并没有从此改弦易辙，收拾个性，做起中国家庭中的贤妇角色。她依旧狂放不羁，和钱谦益的一班朋友比酒作乐，往往酩酊大醉，“咳吐千钟倒玉舟”，颇有太白遗风，实无闺阁风范。钱谦益居然毫不介意，反而称赞她“佳人那得兼才子，艺苑蓬山第一流”。

更为当时世人诧异的是这位老儒有时厌倦应酬，竟会委托柳如是穿上男人服装，代他外出拜访客人：“竟日盘桓，牧翁（钱谦益号）殊不芥蒂。尝曰：此吾高弟，亦良记室也。”

钱谦益能做到这一点，说明了两个问题。一方面钱谦益对柳如是完全是一种平等的态度，充分尊重充分信任。另一方面，这也说明钱氏的朋友们，那个时代士林的精英人物，同样具有这样的识度，不以为忤反而能欣赏钱氏的这种做法。至少在这些人的观念里，女性已经取得了和他们平等的地位。世界在这个颠覆的角落里找到了平衡。

顾眉

在柳如是和钱谦益的故事中，最为人津津乐道的还是明亡之际，柳如是劝钱氏殉国而钱氏不能，柳如是奋身入水意图自尽又为钱氏所阻拦。钱氏降清之后，外忧清议，内惭神明，烦躁时常绕屋彷徨自言自语：“要死要死！”柳如是一次在旁冷冷说道：“你不死于乙酉（南京陷落之日）而死于今日，不已晚乎？”钱氏哑口无言。

人们说柳如是明于民族大义而钱谦益贪生怕死，一个妓女能够如此刚烈而大臣却这样畏葸，实在是一个极富象征意义的对比。不过，我总觉着钱谦益的懦弱后面似乎还有别的内容。事实上，那些为数不多的殉国者们不过是用自己的生命草草演示了一个别人已经演示过一千遍的僵化的文化定理，没有任何新意。钱谦益本人并不认同这一定理，正如他不认同其他的许多文化定律一样。当初他即使起过殉国的念头也应该是为了逃避矛盾而不是舍生取义。事实上，在当时那种情形下，活下去，对一个人的人格弹性和人格结构是一个更大的考验。

柳如是性格的刚烈决定了她最终会以一种斩钉截铁的方式解决与这个世界的冲突。钱谦益死后，钱氏族人威逼她交出财产，她在众人的围追之中登楼自缢，简洁地结束了自己的一生。

钱谦益被人嘲笑为“两朝领袖”，而龚鼎孳后来则被人讥为“三朝元老”。这两个人诚为有缘。龚鼎孳和钱谦益、吴伟业并称诗坛“江左三大家”。钱氏娶了柳如是，而龚氏的夫人顾眉同样是秦淮河畔的一面艳帜。只不过，这两对夫妻面对世事的白云苍狗，态度各有不同。

与柳如是一样，被士人尊称为“眉兄”的顾眉在爱情中也是主动的一方。顾眉原可以凭自己的能力独立生活，她社交能力颇强，办事精明圆通，很早就在桃叶渡口拥有了自己的产业“眉楼”，为妓而又兼鸨母，在江南声色场中混得如鱼得水，是有名的一掷千金的“青楼阔少”。她天生丽质，风度娴雅，既能放浪，也能端庄，万种风情迷倒了无数男人，有人甚至因得不到她而自杀，她却不为所动。她是一位现实主义者，她要求的是既有社会地位又有才情的男人，否则，她宁肯放浪到老。这时，龚鼎孳出现了。

龚鼎孳刚刚中进士不久，时任兵科给事中，年轻英俊，风华正茂，前程似锦，南下金陵办理公务的过程中结识了顾眉。两人虽然一见倾心，不过龚氏当时尚且是一种逢场作戏的心态，并没有想着要和一位欢场女子结定终身之约。直至回到北京，他才发现自己对这个风尘女子已经割舍不下了。正在这时，他忽然收到顾眉托人带来的书信一封，表明了相守终身之意。

和明末所有的才子佳人故事一样，政治风云的大开大合始终是他们生活的背景。明末的政治黑暗混乱，龚鼎孳的仕途却一帆风顺。这应当得益于他随机应变的本领。和顾眉一样，龚氏也是一位现实主义信徒。李自成攻占北京，龚氏率先投降，为李自成政权四处奔走，数十天后，风云突变，多尔衮赶走了李自成，龚鼎孳似乎没经过什么犹豫，又投降了清朝。和柳如是形成鲜明对比的是，在这个过程中，顾眉也曾经劝过龚氏，不过是劝他早点投降。以至于在别人责问龚鼎孳为何屈膝变节时，龚氏慌不择言，竟说："我原欲死，奈小妾不肯何？"成了千古笑谈。

不过，不论政治背景如何变幻，他们的生活似乎和世事沧桑两不相干。国事糜烂之际，龚氏明媒正娶江南名妓入京，而且又把两人婚后生活中的种种细节写成诗文公开刊刻，向世人喋喋不休地诉说他们的梦一样的幸福。看来，他们有点被幸福冲昏了头脑。明清易代，他们一面屈节投降，一面却不避讳，在诗中写下对世事沧桑的悲叹和品评，持论公允，颇有见地。他们的夫妻恩爱在新朝被列为罪状而遭到攻击，言官说他"前在江南，以千金置妓，名顾眉生，恋恋难割，多为奇宝异珍以悦其心，淫纵之状，哄笑长安，已置父母妻孥于度外"。可是龚氏在丁父忧回江南时，公然携顾眉同行。守丧期间，顾眉无视官员服丧的严规，带着龚鼎孳重游金陵，沿江访友，在镇江、苏州、扬州、杭州等地游赏欢宴，屡兴诗酒之会，甚至召妓歌舞佐酒。这些举动在当时足以让龚氏丢官甚至入狱。龚氏夫妇在此时表现出的勇气证明他们其实并不缺乏胆量和气魄。

龚氏夫妇人格结构的包容性和多层次性在中国文化史上是一个特例。守孝期满回京复职后，龚鼎孳以十分积极的态度投入政治，屡屡上疏提出政治建议，颇得顺治皇帝欣赏，连连拔擢，很快升为一品大员。按规定，一品官员的妻子应当封为诰命夫人。龚鼎孳的正室夫人童氏在明朝时已是命妇，因为龚氏的移情别恋，此时独居江南老家，听到这个消息，语含讽刺地致书龚氏，说："我经两受明封，以后本朝恩典，让顾太太可也。"既挖苦龚氏变节，又讽刺顾氏烟花出身，用语既含蓄又刁钻，一时传遍京城。谁知道龚鼎孳竟顺水推舟，顾眉也欣然领受，妓女出身的顾眉名正言顺地成了一品诰命夫人，同时也意味着龚氏废嫡立庶。满城哄笑一刹那变成了愕然，面对这对敢做敢当的夫妇，人们反倒不知该如何合拢他们张大的嘴巴了。

世事变化无常，顺治十二年（1655年），龚鼎孳因为上疏言事，触怒皇上，被贬为散职。巨大的荣辱起伏对龚氏而言不能不说是沉重的打击。这时，顾眉为安慰丈夫，借口为自己祝寿，携丈夫南返，在旧日卖笑的桃叶渡口举行了一次大规模的寿宴，她邀请的客人，既有当地的名爵显贵，又有社会名流，更为可异者，其中居然还有顾眉旧日交好的妓女数十人！宴上，客人中的几位出自龚氏门下的翰林亲自上台串戏，出演《王母宴瑶池》，顾眉和"旧日同居南曲，呼姊妹行者与燕，李大娘、十娘、王节娘"等在台下安然欣赏。这惊世骇俗的一宴也只有顾眉才能设计得出。

龚鼎孳对这位女知己一直是铭感有加，钦敬不已。他曾赋诗"虎噬都无避，蛾眉那可捐”。应该说，是顾眉给了他超脱世俗的勇气。龚氏是“浪子宰相”，顾氏是“闺中阔少”，两个人都是享乐主义者，都精明现实，他们的行为和世俗是合而不合，隔而不隔，他们既蔑视规范又能利用规范，重视物质又能超越物质。明清之际，许多桃叶渡的旧客成了反清复明者，终日被官府追捕。顾眉当日虽然力劝龚鼎孳降清，此时却不避风险，多次资助这些朝廷要犯。傅山、阎尔梅、朱彝尊，还有一些亡友的遗孀，都曾收到过顾眉的大笔寄赠。在当时，这种举动绝对需要摧锋折刃的胆魄。

对于这对恩爱夫妻的评价，一直都是后世阅读者的难题。我们大脑中那些固定的判断范式，都被他们一件又一件出人意料的举动推翻。也许，只有被秦淮河畔桃叶渡口的熏风熏染过的人才能这样让人捉摸不定，一言难尽。

明末的秦淮河畔，是道貌岸然的中国历史没有遮好的一处隐私。我们真的应当感谢历史的疏忽，正是在这块让它不屑一顾的人欲横流的堕落糜烂之地，生命的斑斓光彩、人性的繁复美丽才得以展示，才能让后世的我们通过文字的几块碎片，慨然想见当年的风流。正是这几块文字碎片，让我们知道，我们的老祖宗们并没有白活。

下篇

事件：千年悖论

千年悖论：科举之路

假设几千年前，太空中有一架高清晰度的摄像机对准中国，拍摄下几千年来这片大地上的风云流变，然后，我们按卜录像机的快放键，中国历史的粗略脉络就会呈现在我们面前。在这个画面上，一些近乎规律性的东西反复出现，我们可以看到一个个王朝轰轰烈烈地兴起，然后又颓然崩溃；可以看到分裂和统一交替出现；还可以看到和平每隔一段时间就被打破，从北部高原涌卜的游牧民族的剽悍铁骑或者是从南方平原上兴起的一群群裹着红头巾黄头巾的手持武器的流民，尖锐地呼喊着。

不过，王朝兴废、分裂统一的循环并没有严格的规律性。相比之下，另一种现象，却以一年一次或三年一次的潮汐般的准确周期，反复出现在自隋唐至清共一千三百年左右的漫长岁月里，除了王朝颠覆的大混乱时期，它钟表一样精确的频率很少改变。每隔三年，在这片广袤大地的平原和山谷的各个角落里，都会走出一些手挟书本身穿长袍的人，他们或是步行，或是骑马，或是乘车，先是汇集在一千多个县城，经淘汰后，剩下的部分又汇集到十几个省城，经过类似的筛选，为数更少的剩余者从四面八方风尘仆仆地向着京城跋涉，其后，他们汇集到京城一片叫作贡院的整齐而拥挤的建筑里，埋头在里面写着一些什么。最后，一小部分幸运者被选拔出来，被授予官职，剩下的大部分人风流云散，回到各自的出发地，等待三年后的又一次聚集。

在历史那散乱随意的脚步当中，三年大比的科举制以它的规整而紧凑的节奏引人注目。在历史跨入了20世纪的门槛之后，它才终结了前进的姿态。在崭新的世纪里，很多旧的东西死去了，人们记忆中保留的是这些事物临终前衰老而丑陋的面孔，这些长寿的死者没有得到一个应有的体面葬礼就被人淡忘了。

·1·

传统的中国社会就像一艘体积庞大而设计落后的航船，因为历经几千年而残破不堪。清乾隆年间，一名来中国访问的英国使臣在他的回忆录中写道："中华帝国只是一艘破败不堪的旧船，只是幸运地有了几位谨慎驾驶的船长才使它在近一百五十年内没有沉没。"确实，当19世纪末第一批外国人凭借武力登上这艘大船时，中国给他们最突出的印象是混乱而沉滞，社会缺乏组织，人们按照千百年来形成的缓慢节奏一成不变地继续着各自的生活。美国人明恩溥在他那本著名的《中国人的气质》中记载了一些令他惊讶不已而当时的中国人却浑然不觉的事例。他说，按理，一串铜钱（当时中国的标准货币）应当是一百文，但是在十八个省份中，这个标准随随便便地变化着，一串钱从九十九、九十六、八十三文（如陕西省府），一直降到直隶省东部的三十三文，人们却习以为常。银子买卖中的称量也是如此，除非偶然巧合，没有两个地方使用同样的"两"，隔开几十里路，秤的大小就会不知不觉地出现差异，虽然这种情况给人们造成了极大的不便，但是却没有人会想着加以统一。他举的另一个例子是关于交通。在北京、湖南、四川，他都看到过同样的被废弃的道路，几百年前宽大整齐的石板现在凌乱残断，东一块西一块地弃置在地上，交通要道现在成了交通障碍。当初修建这些道路耗费了大量人力物力，现在却由于无人管理而被任意毁坏。这位美国牧师深为这种情况感到痛惜，痛惜之余，他得出了这样的结论：中国人天生缺乏严密的组织素质，他们习惯于含混松散的社会状态；他们虽然为人类贡献了四大发明，但是他们在社会组织和管理方面的能力，无疑有那么点差劲。

明恩溥的记载很容易引起我们的共鸣，然而，当我们稍微认真地翻阅一下历史时，我们的视野里出现了一个鲜明的悖论。科举制度表现出完整、有序、严谨、实用的特征，在整个模糊漶漫的背景下显得特别醒目。

科举制度体现了中国传统社会难得的科学精神。采用什么方式选拔官吏，在各个时代都是难题，直到近代，西方社会依然袭用贵族体制。在一千四百年前，中国人就提出了在全社会范围内通过统一考试选拔人才这样宏大的设想，把以往混乱无序的选官手段变成了理性化的制度。一千多年后，西方人才参考这个制度建立了他们的现代文官选拔制度。

从设计原则上看，科举制遵循着平等竞争的精神，打破了门第出身对人的限制，最大限度最高效率地调动起整个社会的精神资源。应该说，作为社会政治领域的一项重大发明，和世人皆知的中国古代四大发明相比，它毫不逊色。

更令人惊异的是这一制度的社会组织力和效率。从来没有一种制度能像科举一样，能动员起如此广泛的社会阶层。从繁华的内地到荒远的边疆，从达官显宦到山村里的农民，社会的各个阶层都因为每一次考榜的公布而被大面积搅动，由此造成的社会情绪的兴奋激动很久才能平息。

从贫穷的农户到富贵的王公家庭，都有孩子为了投入这种竞争而在灯光下紧张地学习。在幅员如此广阔而交通和通信手段又都十分落后的国家，科举制在全国范围内保持了环环相扣的三个层次考试的严密周期性和有效性；在一个习惯于漠视制度，常常腐败横行的社会里，基本维护了选拔的公平公正，不能不说是一个奇迹。可以想象，在这一成绩的背后，一定有着大量艰苦的努力与付出。

透过典籍的记载，我们能够在今天穿越时空，把目光投向科举考试的现场。每一年的三月初九日到十八日，前一年乡试中举的举子们从全国的各个角落准时汇集到京师的贡院门前，准备参加会试。天边凝着冬云，北风刺骨，但是由于紧张兴奋，人们几乎忘了天气的寒冷。他们是经过由县试、府试、院试层层选拔上来的精英，到这一层次的只有几千人，但是他们还要经过一次更为严酷的考验，他们当中只有二百到四百人能够通过这一关，成为最后的幸运儿：进士。考场是一间间蜂巢式的考舍，这种设计便于监考官的巡察，从而有效防止抄袭。考场内已经过严格的检查，确认没有人在考舍内预先埋设什么备用的抄袭材料，然后考生们根据临时打乱的座号依次唱号入场。考场内戒备森严，不同关口分别设有外场砖门巡察官员、围墙外巡察官员、专门搜检大臣，以及稽查与考生交谈、换卷、乱号等作弊行为的大臣，当然，还有防备考场上发生意外的医生。官员们神态严肃，一遍又一遍检查着举人们的衣服物品。气氛似乎紧张了点，有着一种防士子如同防贼似的让人不太舒服的心态，但同时更为引人注目的是这些官员身上平时并不多见的严谨而现实的态度。在这里，他们一改平日拖沓颟顸的作风，不再用道德教化来代替制度考虑，而宁可做人性实恶的最坏设防。这一次，他们对人性的态度是少有的现实，他们的措施也少有的具有高度的可操作性。

交卷后的措施同样严密细致：考生考完后，受卷官就在卷子上盖上印记，十卷一封，转到弥封所。弥封官再把试卷上考生的名字封上，打乱顺序，盖上印记，转到誊录所，在这里，所有的考卷都被书手重新抄写，是为了防止阅卷官通过笔迹认出考生。然后，两种卷子被送到对读所，对读官核查卷子抄写无误，在卷子上印下对读官和誊录手的名字以备万一出错时核查，最后，这批卷子才到阅卷官手里。在试卷的运行过程中，各个环节的用笔的颜色、停留的时限都有严格规定，整个过程周密严谨，滴水不漏，从制度角度最大限度地降低了作弊的可能。即使现在看来，我们还是不得不为其设计的周密严谨而惊叹。

这些林林总总的规定也许让你觉得琐碎麻烦，但如果你考虑到这个社会平素拖沓散漫的做事习惯，惯于把制度变成一纸空文的传统，那些为科举制度的完善而持续努力的人的认真精神就更加引人注目。一千三百多年的科举制的连续有效运转，为中国贡献了十万名以上的进士，百万名以上的举人，一千多万各类行政官员，他们中的大部分来自社会基层。它基本上维护了公平、公正和公开原则，毫无疑问，它在传统社会的正常运作中发挥了强有力的作用。

在对这个制度的回望中，我们发现，创造、组织和实际操作能力这些素质并不是中国人血液中先天缺乏的因子。保持社会的缓慢松散在一定程度上是政治家们的刻意而为，是出于追求稳定和谐的政治目的。它几千年来的不紧不慢是一种有意识的懈怠。当这个民族集中起精力时，它也能把一件事做得完完整整，严严密密，漂漂亮亮。科举制以它的公正、效率、精密与整个社会背景产生了巨大的反差效应。

·2·

这个制度的诞生，似乎就基于一个悖论。在我们的想象中，这样一个富于创造力的构想应该诞生于秦皇汉武这样雄才大略的帝王脑海里，然而事实是，它的创造者却因为荒淫、离经叛道而闻名，他就是隋炀帝。

这是一个很有意味的事实。隋炀帝确实荒淫而且荒唐，他心性浮夸，把典型的花花公子作风带到了国家的行政上，但是他一系列荒唐行为背后的瑰奇华丽的创造欲，却淹没在史实当中。实际上杨广是个天赋极高的人，他才华出众，从他留下来的文章可以看出他的文笔相当出色。《资治通鉴》上记载，隋炀帝“美姿仪，性敏慧，沉深严重，好学，善属文”，而且他胸襟抱负不凡，富有想象力，做人也颇有情趣，喜欢做一些大手笔的事。比如他听说当时的吐谷浑族从波斯引进了一种“龙马”，骏逸非凡，放养在青海草原。于是他就在全国选了两千匹良种母马放入接近青海的山川地带，想求得“龙种”。这件事虽然没有任何结果，而且是作为他荒唐的一个例证载在史书中，却从一个侧面反映了隋炀帝浪漫的创造性格和愿意进行试验的精神。

科举制并不是自创生即完备周密的，在漫长的发展过程中，它也曾经历失误、挫折，甚至倒退，但是，由于一代代人薪火相传的持续努力，它一步步地完善，一步步地走向成熟。

科举制刚刚诞生的时候，还是相当幼稚的，构思上有一种直观思维的可触摸的意味。比如隋炀帝设立的十个科举科目，“孝悌有闻”“德行敦厚”“节义可称”“操履清洁”“强毅正直”“膂力骁壮”……这些科目的名称带有明显的感性特征，“敦厚”和“清洁”虽然美好，但是如何衡量？到了唐朝，这些科目才被改为明经、进士、秀才、明法、明算、明书和制科，选拔人才的标准从模糊不清的道德描述转为各类才能的分级考核。

盛唐是中国人精神史上的青年期，什么都想尝试。唐代是科举制度最富活力的时代，制科名目繁多，皇帝们常常根据形势的需要，别出心裁，新设立一个科目，有时这个科目就是帝王一时心血来潮的产物。比如“日试百篇科”，就是要求士子一天之内写出一百篇左右的诗赋。还有“日试万言科”，也是类似吉尼斯纪录比赛一样的大规模竞赛。这种近乎恶作剧似的做法虽然有悖于科举制度的严肃精神，却也反映了唐代帝王文化心态上的乐观好奇、精力过剩。

在更多的时候，这些科目还是具有很强的针对性，列举了一些具体社会问题，让士子们畅所欲言。也确实有一些俊逸之才，利用这个难得的机会，直抒胸臆，提出自己的政治创见，崭露头角，从而直接影响了有唐一代的政治风气。

武则天垂拱四年（688年）词标文苑科考试，二十二岁的张说在策试中公开抨击武则天手下横行的酷吏是“以刻为明，以苛为察，以剥下为利，以附上为诚”，提出“刑在必澄，不在必惨；政在必信，不在必苛”，震动朝野。第二年贤良方正科考试，张柬之直言批评武则天用人不当。他说武氏选拔官吏时，“多由门资擢授，或以勋阶莅职”，这些人在任上，往往“不顾廉耻，抵网触罗”。他公开评论：“臣以为陛下有三皇之人，无三皇之吏。”面对这样尖刻泼辣的指责，武则天非但没有勃然大怒，反而揽卷而笑，连呼奇才。这二人也因此而名列高等，被武氏施以重用，先后成为一代名相。不得不承认这妇人果然了得。

在科举实行的初期，由于制度的空缺，投靠权门、攀附请托这一社会痼疾乘隙而入，而且这在唐朝一度还十分盛行，以至于形成了一种风气，考生考前四处向达官显贵推销自己，结交名门，制造自己的社会声望。大唐天家性格风流者多，有时候金榜上的名字就因他们的喜怒好恶而任意改变。大诗人王维年轻时风度翩翩，而且弹得一手好琵琶。他的一位做官的朋友创造了一个机会使他结识了一位爱好音乐的公主，他用琵琶征服了一位追慕风雅的公主的芳心，据说他就是靠这位公主的提携而高中状元的。

随着时间的推移，人们逐渐认识到这种富于诗意的浪漫作风与选择人才这样意义重大的事不搭，于是各种法律制度被建立起来。唐代的刑法《唐律疏议》和行政法典《大唐六典》中都出现了关于科举考试的法律规定。

由于科举考试的巨大诱惑，考场外的各种力量纷纷向这个抡才大典施放自己的能量。科举制度在这些压力面前曾一度扭曲变形，但是，在与各种各样破坏力的周旋过程中，在一次次失误中，科举制度不断修正自身缺陷，日益周密完善。由于宋代王钦若科场案的发生，人们从失败中总结经验，发明了糊名和誊录制度。以后，坐号制、回避制等种种制度也渐渐完善。宋初的一次会试之后，太祖赵匡胤召对进士时发现有的进士素质极差，不禁对会试的可靠性产生了怀疑，为此，他亲自主持了复试，重新调整了名次。从此，殿试作为一种制度被固定下来，又为科举考试增加了一个环节，提升了一个层次。就是在这种自我调整的过程中，这一制度逐步丰满健壮，保持了活力和生命力。

· 3 ·

岁月一个世纪一个世纪地流去，武则天那卢舍那大佛一般丰满安详的脸庞在历史荧幕上逐渐模糊，山河渐渐冷落萧条。科举制一点点完善稳定之后，又一点点地凝固、僵化。最后，朱元璋出现了。

不管你对朱元璋这个人物欣赏与否，你都不得不承认他是个人才。他从一字不识的文盲农民做到皇帝，并且后来粗通文墨，甚至还能对付两句四六骈文，确实不容易。就是这样一位没有多少文化根基的皇帝，凭着他那农民式的精明算计替子孙后代制定了一整套的规章条例，内容从行政、经济到文化无所不包，其中就有经他改造的以八股文为特征的科举制。朱元璋规定科举考试的内容必须固定在“四书五经”之内，出题不许越出雷池一步。答卷要仿照宋人经义，要用古人口气说话，只能根据指定的注疏发挥，绝对不许有自己的见解。这样的严格约束他还嫌不周密，他又规定试卷的文体也必须规划统一，分为八股，开头必须写上“臣对臣闻”，结尾必须用“臣末学新进，罔识忌讳，干冒宸严，不胜战栗陨越之至”这二十一个字，这在科举史上也可称得上是最后一个创举。这与科举制度的开端相互呼应，首尾提挈，清晰地展示了这个民族精神衰落的整个过程。

这个朱氏家族的大族长费尽苦心要保住这份苦熬苦挣得来的偌大家业，希望他处心积虑设计的这套政策能确保大明江山永远稳如磐石，能把社会永远控制得服服帖帖。这个在乡野文化氛围中成长起来的皇帝，头脑里根本没有人的尊严这一概念，也没有坦荡豪放的风度。他有的，只是时时提心吊胆看家守业的顽强本能。为此，他杀光了曾经和他一起浴血奋战的战友，又给子孙留下这套看来十分保险的制度。他的目的是把天下人的头脑也装进“四书五经”的保险柜。从细节上看，这套政策看起来确实挺保险挺精明，但是如果站得远一点，你就能清楚地看到这套东西的愚笨蛮横和目光短浅。可是，偏偏是这套东西，居然就牢牢地笼罩了中国五百余年。这套制度一经固定，就成为一个强大而蛮横的存在，难以撼动。有时候，一个人的文化素质可以影响整整一个社会，甚至几个世代。

此后五百多年间，士子们埋头于八股文之中，甚至连“四书五经”都弃置一边，手段和目的分道扬镳。清代江西学政汪廷珍回忆他做学政时的所见所闻说：“童生中多有文理颇顺，问以四书白文，不能记忆；五经、三传，竟未识面。又有十一二岁童子，五经尚未开卷，而试牍闱墨，成诵已多。”面对这种情况，康熙也无可奈何，他毫不隐讳地说：“非不知八股文为无用，特以牢笼人才，舍此莫属。”

五百多年间，面对这个显而易见的荒谬方案，改革的呼声稀薄而苍白。只是在乾隆年间，兵部侍郎舒赫德上表列举八股文的种种弊端，要求改革。他说：八股文“徒空言而不适于用，此其不足以得人者一；墨房行卷，辗转抄袭，肤词诡说，蔓衍支离，以为苟可以取科第而止，其不足以得人者二”。奏章送上去了，皇帝按例让礼部回答，礼部根本没好好看，一通含混搪塞，这声不同寻常的呼吁就这样淹没在官员们的麻木敷衍中了。

科举制度至此已经失去了自我更新的能力。

· 4 ·

每年进士及第后，大唐王朝的首都都要举行“曲江会”。曲江之畔，丝竹喧天，百戏杂陈，人头攒动。新科进士们一个个容光焕发，扬眉吐气。“曲江之宴，行市罗列，长安几于半空，公卿家率以其日择选东床，车马阗塞，莫可殚述。”这一天，几乎是全长安的节日。

节日只有一天，其余的日子远没有这样风光耀眼。曲江会的狂欢气氛再浓，也掩不住无数落第者的落寞空虚。

这个以狂欢来做结尾的制度，一千三百多年来带给人们的欢乐，和它制造的痛苦相比，是那样的短暂、轻浮，转瞬即逝。

生在科举时代的读书人，从他翻开书本的那一刻起，一种沉重的命运已经强加在他的头上。他会时时刻刻感到那种弥漫在社会每一个角落里的沉重压力，那就是功名。选择了书本其实就是选择了一场残酷的赌博，赢了，人生的一切荣誉、荣耀、光辉和绚烂都为你准备好了；输了，你将永远一无所有，陪伴着你的，永远是凄凉冷清。在这场盛大排场的赌博中，绝大多数参与者一败涂地。

我们可以进行一个约略的统计。以1850年的清朝为例，当时全国的人口为四亿四千万。其中读书人能有多少呢？如果按一百比一的比例，将是四百四十万。考虑到中国社会重视对后代的教育，这个数字也许偏低了，而这一年，通过种种考核，最后有资格参加科举考试的，只有二十二万四千人。在这二十二万四千人之中，选拔出了四千余名举人，二百多个进士。中举的比例是一百比二，而有幸金榜题名的概率是一千比一。也就是说，在进入考场的人当中，百分之九十八以上与成功无缘。在这样的比率下，一个读书人一生中达成自己目标的机会，就像中彩一样偶然。从概率来说，一个人，从选择了书本的那一刻起，他就已经选择了失败。

这样黯淡的前景竟然丝毫不能影响人们的热情，只要一有机会，人们就会把自己的孩子送入学堂。因为在这个社会，对大多数人来说，博取功名已经成为一个人、一个家庭，甚至一个家族改变自身命运的唯一机会。科举制在向读书人敞开大门的同时，却也封闭了他们人生的其他可能；这样一个豁达的开放式结构的制度，最后却逐渐紧缩成一张无形的巨网，网住了社会，缚住了历史。

毕竟前景太诱人了，毕竟有许多范进式的中彩者在做着动人的活广告。还有那么多的循循善诱。请听大宋真宗皇帝亲自撰写的劝学文吧：

富家不用买良田，书中自有千钟粟；
安居不用架高堂，书中自有黄金屋；
出门莫恨无人随，书中车马多如簇；
娶妻莫恨无良媒，书中有女颜如玉。
男儿欲遂平生志，六经勤向窗前读！

即使把读书当作一种牟利手段也有其他手段不可比拟的长处。“读书不破费，读书利万倍。……贫者因书富，富者因书贵。”这首诗的作者看起来像是一位颇为精明的商人，你也许想不到，他居然是可以划入思想家行列的王安石。他的政敌司马光在这一点上和他倒是志同道合，司马光也曾凑热闹写了一首劝学诗：

一朝云路果然登，姓名高等呼先辈。
室中若未结姻亲，自有佳人求匹配。

这些浅显易懂的宣传品听起来总有一种近乎哄骗的味道，就像拿块牛皮糖放在小孩子面前。功名取代了其他一切价值标准。不能不说，科举制客观上销蚀了人的健康人格。

唐朝有一个奇怪的风俗，那就是进士及第之后，都必到平康里一游，平康里是个什么所在?“长安有平康坊，妓女所居之地，京都侠少萃集于此，兼每年新进士以红笺名纸游谒其中，时人谓此坊为风流薮泽。”《开元天宝遗事》记载，长安进士郑愚、刘参等数十人，在春暖花开之时，选妖妓三五人，乘小牛车，到名园曲沼，“借草裸形，去其巾帽，叫笑喧呼，自谓之颠隐”。细一想，这一风俗的形成也有它的逻辑。只有这样，才能释放掉他们精神上的长期重压。

只有深厚的诗词功夫才能够帮助士子们比较妥帖地表达他们一朝得中的感受：

喜过还疑梦，狂来不似儒。

还有那首著名的绝句：“昔日龌龊不堪言，今朝放荡思无涯。春风得意马蹄疾，一日看尽长安花。”

昔日的龌龊、屈辱就在金榜公布的那一瞬间烟消云散永不再来，昔日那个任人嘲笑污辱的落魄举子骤然变成了万人翘首的天之骄子。十几年或几十年压在头顶的巨大压力一下子不见了，人是不是感觉有点失重？这样迅速的解脱，有时竟让人一时承受不了，范进的故事并非离奇的杜撰。《江南余载》记载：宋开宝元年（968年），齐俞中了进士。传胪之后出了宫门，骑马走着走着，越想越高兴，突然在马上哈哈大笑起来，笑得前仰后合，不能自已，最后一个倒栽葱，扑通一声，摔落马下，当时昏死过去，幸亏抢救及时，才转危为安。

落第后的凄楚心境同样只有他们的诗句才能准确表达。温庭筠在最后一次落榜后，写下了这首《春日将欲东归》，赠给新及第的友人：

几年辛苦与君同，得丧悲欢尽成空。
犹喜故人先折桂，自怜羁客尚飘蓬。
三春月照千山道，十日花开一夜风。
知有杏园无路入，马前惆怅满枝红。

温宪的绝句更加悱恻悲凉：

十口沟隍待一身，半年千里绝音尘。
鬓毛如雪心如死，犹作长安下第人。

咸通年间与罗隐齐名的诗人罗邺的落第诗，大约是他所有诗作中最为真切动人的：

年年春色独怀羞，强向东归懒举头。
莫道还家便容易，人间多少事堪愁。

在名与利这个巨大的漩涡面前，人性显得那么脆弱。为了日夜梦想的成功，很多人放弃了一切。《旧唐书·李皋传》记载了这样一个故事：李皋在受命知温州的途中，遇到了一位衣衫褴褛的老妇人。李皋见她可怜，便上前询问。老人说她的两个儿子二十年前离家入京赴试，至今没有音信，她在家苦盼二十余年，如今年老体衰，无以为生，只得乞讨。李皋问及她两个儿子的姓名，不禁大为吃惊，这两个人他居然都认识，他们早就高中金榜，如今一个在京中做官，另一个在门下省任职！

人生的意义不再是你干了什么，而是你最终得到了什么；人的价值不再是心灵的丰富，而是官位的高低。为了“鱼化龙”的最后一跃，一千多年间，这片广阔的大地上，曾有多少人终生投入这近乎无望的奋斗与挣扎之中，多少颗心曾因重压而濒于破碎，多少青丝在灯下绝望地变成白发。如果感情有重量，可以称量和累积，那么通往考场的漫漫长路显然承载不起人们满心满眼的希望，背负不起人们望穿秋水的失望。

康熙三十八年（1699年），广东省乡试，通往考场的路上颤巍巍地走着一位老得看不出岁数的人，他已经浑浊的眼睛里流露的是一种近乎绝望的固执，他是广东顺德县的一名考生，名叫黄章。在他前面，他的曾孙子高举着一个大红灯笼，上面映出“百岁观场”四个大字。这血红色的大灯笼堂而皇之地举在路上，分明有一种炫耀的气味，有一种对世人嘲笑眼光的肆意挑战意味，却也散发着一种不计一切的悲壮与无奈。他的生命显而易见已经所剩无几，就像一个赌徒只剩下最后一点点赌资，所以他也因此越发赌得无所顾忌。赌到这个份上，成功，对他还有什么意义呢？他最后是否中举，史书无载。

宋高宗绍兴八年（1138年），福州人陈修进士及第。传胪唱名时，高宗发现下面跪着的是一位老态龙钟、身摇手战的老头。皇帝问他多大岁数，回答说七十三了。问他儿女几个，回答说尚未娶亲。高宗嗟叹不已，开恩把宫女施氏嫁给了他，并且赏赐丰厚。不知作为帝王，面对这个投在他罗网中的可怜猎物精神上是否有些震动，也不知道七十三岁成婚对陈修的生命能有多少慰藉。不过总的来说，陈修他仍然是一个幸运者，仍然让千千万万的读书人羡慕不已。

太宗皇帝真长策，赚得英雄尽白头。

岂止白头。科举作为一种被人们的视觉误差放大了的机会，在人们的视觉天空里永远熠熠含光。它有着一劳永逸的特点，一旦成功，一切付出似乎都可以得到有效补偿。于是，科举实际上已经变成了一项前仆后继的事业，一场世代相沿的接力，在它身上体现出了愚公移山精卫填海式的坚韧。每个读书人不光是在为自己奋斗，他的肩上还负荷着光宗耀祖光大门楣的重任。每次打开祠堂祭祖，士子们似乎都可以感受到墙上祖宗画像上忧郁的期待目光。在这个家族又一个男婴降生之时，他那痛楚的哭声里是否包含了对未来沉重命运的恐惧?

在这类家族故事中，宋代苏象先的经历更令人唏嘘。这位科举路上的成功者在《苏魏公家训》中向他的后代讲述了这个家族艰辛的奋斗历程。苏象先的先祖苏仲昌十六岁就通过乡试，但会试却总是考不过。由于家乡路途遥远，他淹留京师三十余年，音讯不通。宋真宗天禧三年（1019年），他儿子苏绅从老家赶到京师应试，碰巧，和他住在同一个旅舍，可是两个人在一起住了很长时间，却互不认识。后来别人从旁告知，父子二人才洒泪相认！

死后得谥“文忠”的晚清重臣李鸿章是他那个家族中撞到辉煌的终点线的那一个。李氏“世耕读为业”，初“清贫无田”，到李鸿章高祖时，“勤俭成家，有田二顷”。虽然薄有产业，但是一个家族在地方上没有功名，就没有地位，“乡曲豪强屡见欺凌”，鸿章祖父李殿华立志要光大门户，发愤苦读。无奈时运不济，两次乡试均告失败。李殿华从此退居乡间，率子孙耕读，“足不入城市几五十年”，他承担起所有家事，让自己的子孙们专心学业，以求能有出类拔萃者。李鸿章的父亲李文安回忆自己的读书经历说：“家督自有担承，细务概从推脱，是以毕志读书，专攻进取。”读书求进是他唯一的使命，但是李文安的科场之路并不顺利，数次乡试，都名落孙山。每次失利，对于身负几代重托的他都是沉重的打击，在巨大的精神压力下，三十出头，李文安便已两鬓花白。他常常借酒浇愁，赋诗自嘲：

> 年来落魄多贪酒，老去猖狂半在诗。

觉得自己希望无多，李文安又把厚望寄托在李鸿章身上，在李鸿章六岁时，就给他开了蒙，亲自教授，日夜督促。由于家中无人治生产，生计艰难，“尺布寸缕，拮据经营”。李鸿章的母亲“秉性淑慎，教子有方”，她对生活上的窘境毫不在意。她说：“吾教诸子发愤读书，皆嶷嶷有立，岂忧贫哉！”

命运终于对李家露出了难得的微笑。李文安父子后来双双金榜题名，一时间，李家“以科甲奋起，遂为庐郡望族”。李家几代人的努力终于得到了回报，原本凄清冷落的命运之流竟演变成一出大红大紫的喜剧。

回望近代几位距离我们很近的文化巨人的身世，比如梁启超，比如曾国藩，历史上那些所谓起自寒素的巨人的家族史皆是如此，他们都经过了几代人的积累传承，这样的例子还有很多。中国人性格中的坚忍顽强在这里得到了最集中的体现。这种世代积累的顽强，赋予了这一制度本不该有的悲壮和沉重。

科举史上的最后一名探花活到了1958年，他叫商衍鎏。时间使他能够比较清醒地思考往事。他回忆道：

> 一千三百一十七，这个非凡的奇数，在我之前曾是多少人的寄托和希望。这之中有拼搏，有追求，有悲欢，有升华，它用功名二字连接了世世代代人的夙愿。当我回首往事，才知道这是一个酸甜苦辣的海，波涛撞击的洋，它具有特别的引力，

使你身入其中，如醉如痴，自觉或不自觉地扮演着它所需要的角色。

· 5 ·

在把科举制度引向委顿、变形乃至丑陋的过程中，它自身正是其中的一个重要的力量。朱元璋不过是历史的执行者。正是科举制度，促进了中国超稳定的社会结构的形成，使这个社会落入自我循环的怪圈。它吸引了社会的注意力，消解了全社会的精力和创造力。

一个创造性的制度不断地扼杀创造性，一个出自公正性的设想造成了更大的不公正，一个选拔人才的制度却也在扭曲人才，提高的效率却为整个社会的低效率运行保驾护航，这个制度既使古代经典得到了完整的传承，也使古典文明陷入了委顿的怪圈，并且最终使这个制度本身丧失了生命力。这是一个制度的悖论，同时，也曾是整个文明的困惑。

回首爱新觉罗们

一 从捕鱼汉子到紫禁城主人

·1·

从山海关到沈阳的列车上向外望去，东北平原粗野依旧。虽然覆满了庄稼，还是掩不住它的豪放本性。玉米高粱不再是关内那副规矩本分模样儿，漫山遍野泼泼辣辣地铺撒浓绿，夸耀着这里与众不同的肥壮。村庄七扭八歪地躺在平原上，东一个西一个，没有一点章法，连天空也显得格外高远，展现着它对这片土地的格外纵容。不过望得久了，视觉神经的兴奋点便迅速降低。这里太空旷了，一片一片摇过去的，高粱之后还是高粱，玉米之后还是玉米，让人产生了一种错觉，以为全世界的高粱玉米都种在了这里。高速行驶的列车变成了绿色海洋中央的一叶小舟，似乎永远也没有希望靠岸。

忽然就想起，当年走在这条路上的满族士兵们，该是怎样的心情呢？当时，这片土地上还没有多少庄稼，更没有什么大路。到处是望不到边的森林、草地和沼泽。列车呼啸的二十分钟车程在满族士兵脚下化成了一整天的艰苦跋涉，这浩瀚平原的每一米，都需要他们用脚一步步量过。他们套在牛皮靴里的脚起了一层又一层的水泡，他们的脸被汗水腌得看不出模样，他们一定被疲倦和单调弄得很沮丧。对于当时人口稀少的满族人来说，肥沃的大东北过于辽阔了，不论是渔猎还是垦殖，养活他们都绰绰有余。为什么他们要用生命做赌注，辛辛苦苦地穿越无边旷野，去参与中原的逐鹿大战呢？

当然是人类天性中的永不安分的进取心和好奇心支配着他们的双脚。他们渴望了解外面的世界，渴望突破长城的封锁。他们不是安于在白山黑水间捕捞大马哈鱼的庸汉，他们的血液里充满了不安分的幻想。刚刚在内部战争中取胜的爱新觉罗家族，踌躇满志。那种拥有更多财富，占领更多疆土，获得更多尊敬的欲望像火一样烧灼着他们的心脏，让他们在辽东山野的土炕上夜不安枕。他们听说，在森林和草地的那一面，有高大雄伟的北京城，有从天上流下来的黄河，有千里沃野的成都平原，还有风光如画的苏杭，他们带着初生期人类完整无损的自信和雄心，带着那种可笑又可爱向不可能发起挑战的勇气，又一次跨上了马背。

这些戴着鱼皮帽的汉子要向世界证明，他们是最强者。

·2·

爱新觉罗家族从东北森林一路畅通地走进古城北京并不是历史的偶然。从努尔哈赤起，这个家族的成员们就显示出极其强大的生命力、进取的欲望和极高的智商。他们普遍精力充沛，思维缜密，极为好胜。从努尔哈赤、皇太极，到顺治、康熙，再到雍正和乾隆，家族血统中的优良品质并没有随着生命的传递而稀释，相反，倒是一代比一代出色。

在 1840 年以前，中国历史的主题就是中原农业文明和北方游牧文明的对抗史。在几千年来的一系列对抗中，爱新觉罗家族率领着女真人取得了最辉煌的胜利，他们成功地骑着马走进中原，并且建立了长达二百六十八年的王朝。他们的统治居然比中国历史上绝大多数的汉人王朝更为成功。马上民族的刚健和锐气并没有在汉文化提供的温柔乡、欲望海中被消磨软化，而是像好钢反复淬火一样，在接受汉文化的过程中，满族人既保持了刚健的本质，又逐渐磨炼得稳健、缜密、老练。中国历史上最大的盛世在这样的异族统治下出现，犹如水到渠成一般自然。

事实证明，异族的入侵对中原文明不一定是坏事。因为中原文明经常会蜕变成一种丧失了进取心的封闭式文明，这种文明像个老人一样不断地回忆自己的童年——传说中的唐尧时代。她迷恋过去，惰性沉重，缺乏自我更新机制，在自我循环中变得越来越文弱、保守。如果没有异族入侵的刺激，她只能不断退化，淤积，停滞。正是女真人的入侵，给中原文明注入了新鲜血液，带来了难能可贵的进取心。满族人不畏艰难地推行了摊丁入亩，养廉制度，改土归流，解决了中国传统社会发展中的瓶颈性难题，成功地完成了中原文明的全面调整。爱新觉罗家族成员把自己的个人品质部分地输入整个国家，他们凭借杰出的整体素质造就了传统文化在西方文明入侵前的最后一次繁荣。

二　从学习到沦陷

·1·

当清王朝带给人们太多的失望、痛苦和屈辱的时候，激进的革命党人提出了“驱除鞑虏，恢复中华”的口号。在他们看来，爱新觉罗家族是这一切灾难的罪魁祸首。如果中国还在汉族人手上，绝不会遭受如此屈辱。这个口号没有喊很长时间，因为不久之后人们就意识到，把原因归结于某一个民族是不公平的，也是不正确的。

可是，在思考这段历史时，人们常常感到困惑的是，满族人本来是从外部走入中原的，当盎格鲁—撒克逊文化跨海而来时，他们应该比汉族人少一份心理障碍，多一份清醒明智。事实恰恰相反，在与西方人的接触中，接受了汉文化的清朝统治者比汉人还要顽固不化。他们极为虔诚坚定地维护他们所继承的汉文化，对海外“蛮夷”无比鄙视和轻慢。

其实仔细一想，这个问题并不难解释，满族人的文化自卑感是这个问题的钥匙。爱新觉罗家族天赋非凡，但他们毕竟是从偏僻的荒野中走出来的，他们身上带着浓浓的泥土味。起兵之初的努尔哈赤虽然也是个地位很高的奴隶主，他的宅邸却只是一大家子人共同居住的几间茅草房，周围是一圈东倒西歪的木篱笆。《满洲实录》记载，努尔哈赤起兵后的一天夜里，发现有敌人来偷袭他的住宅，他赶紧让两个儿子钻进炕柜底下隐蔽，自己从枕头边摸起刀爬到窗前观察动静。可见那时的“汗王”居然是妻子儿女一大家子睡在一条大炕上。随着满族人的马蹄东进，他们吸收了越来越多的汉文化。1625 年（后金天命十年），他们仿照汉人，在新攻下的沈阳建起了一座皇宫，这便是今日的沈阳故宫。这座新宫一定让满族人费尽了心血，他们想高标准高格调地好好摆一下排场，以显示这个新崛起的东方大国的风采。可是今天我们到沈阳故宫去看一看，扑面而来的却是这座宫城的局促、草率和没见过世面的小家子气。

马背上的满族人越往西走，越惊讶于汉文明的灿烂辉煌，也越来越为本民族文化的鄙陋苍白而自卑，汉民族的语言、文字、服饰、建筑、典章、制度，在他们看来，无不璀璨夺目，完美得令人不敢想象。他们看到了故宫大殿的巍峨雄伟，看到了御园三海的迷人风光，看到了京师人物的文质彬彬，想想自家那座沈阳故宫，看看脚上的牛皮靴子和树皮鞋，他们没法不自卑。正是受这种强烈的自卑心理的驱动，满族人迅速地汉化，满族贵族开始发愤地攻读汉文典章，如饥似渴地吸收中原文化。他们择善而从，见异思迁，苍白的文化底蕴使他们没有资本对异族文化表现出拒绝和轻蔑的态度，质朴天真的本性使他们在绚烂耀眼的汉文化面前露出惊奇的笑脸。这时的满族人头脑清醒。可以设想，如果鸦片战争提前到 17 世纪发生，满族人可能会以一种现实明智的态度去面对西方炮舰背后显现出来的文明。

从顺治、康熙，到雍正、乾隆，满族皇帝越来越深地走进汉文化的殿堂。顺治皇帝十四岁时还不懂汉语，亲政后才开始学习汉文。这个聪明懂事的青年以极大的毅力克服语言障碍，苦读汉文书籍。他把乾清宫当作书房，数十个书架上林林总总摆放着经史子集、稗官小说，殿内长几上摆满了商彝周鼎、图章画册，每天除了处理政务，大部分时间都用来读书，常常用功到深夜，直到所读书籍能流利背诵才去睡觉。几年后，他在《金圣叹评点西厢记》上写下了这样的评语："议论尽有遐思，未免太生穿凿，想是才高而见僻。"这句短短的评语足以显示出他驾驭汉文字以及用汉语进行思维的熟练程度。

康熙皇帝是第一位生长于北京的满族皇帝，虽然年幼丧父，这位早熟的少年天子并没有耽误自己的教育。从这一代开始，满族皇帝们对中原文化的精髓部分——儒学的研究已经登堂入室了。在书海泛舟的过程中，康熙皇帝逐渐被宋明理学征服了。宋明理学作为儒学的一种理性阐发，具有条理分明的外表和恢宏博大的内容，它包含了形而上和形而下，它用自己独特的逻辑解释了宇宙间的所有问题。康熙皇帝认定这是放之四海而皆准，质之万世而不移的绝对真理，他说："读其书，察其理，非此不能知天人相与之奥，非此不能治万邦于衽席，非此不能仁心仁政施于天下，非此不能内外为一家。”他命大臣们编纂了《朱子全书》，将朱熹正式升配孔庙，从这一代起，爱新觉罗家族正式加入了中原文明的构建者行列。

雍正皇帝则通过尊崇孔子来表明他对中原文化的崇拜。孔子辞世两千二百多年后，在一个异族统治者那里得到了最虔诚的崇拜。雍正皇帝在历代帝王中首次追封孔子先世为王，首次在祭孔献爵时向孔子像下跪，这是过去的汉族帝王从未做到的事。这个自视甚高的满族皇帝当然知道他在孔子像前屈膝俯首的意义，这象征着一个民族向另一种文化的真诚皈依。这位聪明的皇帝也通过这种方式向汉人表明了满族统治的合法性：他们不是传统意义上的夷人，而是中原文化的守护者。

乾隆皇帝则根本用不着以这种做作的方式来表明自己的文化立场。没有人会怀疑他是历代帝王中对中国传统文化浸淫最深、把握最透的一位。在运用传统文化方面，他比任何一位汉族皇帝都更得心应手，更胸有成竹，他已经完完全全地融入了中原文化的血脉中，从哲学、文学到建筑、艺术，他几乎全方位地参与了中国文化的修整与重建。在二十五岁即位前，他就完成了四十卷的《乐善堂全集》。他一生共写诗四万一千八百余首，足以让任何一位多产诗人瞠目结舌。他组织编写了《四库全书》，全书九亿多字，以史无前例的巨大规模对传统文化进行了一次归集整理与砍削。他非常喜欢在自己收藏的名画上题字，盖上乾隆御赏之宝，在几乎所有游览过的风景名胜地立碑题字。他扩建了圆明园，重修了大内三海，整修了北京城，为现代游人留下了最精良最优秀的古建筑，在中国当代旅游业的功劳簿上应当为乾隆皇帝记上一笔。

· 2 ·

乾隆皇帝是爱新觉罗家族的杰出代表，爱新觉罗家族的优秀素质在他身上得到了集中体现。这一点使他成为中国历史上最有才华同时又最为成功的皇帝之一。

乾隆的天赋实在是太突出了，上天几乎把人的所有优点都赐给了他。他懂得五种语言，汉语和满语都是母语，蒙古语、维吾尔语和藏语也达到了会话水平。他继承了先祖们终生征战锻炼出来的良好身体素质和武勇精神，爱好骑马、射箭、围猎、冰嬉、摔跤，乐而不疲。

乾隆的自制力在历代帝王中无与伦比。他每天早晨天不亮就起床处理政务。赵翼说："上每晨起，必以卯刻。……余辈十余人，阅五六日轮一早班，已觉劳苦，孰知上日日如此。"他喜欢效仿祖父康熙，到京师之外进行艰苦的巡行，风餐露宿，不以为苦。

他为人极其理智，反应敏捷，处理问题果断迅速。他做事极有条理，不躁不乱，很有涵养。二十五岁那年，他初登大宝，那些匍匐在他御座下的王公百官都比他年长许多，主少国疑，人们用试探的眼光打量着他。他并没有用太多的时间，就用自己的才干把庞大的官僚臣属摆弄得服服帖帖。

乾隆皇帝多才多艺，诗词、曲赋、书法、绘画、音乐的造诣都很深，他兼具学者、诗人、艺术家、鉴赏家的气质。他才华横溢又头脑清晰，理智与情感在他身上达到了近乎完美的统一。他孝敬母亲，夫妻和谐，儿女孝顺，事业和家庭都极为成功。

好像是上天的刻意安排，即位时的乾隆皇帝所面临的中国就像是给他精心布置的舞台，经过康熙和雍正两代君主七十余年的治理，国家局势平稳规模底定。二十五岁的他未经一点波折，顺利登基。掩藏在这个文质彬彬、端庄沉静的帝王外表下的，是一颗睥睨千古的雄心，即位前，他遍阅史书，二十四史中居然没有几个他看得起的帝王，他勉强选中汉文帝、唐太宗、宋仁宗三个人，但又认为汉文帝虽贤明但缺乏辅佐之人，宋仁宗才干不突出，只有唐太宗值得效仿。不过唐太宗还是有缺点，如晚年志满倦政，以及家法不严导致后来发生武则天"女祸误国"。面对父祖两代留下的宏大产业，进取心极强的他暗暗下决心，他要做的是古今完人，超越千古，雄视百代，做古今第一成功的帝王。

为了达到这个目的，年轻的乾隆皇帝奋发图强，"万几躬揽，宵旰忘疲，引对臣僚，批答奏章，从无虚日"。他每天工作时间在十二个小时以上。即位伊始，他就以非同寻常的气魄大规模调整了政策，一改其父苛刻过甚的作风，行宽大之政。他重视经济，采取一系列有力措施促进农业发展。他整顿政治，有力整肃了官僚政治秩序，使国家机器效率大大提高。他四处征讨，不断在边陲进行大规模战争，使清帝国国威远扬。他振兴文化，对传统文化进行了规模空前地梳理。他把整个帝国当成了一个巨大的艺术作品，夜以继日地辛苦工作，他日思夜想的是如何把这件艺术品完成得更加完美。为此，他不断征求元老重臣的意见，广泛研究历代政治得失，有时躺在床上想起了自己工作中的一个微小失误，也要披衣下床，把这件事记下来第二天认真研究。他对自己的事业极端投入，治理国家是他自我实现的方式，他要通过这个巨大挑战，把自己的生命之火燃到最大亮度，创造出最辉煌最盛大的生命之诗。事业的完美才是他生命的"力比多"。

上天对这个天之骄子格外垂青，形势和才干的结合，使得前无古人的治绩在乾隆手下出现了。

在中国历史上，人口一直在一亿以下徘徊。乾隆六年（1741年），第一次全国规模的人口普查结果是共有人口1.4341亿，由于经济繁荣，农业发展，到乾隆六十年（1795年），人口增至2.9696亿，54年净增人口1.5355亿人，远远超过中国历史上任何一个时期，综合国力也大大超过以往任何朝代。

充斥封建王朝的后宫、外戚、宦官、权臣干政或藩镇、朋党这些政治毒瘤的滋生蔓延在乾隆一朝降到了最低。在乾隆前期，社会秩序空前稳定，政治纪律空前严明。

军事方面，乾隆皇帝四处征伐，他两征准噶尔，一次平定回部，为清王朝在动荡的西部划定了边界，开拓了万里疆土。他遥控指挥了中国历史上最艰苦卓绝的廓尔喀之战，最后安定了对西藏的统治。乾隆朝武功极盛，扬威绝域，其影响对今天的中国依然意义深远。

文化方面，乾隆朝实现了传统文化的最后一次繁荣，官方和民间学术都空前繁盛，乾嘉考据学、《四库全书》、《红楼梦》、京剧都在此时诞生，可谓云蒸霞蔚，异彩纷呈……

· 3 ·

满族皇帝已经完全汉化了，和汉族帝王相比，他们甚至更了解汉文化经典，更熟悉中国历史，更通晓统治这个庞大帝国的艺术，他们比汉族皇帝还像汉族人。他们见多识广，已经不像当初那样对外面的世界充满好奇。

当满族人刚刚叩开山海关的大门的时候，他们的眼睛像孩子一样明亮，他们对各种文化的反应非常敏锐。进入北京城之后，他们第一次见到了金发碧眼的欧洲人，那是一群在天文台为中国人工作的传教士。这些白种人引起了满族贵族的极大兴趣，特别是他们在进入北京的那一年的九月一日准确地预测了当天的日食，这让没有天文学知识的满族人惊讶不已。他们热诚地和欧洲人交朋友，甚至连皇帝也乐于向传教士学习科学知识。顺治皇帝甚至尊称传教士汤若望为“玛法”，即“爷爷”。魏特的《汤若望传》记载：

> （皇帝经常去拜访汤神父）在他们那时常聚会的机会里，聪明的求知若渴的皇帝要求汤若望对于一切可能的事件予以解答，譬如日食与月食之原理，彗星或流星等问题，再就是物理的问题。……汤若望寻常是按照东方习俗，盘腿坐在皇帝旁边的一个坐垫上，因为把腿伸出，是被视为失礼不敬的，有时因坐的时间过久，他的双腿竟至麻木失觉，然后皇帝就亲助他起立，搀扶着他……

在1656和1657年的两年间，顺治皇帝竟然二十四次到汤若望的寓所去拜访，这完全不合乎当时的礼仪规矩，年轻的皇帝完全被老神父那些崭新而深邃的学问和纯净的人格吸引了。汤若望在顺治朝虽然品级不高，但是拥有独一无二的威信。他经常直言不讳地指出皇帝的错误，向皇帝提建议。许多时候，大臣们的劝谏不起作用，玛法的几句话却能扭转乾坤。甚至在太子的选择上，顺治也听从了这位玛法的意见，选择了出过天花的康熙。国家大事由一个洋鬼子一言而定，这在中国历史上实在是空前绝后。

被汤若望荐为皇帝的康熙对西方科学的兴趣要比其父大得多。这位皇帝无疑精力更加充沛，好奇心和求知欲更盛。不论到哪里，康熙的身边总是围绕着一群奇装异服的欧洲人，他们是皇帝的数学、几何和物理老师，他们受到了皇帝不同寻常的礼遇。在艰苦的行军过程中康熙还坚持演算数字公式，用仪器测定经纬和天象。他是中国历史上唯一掌握了欧几里得几何学和近代天文学原理的封建君主，在他的主持下，中西学者用当时世界上最先进的梯形投影技术绘制了“不但是亚洲当时所有的地图中最好的一幅，而且比当时所有的欧洲地图都更好、更精确”的中国地图。通过从传教士那里得到的只鳞片甲的信息，他已经意识到西方科学技术迟早会改变这个世界。他曾忧心忡忡地说：“西洋诸国千百年后必为中国之患。”事实证明，世界后来没有一直按照康熙皇帝脑中的中世纪时代的速度运行，西洋各国“为中国之患”的时间大大提前了。

雍正皇帝没有继承父亲的好奇心，一方面，他要忙于镇压政敌，处理政务，另一方面，他已完全被中国文化迷住了，他的视野中没有给那些千奇百怪的西方仪器留有任何空间。这个外来者的后裔比汉族人更热心更虔诚地推崇中原文化。有一次，他把欧洲传教士聚集到圆明园，试图用雄辩的口才举正西方人的谬误，劝他们信仰儒学。他的努力没有取得任何效果，不过他并不感到沮丧，因为他认为，顽固不化正是夷人素质低下的证明。

乾隆皇帝最为景仰的人是他的祖父康熙，他为人也比其父雍正更从容大气一些。所以，他对西方传教士带来的东西感一点兴趣，不过，仅仅是一点而已。正是他，命传教士在圆明园中设计了占地一百多亩的西洋楼。这群建筑保持了纯正的巴洛克风格，庭院中的松柏也是模拟欧洲几何图案修剪的，围墙和道路铺装以及石雕小品陈设等也都是西洋式的。

不过，和祖父不同的是，在他的头脑里，西方的科学技术已经完全沦为“淫技奇巧”，成了开心取乐的“玩意儿”。他的头脑中已构筑起以传统文化为支撑的完整宇宙，在他的世界观中，没有给西方思想留一寸立足之地。这位性格坦率开朗的皇帝从来不掩饰他对科学的嘲弄态度。传教士在他眼里就如同摆摊卖艺的一般，他们的作用只是用“戏法”来松弛他紧张工作后的神经，来装点他统治下的盛世升平。

· 4 ·

完成了前无古人的治绩，乾隆皇帝举目四望，历史上那些竞争对手，秦皇汉武唐宗宋祖，都已被他远远地甩在了后面。他已达到独孤求败的境界。一方面，他工作得有点累了，另一方面，他在自己的坐标系中找不到前进的目标了。

在他的视野里，在那时任何一个中国人的视野里，世界是封闭的、固定的，历史按照一种循环往复的方式匀速周转。身处世界的中心——天朝上国，周围是拱月群星般的藩国。身后是悠久的历史，眼前则是一成不变的未来。在这种静态的世界观中，他已经到达了成功的顶峰，前无古人，后无来者。他经历了太多的风风雨雨，见惯了太多的千奇百怪，见过无数的大场面，导演过一幕幕雄壮的历史活剧，没有什么东西能再引起他的兴趣，吊起他的胃口。

满族人世代相传的进取心在他这一代得到了空前的满足，像汹涌的潮水一样，到达顶点之后，就开始逐渐消退了，因为前面不再有什么可激起他们竞争欲望的东西。自命不凡的乾隆，全部身心都沉浸在自我欣赏的快感当中了。

乾隆四十年（1775年）后，乾隆皇帝的主要工作就是将自己和历代帝王做比较，一而再再而三地证明自己确实是伟大的无与伦比。开始是比疆域，比人口，后来是比政治安定，比军事成就，再后来，这种比较到了一种极为庸俗的地步，他开始和历代帝王比年龄，比在位时间，比儿孙数目，在乾隆四十五年（1780年）七十寿辰时，他自制《古稀说》，历数秦汉以下的历代帝王，其中活到七十岁的只有六个人，汉武帝、梁武帝、唐明皇、宋高宗不值一提，元世祖和明太祖虽武功甚盛，但"礼乐政刑，有未遑焉"，而他自己，"得国之正，扩土之广，臣服之普，民庶之安"，都是别人所不能比的。"且前代所以亡国者，曰强藩，曰外患，曰权臣，曰外戚，曰女谒，曰宦寺，曰奸臣，曰佞幸，今皆无一仿佛者。"得意之情，不能自掩。乾隆五十年庆典，他又和帝王们比起在位时间，作诗一首："七旬登寿凡六帝，五十纪年惟一人。汉武却非所景仰，宋家高孝更非伦。"随着年岁一年年增长，儿孙一日日增多，他对这种比较就更加兴致勃勃乐此不疲，相关记载屡见于诗集之中，几乎成了一种心理疾病，难以克服。

乾隆皇帝所举的事实都没有问题。问题是这些事实使他产生了一种错觉，即他没有继续努力的空间了。他不断举行豪华的庆典、巡游，耗费了大量的财富，对此他有自己的解释：天地生财止有此数，不散于下，则聚于上。正是这种静态的中世纪的思维方式，使他看不到由于经济扩张所带来的严重社会问题。事实上，由于经济发展，人口激增，中国社会面临前所未有的人口压力，中国的社会结构扭曲变形，经济发展方式既面临挑战，也面临机遇和变革。这是一项前无古人的事业。可惜乾隆看不到这一点，他的才智主要用在搜罗证据以证明自我的伟大上。

聪明睿智的天才帝王乾隆现在居然变得这样可笑，反映了上天意旨的深不可测。清朝由乾隆而极盛亦从乾隆开始衰败，其中的原因并不是历代史学家所说的乾隆后期弊政日积吏治松弛，而是因为乾隆朝的繁荣，经济总量和人口总量的猛增使传统社会机制的承受能力达到临界点，需要在传统之外寻求突破，寻找另外一种方式的支撑。可以说，正是繁荣压垮了乾隆盛世，而千古第一帝王乾隆根本没有想到在传统之外，寻求另外的发展方式。他的智力、活力、创造力使他本来可能完成引导社会转型这一历史使命，如果天才如乾隆都不能，那么就没有任何人可以做到这一点。可惜他被强大的文化惯性所挟裹，创造力和活力不能得到充分地发挥。

应该说，乾隆皇帝的自满，本质上是一种文化的自满；他的短视，也是一种文化的短视。文化圈囿了他的眼界，即使天才如他也逃不出这种封闭和暗昧。如果在这个位置上的不是杰出的乾隆，而是稍稍平庸一点的皇帝，混乱和崩溃肯定会提前到来，就像唐明皇李隆基那样。

三　乾隆与鸦片战争

·1·

1793年，中国的乾隆五十八年，一支庞大的西洋舰队出现在印度洋的碧波之上。为首的是拥有64门火炮的“狮子”号，这艘巨舰的艉楼上坐着马戛尔尼勋爵，他是这支英国历史上最庞大的使团的团长。

这个庞大的使团是前往中国的。就在乾隆皇帝在欧亚大陆这一端进行六十年辉煌统治的同时，欧亚大陆的那一头正在发生一场意义深远的变革。那些几百年前刚刚从森林中走出来的日耳曼人、盎格鲁人和撒克逊人构成的社会此时就像一个大容器，经济、政治、科学等各方面因素相互激发，一种新型的社会反应正在其中越来越剧烈地进行。这将是一场无可避免地改变世界的巨变。一种与以往任何一个历史时期不同，具有摧毁一切的力量的新型社会正在那里萌芽。乾隆二十年（1755年），德国人康德发表了《宇宙发展史概论》，用星云学说解释了太阳系的生成。乾隆三十四年（1769年），瓦特发明了蒸汽机。乾隆四十二年（1777年），法国人拉瓦锡用氧化学说解释了燃烧原理。乾隆四十八年（1783年），美国独立。乾隆五十四年（1789年），法国开始大革命。西欧人在18世纪用一种与以往有本质差别的智慧武装了自己。

欧洲以前从未向外界派出如此大规模的使团。几千年来，他们对中国这个东方大国充满了好奇和敬意。如今，觉醒了的欧洲带着前所未有的活力和自信来叩击中国的大门。大英帝国此时已取得了海上霸主的地位，日不落帝国自认为是大海的主人，不过，他们对“大陆的主人”——神秘的中国依然十分尊敬，这个国家几千年持续不断的繁荣不能不令人惊讶。他们一直渴望和中国结交，而现在，他们自认为有这个实力了。整个英国都为这次出访做准备，光是准备礼品就花了一年多的时间。

他们把他们认为最好的东西精心带到中国。“把我们最新的发明如蒸汽机、棉纺机、梳理机、织布机介绍给中国人，准会让这个好奇而又灵巧的民族高兴的。”“许多曾去过东方的使团写的纪行让我们深信每个使团均应配备卫队。在皇帝面前迅速变换队形，表演现代炮兵的装备一定会给人留下深刻的印象，因而支持我们的外交活动。”

英国使团费尽心思拟就的礼品单介绍了如下礼品：

天体运行仪，该仪器演示了太阳系的构成。它能精确地模仿地球的绕日运动，以及月球绕地球运动；从仪器上还可看到太阳的轨道，带四颗卫星的木星，带光圈及卫星的火星等。“该

> 仪器是欧洲最精美的，它所设计的天体运行情况可适用一千多年。”
>
> 地球仪，它标有世界各国的位置、首都、山脉和河流。
>
> 欧洲各国都承认英国是世界上最强大的海洋国家，因此英王陛下想在给皇帝陛下派遣使团的同时派遣几艘最大的船只，以示敬意。但鉴于黄海中有暗礁，而欧洲的航海家又根本不熟悉这段海路，英王陛下不得已派遣一些较小的船只。另外，英王陛下赠送给皇帝陛下装备有110门最大口径火炮的英国最大战舰“君主号”的模型。

英国人在装船时不断地设想中国人见到这些礼品之后会多么吃惊。见过了这些世界上最先进的东西，建立正式外交关系、互派使节、扩大外贸的建议一定会得到同意。

恐怕外交史上没有比英国人遇到的失败更让人难堪了。中国官员热情接待了英国使团，他们认为英吉利“远在重洋，经数万里之程，历十一月之久，输诚纳贡，实为古今所未有”，是装点乾隆盛世的一件喜事。在八十二岁生日庆典上，乾隆皇帝也开恩接见了使团。不过英国是和那些进贡的藩国一起被接见的，礼仪官在典礼上把英国人排在光着脚戴着鼻环的缅甸使臣的后面。英国人被这个意想不到的安排弄得心烦意乱，不过这并没有妨碍他们认真观察威名赫赫的乾隆皇帝。在回忆录中，他们说八十多岁的乾隆皇帝步伐稳健，动作敏捷，像是只有五十多岁，举止高贵和蔼，看上去十分善解人意。等待接见的使臣排起了长长的队伍，终于轮到英国人了。马戛尔尼递上了乔治三世的国书，老皇帝却对给马戛尔尼托衣服后摆的英国儿童亚当斯·斯当东产生了兴趣。他和蔼

朱元璋宫廷画像 朱元璋是明朝的开创者，极具传奇色彩，也饱受争议，可称贤君，也可说暴君。

陈圆圆画像 明末清初名妓，“秦淮八艳”之一，吴三桂妾室。晚年出家为女道士，改名寂静，卒于云南。

柳如是着男装像

“秦淮八艳”之首。其诗画才情、气质谈吐皆胜于一般文士，虽出身青楼却心怀社稷，著名学者陈寅恪晚年曾为其著书立说。

桃源仙境图 中国士人的隐逸文化，深受道家文化的影响，但同时又是儒、释、道共同作用的结果。

康熙读书像 清朝是中国历史上少数民族统治的时间最长、最稳定的封建王朝，总结其治国理政的经验，其中一个重要的原因就是清朝帝王都注重读书学习，以康熙帝为最。

乾隆皇帝射猎图

一箭双鹿图 “骑射”是满族特有的文化习俗，入主中原后，满族统治者将“骑射”作为“国策”。为了弘扬尚武精神，乾隆曾谕令画师创作了数十幅专门表现他行围狩猎场景的画作。

狩猎聚餐图 乾隆皇帝承袭祖制，把骑射尚武奉为“满洲根本”。为了练习骑射技术，他几乎每年都要到木兰围场或南苑狩猎。上图描绘的就是乾隆十四年（1749年）围场秋猎休息时的场景。

马戛尔尼觐见乾隆皇帝图 乾隆五十八年（1793年），英使马戛尔尼来华觐见，这是“天朝上国”和大英帝国的第一次外交接触。画中的乾隆和大臣虽然有些不伦不类，但马戛尔尼觐见乾隆时，是单膝跪地，而未行三跪九叩之礼。

慈禧摆拍照 咸丰帝的妃嫔，同治帝的生母。她是一位极具封建统治天赋的女人，能很好地运用封建君主的“权”“术”“势”。她曾先后三次垂帘听政，是当时中国实际上的统治者，统治时间长达四十七年。

曾国藩彩绘像 晚清中兴四大名臣。曾国藩在道德、学问、事功上都达到了封建王朝大臣所能达到的极致，多为后世赞誉。

地把这个可爱的孩子叫到跟前，和他交谈，因为这孩子在前来中国的漫长路途中学会了一些中国话。乾隆对孩子得体的回答非常满意，他亲手解下自己腰间的荷包赐给了这个儿童。

皇帝在典礼之后看了礼品单，他对英国人一点也不谦虚的语气感到不满，觉得很可笑。他对接待使团的官员交代："单内所载物件，俱不免张大其词。此盖由夷性见小，自为独得之秘，以夸炫其制造之精奇……著徵瑞于无意之中向彼闲谈：尔国所贡之物，天朝原亦有之……谕知庶该使臣等不敢居奇自炫。"后来，乾隆亲自查看了这些礼品，这位八十多岁的大皇帝指着这些礼品笑着对大臣们说："这些可以给小孩子当玩具。"这些礼品从此一直被扔在圆明园的宫殿之中不再有人过问，直到英法联军焚毁圆明园时，发现它们还原封不动地尘封在那里。半个月之后，乾隆给英王回了信，断然拒绝了这个蕞尔小国和中国建立平等外交关系的请求，他指出，这不符合清朝惯例，因此是可笑的请求。他并且嘱咐英王要"善体朕意，益励款诚"，永远恭顺。

马戛尔尼无比失望地离开了中国，他万万没想到他会得到这样的结果。不过在回去的路上他仔细观察了中国的军队，他得出了这样的结论：中华帝国只是一艘破败不堪的旧船，幸运地拥有几位谨慎的船长才使它在近一百五十年内没有沉没。只需几艘三桅战舰，中国就会分崩离析。一个民族不进则退。

· 2 ·

在这次短暂的毫无结果的相遇之后，东西方的两大强国擦肩而过。两个国家都按自己的步伐继续走自己的路，就像什么也没发生过一样。

英国的火炮威力不断提高，而中国则依旧按自己的方式运转。乾隆皇帝在活到无皇帝可以超越的八十九岁高龄后终于撒手去了，继承帝位的嘉庆和道光的施政方针都是守成，即严守列祖列宗的成法，不越藩篱一步。原因很简单，历史上不可能出现比他们光荣的祖先更伟大的治绩了，后代的任务是竭尽全力去学习前辈，哪怕只能学到万分之一呢。中国和西方的文明差距越来越大，中国人依然按照几千年前的方式去思考，而西方人早已把社会科学和自然科学的各学科科学化、系统化，由此释放出来的智力力量注定要摧毁整个旧世界。

18 世纪最后一年，嘉庆皇帝在一道谕旨中谈到了他对对外贸易的看法，典型地反映了中国人的思维已经大大落后于世界形势：

> 向闻西洋载货远来，一船之货，所值百十万，皆在内地销售，是以中国之银两因此虚耗者不少。即如钟表一项，岛人以铜铁数星，巧取中国之银数千数百；玻璃一项，不过土中取液煎熬而成，一窗一屏，亦有数千数百之值，此其明验也。以有用易无用，舍本逐末，暗损中国元气，所关甚大。

在嘉庆皇帝的头脑里，钟表的价值应是按所含的金属重量来衡量，而玻璃应与沙土等值或者差不多。这些东西是没用的，有用的只有一个，粮食。

是爱新觉罗家的素质退化了吗？

· 3 ·

人们大概都以为鸦片战争失败的责任应该算在乾隆的孙子道光帝头上，子孙的无能不应抹杀祖先的伟大。可是也许很少有人知道，乾隆皇帝和鸦片战争也有那么一点意味深长的关系。

在马戛尔尼觐见乾隆四十七年后的1840年4月7日，当年为马戛尔尼托衣服后摆，受到乾隆皇帝接见并得赐一个荷包的儿童斯当东已经是五十九岁的受人尊敬的英国下院议员。他在英国下院慷慨陈词，讨论是否应对中国发动第一次鸦片战争。全场肃静，聆听他的讲话，因为他是中国问题的权威。他曾见过鼎盛时期的中国，那个时候他就认为中国不堪一击。现在，他认为英国打赢这场战争不存在任何问题。大厅里响起了热烈的掌声表示赞成他的结论："尽管令人遗憾，但我还是认为这场战争是正义的，而且是必要的。"这个公认最了解中国的人的发言起了决定性作用，推动议会以五票的微弱优势通过了对中国动武的决定。

· 4 ·

平心而论，吞下了鸦片战争苦果的道光皇帝并不是一个太差劲的皇帝。他继承了爱新觉罗家族的高智商，少年时期就头角峥嵘，受到祖父乾隆的注意。十岁时，乾隆皇帝带着他外出围猎，小小年纪的道光大显身手，引弓放箭，一举中鹿，令乾隆欣喜不已，连连作诗，表示国家后继有人。他学业优秀，性格坚毅，刚刚成年就被父亲密定为继承人。

继位之后的道光把他的政治目标定位为“守成”，要守住伟大祖先留下来的祖业。他和父祖们一样地勤奋，一样地自律，一样地通晓典籍，他甚至还是历史上最为节俭的皇帝，可是这些都不能避免国家民族的奇耻大辱落到他的头上。

克虏伯大炮带来的连连重创，使他终于不得不从经典中抬起头，试图了解一下外面的世界。因为和大英帝国作战已经两年，道光皇帝突然发现自己对敌手一无所知。1842 年 3 月，道光皇帝发出了一道长长的上谕，在这道上谕里，道光皇帝向他的大臣们一口气提了十九个问题：

英国到底在什么地方，它离中国有多远？

从英国到中国，需要经过几个国家？

这次跟着英国来的大小吕宋等国，和英国是什么关系？

听说英国女王才二十多岁，何以被推为一国之主？

该女王结没结婚？如果结婚了，她丈夫是什么地方的人，在哪个国家任职？

……

从武勇到优雅：满族汉化史

一 性格的胜利

·1·

明末那出天翻地覆的历史大戏的结局实在出人意表。谁也没有想到，是穿着树皮鞋的满族人从斜刺里冲上舞台，从演得如醉如痴的两大主角李自成和崇祯皇帝手里夺走了权杖。

从人口上来看，满族和汉族的相差太大。1644 年前后，满族人口不及汉人的三百分之一。两个民族体积之比，几如狐狸之于大象。

从军事实力看，双方也不可同日而语。明王朝的常备军数量已经多于满族全族人口。明军已经初步进入了热兵器时代，拥有从西洋传来的“红衣大炮”、火铳等先进装备，而满族人还完全依靠原始的弓箭和大刀。

至于文明水平，满族人更是不能望汉人之项背。明王朝经济发达，文化繁荣，全民识字率居世界领先水平，而满族人还停留在原始农业渔猎阶段，整个民族几乎都是文盲。那些名留青史的满族贵族的名字，从音译过来的字面上看来，倒也带有神秘的异域气息，可是一旦意译，立刻就暴露了这个民族的文化海拔。就以努尔哈赤的几个儿子的名字为例吧："多尔衮"的意思是"獾"，"多铎"的意思是"胎盘"，最小的儿子"阿济格"，翻译成汉语是"老疙瘩"。女婿"和何理"的意思则是"上牙磕下牙"。其他王公贵族的名字也文雅不到哪里去。贝勒"岳托"，这个名字的意思是"傻子"；将军"席特库"，名字是"尿炕的孩子"，而贝子"傅喇塔"的名字居然是"烂眼皮"。并不是满族人不想起个好听的名字，而是因为早期满语只有口语而没有书面语，实在没有多少优雅的词汇可供起名者挑选。

满族人的优势，是气质与性格。

· 2 ·

几乎所有的马背民族都具有类似的性格："以战死为吉利，病终为不祥。堪耐寒苦，同之禽兽，虽妇人产子，亦不避风雪。性坚刚勇猛，得西方金行之气焉。"

给满族人的躯体注入活力的是粗犷的白山黑水。坚强和勇敢是从事原始渔猎必须具备的品质，朝鲜使者在其访问东北的《建州见闻录》中这样描述他所看到的情景："女人之执鞭驰马，不异于男。十余岁儿童，亦能佩弓箭驰逐。"

胆汁的浓度和血液的沸点决定了满族狼一样的性格，他们对长途跋涉及风刀霜剑所带来的肉体痛苦不以为意。正如他们的前辈女真大军一样，满族武士的武勇同样天下驰名。皇太极曾这样自夸："天下人称我兵曰：立则不动摇，进则不回顾，威名震慑，莫与争锋。"

战争是满族人的节日，一听说有仗可打，每个满族人脸上都是抑制不住的亢奋。朝鲜使者回忆说："出兵之时，无不欢跃，其妻子亦皆喜乐，惟以多得财物为愿。如军卒家有奴四五人，皆争偕赴，专为抢掠财物故也。”

与此同时，明末却是有着数千年文明史的汉人体内的钙质流失最剧烈的时期。在封闭的一成不变的土地上，汉人的成功取决于他是否谨慎、老成、“不招灾惹祸”，是否恪守祖先留下的告诫，遵从朝廷定下的规矩。他们习惯于重复单调的田间劳作，却缺乏应对突发事件所必备的勇敢和果断。血性指数过高的人被专制统治毫不留情地消灭，汉人在数千年间日益驯服温和，逆来顺受。

在汉人看来，兵器本身就闪动着令人胆战的寒光。“兵者，不祥之器也。”他们在社会上攀升需要的是华丽辞藻，而不是武功。事实上，“勇敢”几乎就是“鲁莽”的注解，“赳赳武夫”在汉语里也逐渐演化成一个贬义词。几千年间，中华帝国内的精英人物都以崇文尚德为荣，而这一倾向在明朝末年达到顶峰。万历年间旅居中国的传教士利玛窦意外地发现中国是一个缺乏尚武精神的国度。他在写给罗马的信中说：“很难把中国的男子看作是可以作战打仗的人。”他惊讶地发现，这个帝国里最聪明的人看起来都像女人：“无论是他们的外貌气质，还是他们内心的情感流露，他们看起来全像是温柔的女子。要是你对他们尊敬礼让，他们便会比你更加谦和。”居留中国的几十年里，利玛窦也看过上流社会的人打架，不过那样的场景却让他哑然失笑：“彼此争斗时表现出来的，也只是妇道人家的愠怒，相互殴斗时揪头发。”“他们很少残杀，他们甚至连想都没有想过这种争斗的方式。这不仅是由于他们没有什么真正的男子阳刚之气，主要是，他们大多数人连小刀之类的兵器都没有。”“这些男人们不惜每天花费两个小时来梳理他们长长的头发，考究地整理他们的服饰，他们就这样悠闲自得地打发着美好的时光。”

在这个国家里，当兵打仗是一个人走投无路时不得已的选择。“好男不当兵，好铁不打钉。”与满族人渴望战死不同，走向战场的汉人们通常是满脸悲愁，路两边是他们哭得昏厥过去的妻子。

当这样两支气质相反的军队相遇时，后果可想而知。

·3·

就像食草的大象并不怕食肉的狼一样，中原王朝虽然文弱，但由于其体积庞大，相对于周围的马背民族还是具有巨大的优势。如果中原王朝能有效地以人口及经济优势来弥补气质劣势，边疆民族永远也不会有下口的机会。汉唐之时，中原王朝曾有过驱逐匈奴人和突厥人的辉煌战绩。因此，我们只能把武勇列为满族人取胜的第二个原因。

第一个原因应该是中原王朝根深蒂固的老毛病：窝里斗。

中原王朝实际上从来没有败于马背民族之手。它们总是败于自己窝里斗的习惯上。每一次马背民族入侵，都是中原王朝的内部出了问题才给了其可乘之机。从岳飞、于谦到袁崇焕，中国从不缺乏铁骨铮铮的汉子，可惜这些汉子没有死在异族的刀剑下，却被同族人的暗箭所伤。

我们没有必要在此详细考证中原人窝里斗的根源，那将是另一篇长长的文字。我们只需要知道的是，在明朝和后金争斗的过程中，正是大明王朝的内部斗争，替满族人消灭了他们最强劲的对手，并且为他们输送来最急需的人才。

从中后期开始，大明王朝就像唐朝及宋朝后期一样，陷入旷日持久的党争，大臣们拉帮结派，在嫉妒心、名利心、计较心等种种不善之心的盲目驱动下，阴谋陷害，寻机报复，使绊子、穿小鞋、射暗箭，机关算尽，表现出了在对外斗争中少见的坚决、勇敢和残酷。满族人最惧怕的两个汉人，熊廷弼和袁崇焕，他们的死都与繁杂的派系斗争有关：熊廷弼是被政敌陷害而遭抄家枭首，袁崇焕被活剐分食则主要是因为明王朝的内部斗争而不是满族人那个并不高明的反间计。

窝里斗的起源是政治利益，最终却几乎演变成了明朝大臣们的生存方式和生活乐趣，帝国的力量就这样无谓地消耗在内斗之中。在这种腐化的政治环境之下，每一个官场中人都必须紧紧依附某一帮派才能立足，什么帝国的前途、百姓的疾苦，只能置之脑后。个别有“补天”之志的精英人物在这种情况下也无可奈何:“群小必掣其肘、绊其足，毛举鸷击，俾任事之念不胜救过之念。跋前疐后而忧患多，左方右圆而才智诎，不过出叹于朝、入叹于室，中宵彷徨。”在大明朝想有所作为是不可能的。从洪承畴到著名的“三顺王”孔有德、耿仲明和尚可喜，莫不是在窝里斗中伤透了心，或者是被政敌逼得走投无路，才不得不舍弃父母之邦，投奔前途莫测的异国。他们给满族人带去了急需的情报、经验和包括红衣大炮在内的先进军事技术。

虽然因为吸引了汉地人才资源而迅速强大起来，但如果不是1644年前后整个明王朝四分五裂，满族人能如此顺利地吞并天下也是不可想象的。

当满族人在吴三桂的引导下穿越山海关时，他们喜出望外地发现，汉族人正全神贯注地忙于自相残杀，甚至顾不上认真抵抗自己。

1644年的中原王朝整体上分裂为互相对立的两大阵营：农民起义军和南明朝廷。这两大阵营内部又处于分裂状态。两大起义军主力李自成部和张献忠部彼此仇视，在四川大打出手，而南明政权此刻也分成势如水火的几大派别，为拥立不同的人做皇帝而争执不休。一开始，是隆武政权同鲁王监国在福建争立，彼此互不承认。1646 年隆武皇帝死后，桂王和唐王又在广东争起了皇帝的宝位。因为互不相让，两个王爷集中全部兵力，在广东大打内战。

因此，满族人发现他们此刻面对的中原王朝，表面上看起来是一个庞然大物，实际上却是一堆没有能力团结起来的碎块。虽然整体上他们的人数处于绝对劣势，实际上在每个局部都可以享有相对优势。他们所面临的任务远比当初想象的要简单：只需要集中优势兵力，分而食之，就可以把这些碎块一块一块有条不紊地吃下去。

· 4 ·

事实上他们也正是这样做的。从 1644 年开始，满族人好整以暇，从容不迫地对汉人各个击破，像农人收割自己地里的庄稼一样，顺序吃掉了李自成部、南明弘光政权、南明隆武政权、张献忠部、南明永历政权和郑成功政权，顺利地一统天下。当上述某部受到清军猛烈攻击之时，其他几部没有一次上前救援，反而坐山观虎斗，咧嘴大笑。

在整个军事斗争时期，清军里混杂着满洲人、蒙古人和汉人，从民族成分上来说，远比单纯由汉人组成的抗清势力复杂，然而这些民族在满洲政权的高效指挥下，团结一致，纪律严明，配合有力，舍死效命。

反观抗清的汉人，却从来没有形成真正的团结。李自成、张献忠死后，汉人两大阵营的对立消失，暂时形成了由南明政权、大西军余部、郑成功军三部组成的反清统一战线。这三部表面上以南明为领导，实际上从来没有形成统一的指挥。相反，在整个抗清斗争过程中，这三部投向内部斗争的精力甚至比对外斗争的都多。他们从来没有相互信任、彼此配合过，只是不停地相互排挤、倾轧、拆台甚至欺骗。李定国数次约请郑成功联合作战，从福建和广西两地夹击广东的清军。从当时的局部力量对比来看，此举有必胜之望。郑成功却担心胜利之后受李定国控制，虚与委蛇，表面赞同，实际上一再拖延，拒不出兵，唬得李定国几次都是孤兵先出，苦苦支撑，而郑部每次都是恰在李定国支撑不住溃败之后才赶到。由此丧失了南明复兴的最后一线希望。以“忠贞”“血性”著称的郑成功尚且如此，其他南明势力的品质可想而知。数千万汉人沦为满族人马蹄下的奴隶，原因一目了然。

二 前车之鉴

·1·

对于满族人来说，高大巍峨的山海关就是阿里巴巴之门。他们虽然幻想过，却从来没有敢真正期望这扇门会訇然中开，而如今，神话变成了现实，他们平步汉地天堂。

在进入这扇阿里巴巴之门之前，他们心中并非没有丝毫犹豫。

这个不久以前还没有文字、没有书籍的民族，却有着非凡的清醒和明智。他们知道，在山海关那边，等着他们的不仅仅是锦绣河山和惊人财富，也吹着会软化他们骨骼的汉地熏风。那些从汉文翻译过来的史书告诉他们，先前入侵汉地的异族，没有一个不沦陷在熏风里。

·2·

满族人的征服，不过是对游牧先辈民族那些惊人事业的重复。在两千多年的时间里，已经有多个马背民族，遵循着顺时针的次序，进入南方的汉地。先是西北的匈奴和突厥，再是北方的鲜卑和蒙古，最后，才是东北的满族人。

在汉唐时期，这些野蛮人满足于隔三岔五的掠夺和杀戮，就像匈奴人和突厥人做过的那样。后来，日益文弱的汉人那惊恐的眼神鼓舞了马背民族的野性，他们越来越深地进入内地，“在最初几小时的屠杀结束之后，他们不费大的周折就取代了被打败的统治者的地位，毫不害羞地亲自登上……这些历史悠久而受尊崇的王位，并采取适合于自己的相应的称号”（《草原帝国》）。

第一个兴冲冲地戴上汉地王冠的是南北朝时期的鲜卑族。作为第一个深入汉地的异族，他们被眼前的一切深深地吸引住了。汉人的一切都是那么奇妙：他们住房上雕刻的精美的兽头，他们桌子上摆放的美丽的瓷器和木雕，他们所阅读的那些泛黄的书本，以及书本里那些深奥的哲理和故事……在他们眼里，汉人生活中的每一个细节都是完美的。穿着兽皮衣的鲜卑人，面对宽衣博带的汉人，甚至为自己发达的肌肉、黝黑的皮肤和因长期骑马形成的罗圈腿而羞愧。

第一个抓螃蟹的人当然会被夹破手指。作为游牧民族中的第一个尝鲜者，鲜卑人为自己的天真单纯付出了惨重的代价。随着距离长江越来越近，他们心中“全盘汉化”的冲动越来越强烈。这些野蛮人不可遏制地希望自己成为一个文质彬彬、谈吐高雅的汉人，住在高大轩敞的卷棚顶大屋下，细细品咂名贵的绿茶，手里拿着一本深奥的汉文书籍，学着《世说新语》里汉人的样子，扪虱而谈。

他们的首领孝文皇帝迫不及待地发布了一条条严厉的命令，要求鲜卑人把自己鄙陋的鲜卑名改成文雅的汉名。三十岁以下的鲜卑人，一律放弃母语，从头学习汉语。草原式的兽皮衣被禁穿，汉人的峨冠博带成了标准服饰。对于个别反对他汉化政策的人，孝文皇帝毫不犹豫地进行了铁腕镇压。他向臣民发布诏谕，解释他推行汉化的良苦用心：朕为天子，天下皆我所有，何必一定居住中原？正是为了令卿等子孙渐染汉人之美俗，增长见识。如果永居塞北，复值不好文之主，不免面墙耳。

这个兴致勃勃的皇帝绝对料想不到，他欲令卿等子孙渐染汉人之美俗的美好愿望最终结出的却是毁灭本民族的恶果。史载鲜卑民族“尚勇，纯朴，好射猎”，专以“征伐为事”。他们跃马中原的资本是出色的武功和豪放的天性。在孝文帝之前，鲜卑的历代帝王都保持着尚武精神，几乎每年都出猎塞北，而自孝文帝之后，几乎所有的皇帝都不再碰弓箭，而是整天手不释卷。正像王夫之所总结的那样：“自迁洛以来，涂饰虚伪，……精悍之气销矣，朴固之风斫矣。……部落心离，浮华气长。”陷入温柔乡中的鲜卑贵族们迅速腐化，斗鸡走狗，竞相攀比谁会享受。据《洛阳伽蓝记》记载，当时“帝族王侯，外戚公主，擅山海之富，居川林之饶，争修园宅，互相夸竞。崇门丰室，洞户连房，飞馆生风，重楼起雾，高台芳榭，家家而筑；花林曲池，园园而有”。这些鲜卑贵族的奢侈、放荡比西晋末年汉族士人有过之而无不及。不旋踵，北魏王朝灭亡，那些腐败大族被屠杀净尽，遗族隐姓埋名，融化在汉地，鲜卑两个字，成了一个空洞的历史名词，如今在华夏大地已经找不到一丝遗迹。

· 3 ·

鲜卑人之后，时隔数百年，女真人入主中原。

孝文皇帝的错误此时被证明有二，一是他不应该提倡全盘汉化，二是他不知道，汉化根本用不着提倡。汉人的生活方式是如此富于吸引力，虽然没有皇帝们的命令，女真人汉化的速度却并不比鲜卑人慢多少。史书说：“南渡后，诸女直世袭猛安、谋克，往往好文学，喜与士大夫游。”几十年间，女真上层社会就都学会了汉语。从贵族到平民，女真人纷纷起了汉族姓名，穿上汉人服装，像汉人一样在街上相互打拱问好。

金帝国的统治者们对此深感忧虑。毕竟已经有了鲜卑人的前车之鉴，他们不想愚蠢地重蹈覆辙。入主中原三十五年后登上皇位的金世宗开始大力扭转汉化的倾向。他敏锐地认识到，只有保持女真人的尚武之风，才能保证国家基业长久。他屡屡对臣下说：“女直旧风最为纯直，……汝辈当习学之，旧风不可忘也。”“若依国家旧风，四境可以无虞，此长久之计也。”

从世宗时起，金朝帝王就千方百计阻止女真人的汉化进程。他们大力倡导女真人学习和使用女真语、女真字，为此规定，“猛安、谋克皆先读女直字经史然后承袭”。他们禁止女真人使用汉人姓名、穿着汉人服饰。世宗大定十三年（1173年），“禁女直人毋得译为汉姓”。二十七年（1187年），皇帝再次明令女真人“不得改称汉姓、学南人衣装”。

不过，汉化的力量远远大于皇帝们的权力。金代帝王们的这几道诏书，如同投在汉化洪波上的几片羽毛，瞬间即被席卷而去。到了金朝后期，包括皇帝在内的几乎所有的女真人都完全汉化了，女真话不再有人会讲，女真服装也近乎失传。原来规定的科举考试时“试弓箭、击毬”也被迫取消，皇帝甚至不得不同意女真人同汉族人通婚。尽管金世宗千方百计地提倡和推广女真文字，但种种迹象表明，这种民族文字在金代始终没有被真正应用。即以考古发现的金代墓志为例，居然没有一通墓志铭是用女真文写的。

随着这些外在民族特征的改变，女真人骨子深处的民族精神也在以惊人的速度流失。《金史·兵志》曾这样形容女真人的尚武之风：“(女真)俗本鸷劲，人多沉雄，兄弟子姓，才皆良将，部落保伍，技皆锐兵。”仅仅三四十年之后，沉溺在吃喝玩乐中的女真人变得懒惰、懦弱。征服者日以赌博饮酒为事，艰苦奋斗的精神一去不返：“山东、大名等路猛安谋克户之民，往往骄纵，不亲稼穑，不令家人农作，尽令汉人佃莳，取租而已。富家尽服纨绮，酒食游宴，贫者争慕效之。”当时中原各地的女真人，或者“以田租人，而预借三二年租课”，或者“种而不耘，听其荒芜”，甚至靠出卖奴婢和土地来维持其寄生生活。到了金代后期，女真人奢侈懒惰的生活积习更是臻于极致，陈规在写成于贞祐四年(1216年)的一篇奏议中，称南迁的猛安谋克军户均为“游惰之人，不知耕稼，群饮赌博，习以成风”，显见得已是无可救药了。

尚武精神就在这个民族体内迅速消失，出使金朝的南宋使臣惊讶地看到，那些昔日一闻战斗便跃跃欲试的女真勇士，现在在出征前居然像女人一样牵住家人的衣服哭哭啼啼：“金人之初甚微，……当时止知杀敌，不知畏死，战胜则财物、子女、玉帛尽均分之，其所以每战辄胜也。今则久居南地，识上下之分，知有妻孥、亲戚之爱，视去就、死生甚重，无复昔时轻锐果敢之气。……当其出军，其金人与亲戚泣别，自谓极边，有往而不返之虑。其军畏怯如此。”格鲁塞总结边疆民族汉化的规律时说：“过两三代后，这些中国化的蛮族们除了丧失蛮族性格的坚韧和吸收了文明生活的享乐腐化外，从文明中一无所获，现在轮到他们成为蔑视的对象，他们的领土成为那些还留在他们土生土长的草原深处、仍然在挨饿的其他游牧蛮族垂涎的战利品。”读了这些记载，我们就不难理解，当初以两千五百人起兵，仅用了十二年的时间，先后灭辽臣宋的女真人，何以在蒙古人的铁蹄下不堪一击。

·4·

现在轮到目睹了女真人在汉地沦亡过程的蒙古人来做历史大戏的主角了。从这出戏的序幕，我们似乎看到了避免重蹈覆辙的希望。

不识文字，没读过历史，没有深入过汉地的成吉思汗，有着惊人的智慧和预见力。他对那些可以提供舒适生活的地区抱有天然的戒备之心。“对成吉思汗来说，北京令人难受的气候似乎（对他来说也是过于温和，因而）也令人松懈。每次战役之后，他就返回北方，在贝加尔湖附近度夏。同样地，他打败了札兰丁之后，故意避开了就在他脚下的印度，因为对于从阿尔泰山来的成吉思汗来说，印度好像是魔窟。无论如何，他对舒适的文明生活的怀疑是正确的，因为当他的曾孙子们住进北京和大不里士宫殿时，他们随即开始堕落。”（《草原帝国》序言）

因为深刻认识到文明生活对尚武气质的损害，成吉思汗对他汗血征战得来的功业抱有一种悲剧性的看法。他悲观地预言：“我们的后裔将穿戴织金衣，吃鲜美肥食，骑乘骏马，拥抱美貌的妻子，（但）他们不说：‘这都是由我们的父兄得来的’，他们将忘掉我们和这个伟大的日子！”

也许是因为聆听了大汗的预言，也许是因为鲜卑人和金人的悲惨经历使蒙古人深为警惕，成吉思汗的子孙们从一开始就表现出了坚定地拒绝汉化的倾向。最开始，他们甚至计划把所占领的汉地上的汉人全部杀光，庄稼全部踏毁，把辽阔的中国变成世界上最大的一片草原，用来放牧蒙古马。幸亏耶律楚材苦苦劝谏，蒙古人才放弃了这个可怕的想法，然而，他们还是吸取了金人的教训，他们不学习汉语，不穿汉族服装，甚至不娶汉族女子。元代诸帝，除最末二帝外，汉语水平都非常差。贵族之中，懂得汉文的，也是凤毛麟角。有的蒙古贵族到地方做官，写“七”字不从右转而从左转，连续两个蒙古皇帝把自己的弟弟立为自己的“太子”，还有一个皇帝硬要把本来应该是“皇太后”的母亲封为“太皇太后”，都引来汉人的讪笑。

草原民族矫枉过正，又犯了第二个错误。他们没有认识到，导致草原民族统治失败的是进取精神的丧失，而不是因为借鉴了汉人的统治技术。事实证明，在治理汉地的过程中，汉人积累了几千年的统治经验是不可或缺的。元帝国的统治者始终坚持草原本位和“蒙古旧制”，不能摆脱游牧民族的行政传统。元帝国治理技术过于粗放，内部纷争严重，政治秩序混乱，地方势力尾大不掉，帝国运转效率低下。这一切，都注定这个帝国享年不永。

更为不幸的是，虽然拒绝了汉语和汉服，蒙古人却无法拒绝汉族人提供的温柔甘美的物质享受。汉人们用几千年的时间发展出来的享受生活的技巧轻而易举地征服了这些来自草原的大老粗。他们沉溺于烈酒女人和南中国进贡来的种种精巧“玩意儿”，甚于之前任何一个异族统治者。因此，不可避免地，中国的最后一批成吉思汗后裔在生活方式上还是完全中原化了。蒙古人不知道，真正的汉化也许并不在于语言和衣冠的改变，而是精神内核的转型。那些胸怀征服全世界的雄心的蒙古开国者的后代们生命力孱弱到这样的程度：“他们被宫廷生活和过度的骄奢淫逸所腐蚀，被一群亲信、贵妇、文人学士和官僚们簇拥着，与外界隔离。于是，蒙古人的活力消失殆尽。历史上最令人震惊的征服者的子孙们已经退化到软弱无能、畏畏缩缩、优柔寡断的地步，当灾难临头时，只会悲伤。”最后一个蒙古皇帝妥欢帖木儿是一个软弱无能的统治者，他的犹豫和迟钝导致帝国在混乱中越陷越深，最终，他带领部下逃回了草原，两手空空，一脸颓唐。

·5·

就像河流不能摆脱大海的吸引，向日葵不能拒绝太阳的召唤，汉化，对于有机会与中原王朝亲密接触的少数民族来说，是无法抗拒的宿命。这些少数民族通过抢掠的方式进入了汉文化，他们贪婪地把一切吸引人目光的东西装入自己的口袋。他们不知道，这是一个豪华的陷阱，这些抢劫者最终会被汉文化劫持，最后丢掉了自己的一切。

这种宿命是由巨大的文化落差决定的。相对于中原王朝几千年积累起来的灿烂文化，周围那些小民族的文化积累显得过于寒酸单薄了。

首先吸引那些剽悍骑手的，是汉人的物质文化。在历史上，中国社会的贫富差距是独步世界的。因为建立在全世界最严密的专制基础上的强大聚敛能力，一方面使广大社会底层持续几千年陷在饥饿之中，另一方面给汉族上层社会提供了把物质享受不断精致化、艺术化的可能，并终于形成了日本人所说的“费六千年而建筑起来的生活的美”。

鲁迅在《灯下漫笔》中引用一个日本人的话说：

> 在圆的桃花心木的食桌前坐定，川流不息地献着山海的珍味，谈话就从古董、画、政治这些开头。电灯上罩着支那式的灯罩，淡淡的光洋溢于古物罗列的屋子中。什么无产阶级呀，Proletariat 呀那些事，就像不过在什么地方刮风。
>
> 我一面陶醉在支那生活的空气中，一面深思着对于外人有

> 着“魅力”的这东西。元人也曾征服支那，而被征服于汉人种的生活美了；满人也征伐支那，而被征服于汉人种的生活美了。现在西洋人也一样，嘴里虽然说着Democracy呀，什么什么呀，而却被魅于支那人费六千年而建筑起来的生活的美。一经住过北京，就忘不掉那生活的味道。大风时候的万丈的沙尘，每三月一回的督军们的开战游戏，都不能抹去这支那生活的魅力。

相比旧中国钟鸣鼎食的大家族，西方那些满足于吃吃“蛋黄酱”“大鲟鱼”“有鸡冠的甲鱼汤”的贵族们的生活简直就像乡下人。这种中国式的“生活美”不仅仅局限于“满汉全席”和“房中术”，还包括听戏、造园、把玩古董和宝石，甚至吟诗作画。翻开《东京梦华录》《武林旧事记》《洛阳名园记》，中国贵族生活艺术的登峰造极令人叹为观止。正是这种“美”，使鲜卑人、女真人、蒙古人陷于其中不能自拔。

以物质享受为切口，汉文化把自己的静态世界观注入那些不安分的异族体内，使他们安静松懈下来。早在文明的初期，汉民族就已经构造了自己简单然而坚不可摧的世界观。这个世界天圆地方，四角俱全，就像一架万古不息的水车，按照“道”的规定规规矩矩地运转，一成不变，直到永远。由于这个“道”早已被圣人们彻底阐明，所以人活在世上，不用自己动什么脑筋，只要心安理得地按圣人的指示，修身齐家就可以了。某种程度上，汉文明的核心是对活力的恐惧和抑制，如“血气未定”“父母在不远游”“一箪食，一瓢饮”“如其为人也，温柔敦厚”。

这种静态的世界观，说到底是把人性中的惰性文明化、理论化。任何自发的活力，背离经典的尝试都是错误的。就像鲁迅所说，连搬动一张桌子也要引起革命。这套夹杂着“天命”“性”“道”之类深奥词汇的说辞对于周围的蛮族人来说，非常具有说服力，因为它远比他们粗陋简单的原始宗教萨满教更周密，更完善，更适合世俗生活。所以，当那些野蛮的异族人拿起书本，研究起君君臣臣父父子子时，他们就不可避免地为体内的原始冲动感到害臊了。

因此，先被醇酒妇人，后被“四书五经”征服的野蛮人不可避免地安静了下来。他们丧失了前进的目标和动力，被鼓励的惰性很快败坏了他们的性情，他们最终变得懒惰、腐化、懦弱。

· 6 ·

“生活的美”和静态的世界观结合在一起形成的巨大威力，使汉文化如同一个巨大的黑洞，吞噬着任何接近它势力范围的异族。秦汉以前，它已经吞噬了黄河下游的“东夷”，淮河流域的“淮夷”，长江以南的“百越”，四川一带的“巴人”，陕西附近的“西戎”，山西一带的“长狄”“赤狄”和“白狄”。秦汉以后，它又逐步吃掉了匈奴和突厥的一部分，吃掉了北方的羯人、氐人、鲜卑人、契丹人，吃掉了南方的一部分僚人、俚人、溪人……在鸦片战争之前的几千年间，还没有发现可以抵御这种同化力的民族。

最能证明汉文化无坚不摧的同化力的，是犹太人在中国的命运。

众所周知，犹太民族是世界上对本民族文化特征最为珍视的民族，虽然在国破家亡后的近一千八百年中，颠沛流离于世界各地，还没有发生被其他民族彻底同化的先例。然而，这种事情却在中国发生了。

北宋初年，一个不少于百人的完整的犹太社团从布哈拉取道丝绸之路进入中原，定居在繁华的东京(今开封市)。他们像迁徙到世界其他地方的犹太人一样，建立起犹太会堂。按照经书上的教导，守安息日、守禁食、守割礼，每日三次到会堂祷告，然而，这种情形却没能像世界其他地方一样持续下去。很快，中国人的世俗生活方式，特别是科举制度吸引了这个聪明的民族。越来越多的犹太人后裔开始被孔孟之道以及学习它所能带来的高官厚禄吸引，开始像中国人一样寒窗苦读。史书记载，犹太人在这个领域取得了辉煌的成就，在开封考取进士的犹太人就有二十多位。

在高官厚禄的巨大诱惑下，开封犹太人中的聪颖子弟都不再选择从事神职，也就自然出现了在世界其他地方从未有过的神职人员后继无人的情形。孔孟之道终于战胜了犹太教。越来越多的犹太人娶了汉人女子，改用汉人姓氏："列维"改为"李"，"示巴"改为"石"，"亚当"改为"艾"……通婚使他们的外表与汉人越来越难以区分，他们的生活习惯、爱好趣味渐渐与中国人一般无二。数百年之后，他们甚至已经不知道"犹太"一词是什么意思，只模糊知道自己的祖先来自以色列。

终于，这些犹太人最终失掉了自己所有的民族特质，变成了地地道道的中国人。

正像范文澜所说，"汉族好像是一座融化各民族的大熔炉"，一方面，民族融合促进了各民族共同繁荣和国家的富强统一，提高了少数民族的文化水平和生活质量，另一方面，民族融合实际上是无一例外的汉化。任何异族文化掉进汉文化这锅千年老汤里，都变成了一个味儿。那些本具生猛风味的异质文化经滚水一煮，也变得熟沓、软烂，失去了脆生劲儿和支棱劲儿。

三 碳与铁的比例

·1·

一百多万满族人口中，有九十万争先恐后地“从龙入关”，迫不及待地奔赴那处处奇山秀水遍地金帛子女的辽阔内地，毫不惋惜地听任他们生息了千百年的故地人去屋空，一片荒凉，关外“荒城废堡，败瓦颓垣，沃野千里，有土无人”。

就这样，几乎整个满族都抛弃了他们的根，像一滴水一样，掉进了汉文化的汪洋大海里。

如何应对汉化，又一次成了少数民族面临的严峻问题。这一次，满族人交出的答卷能够比鲜卑、女真、蒙古人更令人满意吗?

·2·

我们有理由对满族人的表现更为乐观。因为在进山海关之前，他们已经对这个问题进行了相当成熟地思考。

事实上，汉化并不是进山海关之后才遇到的新问题。在距离山海关还十分遥远时，汉化就已经成为整个满族焦虑、辩论的一个重心。

随着后金疆域的扩大，入关前汉人的数量就已经超过了满族人。汉化像水一样无孔不入地渗入满族人的生活。许多满族人都能感觉到，是汉化给了他们这个民族巨大的力量，是那些被征服的汉人农民教他们精耕细作，汉人工匠教他们建筑坚固美观的房屋，是那些投降的汉族官员指导他们建立起自己的政府，并画出向西进军的线路图。整个满族崛起的过程，就是一个不断汉化的过程。汉人们的经验与智慧像泉水一样，浇灌在满洲肥沃的黑土地里，生长出一个蓬蓬勃勃的、强健有力的新民族。

并不是所有满族人都对汉化的重要性有充分的认识，老罕王努尔哈赤即如此。半文盲的努尔哈赤身上有着明显的草莽气息。他不喜欢汉人咬文嚼字的说话方式，不喜欢汉人深藏不露的做人风格，而且特别厌恶汉人喝酒不实在。在汉人面前，努尔哈赤表现得更多的是文化弱者对强者的自卑和敌意。这种文化上的排异反应，在他统治的晚期甚至演变成了“杀秀才”事件。他强词夺理地把晚年政事中的种种不顺统统归因于汉人，说：“种种可恶，皆在此辈。”下令“尽杀汉人中的识字者”，数千名汉人秀才和官员猝不及防地死在了老罕王的文化排外主义之下。

他的继承者皇太极对待汉人的问题远比他明智。年轻一代总是比老一代对新鲜事物更感兴趣，皇太极即是汉文化的坚定拥趸。即位以后，他热衷于组织文化人翻译汉文书籍，出征之余，经常手把一卷，从《三国志》《金瓶梅》到《孟子》，看得津津有味。在汉文化面前，皇太极表现出了远比老罕王更开放的心态和更多的自信。他十分清醒地看到，由于汉文化比满文化有巨大的优势，如果不借助汉人的智慧，他没有可能实现吞并天下的野心，满族也没有可能摆脱落后的经济文化状态。

事实证明，皇太极的汉化政策是满族人崛起的关键步骤之一。他不遗余力、不惜代价地招徕汉人中的人才，洪承畴、祖大寿、“三顺王”等都是在这个时候投奔到后金的。他利用汉人的方式组织政府，大大提高了政府的集权能力和行政效率。他设立八旗官学，组织贵族子弟学习汉文化。在他的影响下，满族上层社会的汉化程度大大加深，满族人的整体文化素养和智力水平提高到一个新高度，为满族人日后取得天下，做好了至关重要的准备。

随着汉化进程的加速，汉化的另一面很快就表现出来了。满族贵族们的生活方式越来越精致，贵族子弟们身上的武勇精神开始出现退化的征兆。他们开始对父祖们惯用的弓箭不感兴趣，而更喜欢追求汉人提供的种种消遣用品。皇太极敏锐地注意到了这种苗头，对此十分忧虑。他提醒贵族们说："昔太祖时，我等闻明日出猎，即豫为调鹰蹴球。若不令往，泣请随行。今之子弟，惟务出外游行，闲居戏乐。在昔时，无论长幼，争相奋励，皆以行兵出猎为喜，尔时仆从甚少，人各牧马披鞍，析薪自爨。……今子弟，遇行兵出猎，或言妻子有疾，或以家事为辞者，多矣。不思勇往奋发，而惟耽恋室家，偷安习玩，国势能无衰乎？"

这个在满族人中第一个系统读过中国历史的统治者十分清楚本民族的优势和劣势。他很清楚，满族军队之所以在汉人面前节节胜利，就是因为满族人身体里面那些异于汉人的特质。如果最终他们征服了汉人，却失去了本民族的天性，这对他们来讲，到底是胜利还是失败？

这个问题缠绕着他，使他甚至开始怀疑自己征服天下的梦想是否明智。天聪十年（1636年），皇太极在写给敌方将领袁崇焕的一封信中，这样解释为什么他几次引兵入关都迅速返回：我父亲太祖努尔哈赤，因为昔日辽金元各朝，不居其国，入处汉地，几世之后皆习染汉俗，深为可虑。所以我们打算听任汉人居住在山海关以西，我们仍居住在辽河以东，满汉各自为国，故未入关引军而返。

这个解释也许并非完全是托词，而是确实反映了皇太极内心深处的一种担忧。

随着满族西进的步伐越来越快，汉化现象也越来越迅速地在满族人的生活中蔓延开来。越来越多的满族人开始推崇汉人的礼仪态度、语言文字甚至衣冠服饰。他们开始觉得"饽饽"远不如汉人厨子做的大菜好吃，觉得全是口语的满语太鄙陋，甚至觉得箭袖马褂太不美观。许多贵族换上了汉人的宽衣大袖，并且给皇太极上疏，要求皇太极更改服制。

看到《金史》中所记载的那些汉化情景纤毫毕现地复现在眼前，皇太极毫不困难地预见到了全盘汉化的可怕前景。崇德元年（1636年）十一月，他专门召集满族全体贵族到皇宫中，命人宣读《金世宗本纪》，给他们讲解了金代女真人的汉化历史。他对大家说：我听了金世宗关于不要汉化的说法，殊觉心往神驰，耳目倍加明快，不胜叹赏……金世宗即位后，奋图法祖，勤求治理，唯恐子孙仍效汉俗，所以预先做出禁约，屡屡以“无忘祖宗”来教训后人。衣服语言，悉遵旧制，时时练习骑射，以备武功。然而金世宗虽然垂训如此，但金代后世之君，还是渐至懈废，忘其骑射。至于哀宗，社稷倾危，国遂灭亡。

皇太极又说：前些天儒臣巴克什达海、库尔缠，屡劝朕改满洲衣冠，效汉人服饰制度。朕不从，他们辄以为朕不纳谏。朕今天试设为比喻，比如我等今天于此聚集，宽衣大袖，左佩矢，右挟弓，忽遇硕翁科罗巴图鲁劳萨挺身突入袭击我等，我等能御之乎？若废骑射，宽衣大袖，待他人割肉而后食，与尚左手之人何以异耶？朕废此言，实为子孙万世之计也，在朕身岂有更变之理？恐日后子孙忘旧制，废骑射以效汉俗，故常切此虑耳。

还没有真正占有汉地，皇太极就已经给出了如何面对汉化的答案。他认为，汉化与保持满族特色，是满族发展壮大的双翼，二者必须保持平衡，执两用中，缺一不可。为此，他定下了“提倡国语”“不废骑射”“不改衣冠”“严禁奢侈”的国策。应该说，这是一个有远见的方针，三代少数民族的学费看来没有白交。

·3·

当满族人进入山海关时，他们牢记着皇太极的话。这些皮肤黝黑、满面风霜的汉子骑在马上，惊讶地注视着从黄河到长江再到珠江这个广大帝国景象的雄伟壮丽与千变万化，观察着道路两旁那些高大美丽结构各异的汉地建筑，好奇地打量着那些在他们马前文质彬彬而又胆战心惊的汉人。这些由“獾”率领着的“胎盘”和“尿炕的孩子”及“烂眼皮”们，心态颇有点微妙。他们既羡慕又轻蔑，自信的同时又有提防。对于汉人创造的这样辉煌灿烂的文化，他们不能不钦佩，而这样精美的文化也不能保护汉人免于被征服，也不免使他们的钦佩里又羼进了深深的怀疑。

不论是钦佩还是怀疑，形势要求他们必须进一步汉化。

汉化之所以不可避免，首先在于他们不想避免。这些“野蛮人”提着脑袋杀进山海关，并不是为了到长江和黄河里捕捉大马哈鱼。他们期望领略传说中美如天堂的苏杭美景，期望品尝据说精美绝伦的中国菜式，期望欣赏优雅、精致的昆曲南音……这个民族被历史证明是中国历代边疆民族中进取心最盛、征服欲最强、生活欲望最炽烈的一个。他们对扑面而来的崭新的一切都充满了兴趣。为了充分享受他们的征服成果，他们在穿越土石城墙后必须突破文化城墙。

汉化更有力的动力则是忧患意识。汉族的人口规模令满族人震惊，在进入了汉地之后，他们才对本民族的“小”有了直观地认识。精明的满族人深知，以百万之众统治这个世界上最大、最聪明的民族，他们只有竭尽全力，一时一刻也不能松懈。汉人顺从外表下掩藏着的敌意迫使他们必须深入汉文化，以掌握汉人心理，学习统治汉人的技术，精通汉人社会的运转规律。

因此，在征服了汉地之后，这些只会蹦几个简单汉语单词的满族人又开始了雄心勃勃的新的征服：征服汉文化。

在战场上，满族人个个是条汉子。在书本的世界里，他们也是一样的刚强和血性。

就以皇帝为例吧。出生在关外的顺治皇帝于征尘中度过了童年，亲政前也没有机会系统学习汉语，以至于十四岁亲政时根本看不懂臣下的汉文奏折。这个好胜心极强的小皇帝发下宏誓，要不惜一切代价掌握汉语。他给自己定下规矩，“每晨牌至午理国家大事外，即读至晚”，五更又“起读”，这样的苦读生活持续了九年。过度的疲劳严重地损害了他的健康，使他患上了肺结核，竟致吐血：“读了九年，曾经呕血。”

康熙皇帝在学习异族文化时表现出来的勤奋和顽强一点也不亚于他的父亲。他自述自己的学习经验时说：“日所读者，必使字字成诵，从来不肯自欺。”一次南巡途中，泊舟于燕子矶，康熙夜读至三更，仍不肯释卷。侍从们劝他旅途辛苦，“圣躬过劳，宜少节养”。康熙听后作答：这是从五岁开始养成的习惯，“乐此不为疲也”。

从康熙时起，清宫对皇子的教育定下了严格的规矩：每天早上四点，皇子们就要起床，到无逸斋开始几乎不间断地六个小时学习。两个小时的午休后，下午一点到七点，他们要集体练习骑射，锻炼身体，复习及考试上午所学内容。皇子们每天习文练武的时间长达十三个小时，天天如此，“无间寒暑”。

知道了这些，我们就不会奇怪为什么是这些异族皇帝成了中国历史上对汉文化掌握得最炉火纯青的统治者。他们的书法、诗文，比绝大部分汉族皇帝还要漂亮、精彩；他们对中国哲学的研究和体会，比绝大多数汉族知识分子还要深刻、透彻。

上帝从来都乐于奖赏那些勇于付出的人，他不会因为这些人是异族就少给他们回报。对汉文化前所未有的深入探索，奠定了清代统治成功的基础。在这个基础上，他们成功继承和光大了汉人的政治传统，全面借鉴吸收了历代汉族帝王的统治经验，熟练地掌握了汉人积累千年形成的统治技术。

· 4 ·

然而，相比吸收，满族人做得更出色的是对汉文化的拒绝。

皇太极的子孙们比他有更多的机会来观察汉人。虽然生活在汉族皇帝留下来的皇宫里，他们从来没有忘记自己的异族血统。他们的朝服上配有披肩箭袖，帽子上饰有花翎，高坐在太和殿那把汉族帝王坐过的巨大龙椅上，注视着眼前跪着的群臣：左边，是满族亲贵；右边，是汉族大臣。这个位置很利于他们敏锐地观察和判断这两种文化的异同。

从康熙到乾隆，这些精明的满族皇帝一直留心观察着汉人的种种表现，留下了许多关于满汉对比的颇有意思甚至颇为精彩的点评。当然，作为征服者，他们的眼光夹带着种种偏见，语气中充满轻蔑和歧视，然而毕竟旁观者清，今天再来回顾他们的种种观点，也许并非没有一点借鉴意义。

三代皇帝在总结满族人的优点时，都要提到“笃实”“质朴”。他们说“满洲本性朴实”，“惟我满洲本习纯一，笃实忠孝”，“我满洲人等，笃于事上，一意竭诚孝于父母，不好货财，虽极贫困窘迫，不行无耻卑鄙之事，此我满洲人之所长也”。

应该说，他们的总结距离事实不远。

清初那些越过山海关的汉人，往往对东北人的好客极感惊异。南方人王一元在《辽左见闻录》中记载说：辽东之人，风俗古朴，行商旅客有过门求宿者，主人必然杀鸡宰猪热情相待，还会准备草豆来饲喂马骡，根本不问客人之何来何往也。次日早晨，如果你拿带来的土特产馈送，他们会接受；或者仅仅道声谢就走，他们也很高兴；如果你送他们银钱，则坚决不要。顺治十五年（1658年）来到东北的张缙彦也描述说，在东北，行走百里往还不用带粮食，牛马不携草粟，随便找个人家就可以投宿，如同老相识一样。主人家有什么就拿什么来招待，不要求你回报，也不自认为是做了什么好事。

今天我们还可以从东北人的热情豪爽中，瞥见最初这些土著祖先的遗风。那个时候的满族人，和今天生活在草原上的蒙古人一样，语言笨拙，笑容朴实。他们有难则相互救助，有获则彼此平分。《柳边纪略》记载满族人围猎后，“所得禽兽，必饷亲友”。他们还没有进化出带有斤斤计较、相互提防的聪明。

与此相反，汉族人则在数千年激烈的生存竞争中发展出了异常复杂、精妙的生存技巧。满族皇帝对汉人的第一印象就是“心机太深”“人心不古”。康熙皇帝晚年对诸皇子说：“朕临御多年，每以汉人为难治。”

康熙总结他和汉人打交道时的感觉说：“大约观汉人虽似易，而知之却甚难。凡其所言，必计及日后，易于变更。”就是说，汉人看起来很好交往，但知心很难。他们的一言一行，往往背后隐藏着深远的算计，常常表面一套，背后一套，叫人难以捉摸。康熙常批评汉人为人行事缺乏原则，唯以取巧为能：副都御史许三礼向朕举荐熊赐履。当熊赐履被批评时，那些汉官也纷纷说他的坏话。而今见朕要起用他，又纷纷来说他的好话……以此观之，汉人行径殊为可耻！

在谈到汉地社会不安不好时，康熙也将之归因于汉人道德沦丧。他说“汉人胆大，无所不为”。他把蒙古人的“忠厚”与汉人的“浇漓”进行对比：“蒙古终年无杀伤人命之事，即此可见风俗淳厚。中国各省，人命案件不止千百，固缘人多，亦习尚浇漓使然也。”确实，终清一朝，因为蒙古的“淳朴”与满族相类，清朝统治者对蒙古人的信任好感超过其他民族。

在历代满族皇帝中，雍正的精明强干、伶牙俐齿可谓首屈一指，然而他对汉人的精明同样退避三舍。他说汉官们笔头太厉害，“一字一言，皆怀诡谲”。在阅读他们的奏折时，他总是分外小心，力求读出字缝中的内容，以免“被人耻笑了去”。他对汉大臣坦率地说：“向来尔等之春秋，朕所深畏，一字一意，朕不能忽也。”

与康熙帝泛泛批评汉人“习尚浇漓”不同，雍正帝对汉人的批评更有现实针对性和政治实用性，他对汉人的恶感主要集中在“巧宦”“乡愿”，即太会做官，太会做人。他说，满族官员往往实心任事，不怕得罪人，而汉官们外表和善，内心滑头。他们把主要心思花在庇护下属，为小集团谋利上，遇事不讲原则，不从大局出发。他认为，有一些封疆大吏，依恃自己平日操守颇廉，以为可以博取名誉而悠悠忽忽，对于地方事务，不能整饬经理，苟且塞责，姑息养奸。这些“巧宦”，所害甚大，都是因为他们平日模棱悦众、违道干誉之所致也。整个雍正一朝，皇帝一直努力打击官员中的“乡愿”“油滑”之风，对于那些“以缄默为老成”“以退诿为谨慎”，把心思全花在保住自己禄位的人，批评处理起来毫不留情面。

清代皇帝认为，和汉人比起来，满族人另一个主要优点是“务实”“不务虚名”，虽然读书不多，但立言起行，实际操作能力强。汉人中的一些人则读死书，死读书，“凡事不务实为要，专尚虚名”。

康熙皇帝评价说：“汉官但能作无实之文，说现成话，至军务大事，并不能尽职。”他对道学家尤其厌恶，私下里和大臣们说：“那些讲道学之人，在家中危坐，但可闲谈作文，一有职任，即有所不能。”雍正皇帝也说，有些举人进士出身的汉官只能“记载数篇腐文，念诵几句史册”，讲假道学，不能务实政。

乾隆皇帝是大清开国以来汉化程度最深的帝王。他一方面沉浸在汉文化中，尽情地享受汉文化带来的乐趣；另一方面对汉人的“务虚”“无用”却深为鄙视。他说满族人一旦脱剑学书以为风雅，则会像汉人一样“相率入于无用”，所以他“诚恐（满人）学习汉文，不免流于汉人浮靡之习”。他勉励满族人保持“不务虚名”的传统，“勿忘根本，习彼伪习”：“满洲本性淳朴，不务虚名，即欲通晓汉文，亦不过学习清语技艺之暇，略为留心而已。近日满洲熏染汉习，每思以文墨见长，并有与汉人较论行辈同年往来者，殊属恶习。”

这些盛气凌人的满族统治者当然有以偏概全之嫌，但也确实一针见血地指出了中原王朝千余年人才观念和人才选拔机制所积累的弊端。

满汉差别的第三点，他们认为是满族人凝聚力强，汉族人凝聚力差。由于淳朴的民风以及奴隶制的遗存，“满洲风俗，尊卑上下，秩然整肃，最严主仆名分”，“笃于事上，一意竭诚孝于父母”，所以纪律严明，政令畅通。满族人对上级的命令不懂得打折扣，上阵但知向前冲杀。他们也会有内争，不过打过就算，不记旧账，不像汉人那样，表面言欢，脚下使绊。因此，满族人的团结协作能力远远胜于汉人。

汉人的朋党之风是最令进关后的满族皇帝吃惊的政治风景。

朋党政治起源于中原政治的山头主义传统。加入某个山头，紧跟某个人，是在官场上混的必由之路。人们因为不同的利益和见解而分成不同的团体，是社会生活中的正常现象。从这一点来说，中国的朋党之争与西方的政党政治有着相同的起源。二者致命的不同之处在于，西方的政党是在台面上进行交锋，双方按明确的规则光明正大地争辩较量。中国的朋党之争则是在台面下对抗，双方表面上握手言欢，桌子底下却使绊子下死手。朋党政治囊括了中国人在恶性竞争中养成的全部恶习：没有规则，没有底线，没有道德心的约束。

朋党政治的特点用康熙的话来说，就是凡事“从师生、同年起见，怀私报怨，对敌则怀私报复，对友则互相标榜，全无为公之念。虽冤抑非理之事，每因师生、同年情面，遂至掣肘，未有从直秉公立论行事者。以故明季诸事，皆致废弛。此风殊为可恶，今亦不得谓之绝无也”。朋党之风亡了大明，可是在异族的统治下，汉人还是“与人奋斗，其乐无穷”，有时简直就是“为斗而斗”，一日不听点小道消息，不说几句别人的坏话，则茶饭不香。

满族皇帝对汉人热衷于党争感到非常惊讶和不解。康熙皇帝曾感叹汉人党争时所表现出来的生命不息、战斗不止的精神，说：“汉人好寻仇雠，或本人不得报复，其门生故旧展转相报，历数十年而不已。昔年山东、直隶、江南人俱以报复为事，朕犹记忆。”1691 年 11 月，康熙皇帝绘声绘色地论及汉人相互倾轧的情态时说：近见内外各官，间有彼此倾轧者，党同伐异，私怨交寻，牵连报复。或已所衔恨，而反嘱他人代为参收，阴为主指，或意所欲言，而不直指其事（而是以他事），巧陷术中。虽业已解职投闲，仍复吹求不止，株连逮于子弟，颠覆及于身家。言语之中，深恶痛绝之意毕现。

从康熙到乾隆，皇帝们都把朋党政治列为前朝留下的头号政治恶疾，生怕这种政治癌症涣散了清王朝的统治能力。

·5·

作为鲜卑、女真和蒙古的继承人，满族皇帝们决心要比前辈做得更好。在清晰地观察了满汉两种文化的优缺点的基础上，他们确立了自己对汉文化的方针，那就是：既入得进去，又跳得出来。他们要把满族文化和汉族文化中最精华的一面融合起来，如同锻钢一样，要保证碳和铁的比例，把自己铸造成硬度和弹性俱佳的极品好钢。用他们自己的话来说，就是“合满汉如臂指”。

这就决定了满族人面对汉文化的态度：既吸取，又拒绝。他们要吸收汉文化中炉火纯青的专制统治经验和灿烂的文采风流，同时又要拒绝那些富于侵蚀性的缺点，比如务实能力差、窝里斗以及懦弱。对他们来说，拒绝在一定程度上比吸取还要重要。

为了防止满族武士丧失尚武气质，进关之后，他们采取了历代少数民族所没有采取过的决绝措施：实行满汉隔离。从龙入关的满族人被分派到全国二十余处战略要地，或者在旧城内划地居住，以界堆为标志，在满人与汉人中间留出隔离带；或者在当地修建满城，与汉人完全隔绝。为避免他们“沾染汉人习气”，满城城门由驻防将军直接掌管，鸡鸣而启，鸡眠而闭，汉人无故不得入内。满人没有特殊任务，则不得离城超过二十里，否则以逃亡罪论处。不仅满汉不许通婚，满族军人死后，不论驻地在何处，都必须回北京旗茔安葬，其寡妇也必须回京居住。甚至如广州那样数千里之遥也不能例外。

满族皇帝对保持自己身上的尚武精神更为警醒。与那些性喜端居的汉族皇帝不同，满族皇帝以好动闻名。他们常年跋涉在外，不断地亲征、行围、巡视各地。他们惧怕皇宫中舒适的座椅软化了自己的骨骼，惧怕中原的美酒冲淡了遗传自祖先的热烈奔放的血液。

不要认为皇帝们都是旅游爱好者。在那个朝代，即使贵为皇帝，外出旅行也是一件艰苦的事情。康熙二十一年（1682年），传教士南怀仁曾荣幸地随皇帝东巡，从他的详细记载中，我们了解到皇帝的旅途远远谈不上舒适。在有些地方，由于没有道路，“皇帝、小皇子以及全体贵戚，不得不经常在泥水中徒步前进”。在这样艰苦的行程中，皇帝还要自找苦吃，“在近三个月的行程中”，皇帝“一日也不停留地追逐着野兽”。南怀仁有一天受邀参加了一次皇帝的猎虎行动，“同皇帝一道登高山，涉深谷……在这样的激烈的活动之后，尽管过一段时间是有些适应，每当傍晚回到帐篷，我从马上下来，都是几乎站不住，疲惫不堪”。

担心丧失“国语”“骑射”的民族传统，是历代满族皇帝一个持续的焦虑。每一个皇帝都不断命令、号召、强调满族人一定要勤习国语骑射。从康熙的“一入汉习，即大背祖父明训，朕誓不为此”，到嘉庆的“我八旗满洲，首以清语、骑射为本务，其次则诵读经书，以为明理治事之用”，这种强调几乎达到了“天天讲、月月讲、年年讲”的程度。为了保持满族的军事优势，康熙帝频频举行秋弥大典。在行围过程中，对那些懦弱不前、武功不佳者严加惩罚，虽亲贵不免。雍正皇帝虽然本人武功不佳，但是对于保持满族人的武勇本色屡下严谕。为了保持祖先遗风，乾隆皇帝做了一系列严格的规定，最苛刻的一条是规定满族的高级大臣上朝时不许坐轿，只能骑马，以提高他们的骑乘本领。考察历史，我们发现，清代皇帝维护民族传统的种种措施的坚定性、连贯性和有效性，都远远超出他们的先辈民族。

·6·

如果仅仅满足于保持“清语骑射”之类的外在形式，那么满族人只不过比他们的先辈民族取得了量上的进步。事实上，满文化对汉文化的拒绝，更引人注目之处，是对汉文化核心精神的拒绝。

汉文化的核心精神之一是“守旧”。汉人头脑里的世界是一个已经被圣人之言烛照得一清二楚不再有任何悬念的世界。圣人浩如烟海的教诲如同一条条绳索，束缚了汉人的想象力和创造力。他们做任何一件事，都要到古人那里去找依据。如果在现实和“圣人之言”之间出现矛盾，那么错误的永远只能是现实。

满文化的核心精神是“现实”。早在关外，皇太极即说：“凡事莫贵于务实。”他说，读书必须“明晰是非，通权达变”，不能“拘守篇章”。满族之所以以一个边鄙之地的落后小族，成功征服世界上最大的帝国，是因为他们头脑不受束缚，一切判断从现实出发，因势利导，灵活实用。

因为这种与汉人迥然不同的思维方式，文化落后的满族人在征服中国的过程中表现出来的精明、理智，大大超过了文化水平远高于他们的汉族。在后金与明朝争霸的大棋局上，这些“野蛮人”次序准确，招数老到，处处棋高一招。他们头脑中没有汉人那样强烈的忠臣贰臣的概念，在征服汉人的过程中，对那些真心效命者，他们不计前嫌，异常慷慨地给出高官厚禄，并且真的放手使用。此举十分明智地弥补了满族人才及兵力的不足，并且使他们轻而易举地获得了汉人官员的政治经验和社会号召力。在天下初定之后，他们也很明智地对那些在汉人社会中有影响力的前对手实行宽容政策。对于顾炎武、黄宗羲、王夫之、屈大均等反清领袖，只要没有发现他们的现行活动，对以前的反清行为一律不予追究。清王朝允许他们在政治上转弯子，下台阶，听任其保持遗民气节。这种太极政策使这些遗民从激烈对抗渐渐转为平和容忍，最后转向为新王朝文化建设出力，真正从精神上瓦解了反清势力的基础。这种高明的政治手腕，寻常政治家很难参到。

反观大明，从崇祯朝到南明历朝，没有出现过几个真正有眼光、有见识的政治家。那些由饱读诗书的皇帝和进士们组成的汉人统治集团的决策精神里贯穿着偏执、主观。他们的头脑被“名分大义”及书本经验所缠绕，已经丧失了现实感。弘光朝廷建立于危急之际，然而朝廷上下却置军国重事于脑后，反而急着为两百多年前被太祖朱元璋处死的大臣傅友德等人平反昭雪，恢复名誉。南明后期，大西军余部、拥有雄厚兵力的孙可望一心想投奔南明，如果吸纳此人，则必将大大增强南明的力量，然而仅仅因为他是起义军出身，南明朝廷死活不肯给一个他所期望的王爵，最终导致孙可望投奔清朝。政治家们一再下出的诸如此类的大恶手，终于导致汉人政权全盘皆输。

进关之后，满族统治者不断参悟列祖列宗取得丰功伟绩的原因，总结得最深刻到位的，应该是那位骑射功夫十分平常的雍正皇帝。他说：本朝龙兴关外，统一天下，所依靠的，唯有“实行”与“武略”耳。我族并不崇尚虚文粉饰，而采取的举措，都符合古来圣帝明王之经验，并无稍有不及之处。由此可知，实行胜于虚文也。我满洲人等，纯一笃实忠孝廉洁之行，岂不胜于汉人之文艺，蒙古之经典欤?

入关之后，清初诸帝在用人行政上，表现出了汉人王朝罕见的一以贯之的现实感。汉人王朝往往是开国之主创立制度，因革损益。后代君主所做的，往往只能是把一时一事的做法演化成万世不可改易的陈规教条，最终导致名实分离，制度失效，国家灭亡。康、雍、乾三朝，我们所见到的，却是连续百余年间多次不拘定势的政治创新，生机勃勃、充满进取精神的政治态势，以及不断生长、修正、完善的制度演变。

康熙皇帝本人是一个好奇心非常强的人。他是中国历史上首个对西方医学持肯定态度的皇帝，他命人把欧洲的《人体解剖学》翻译成满文、汉文，还命人解剖了一只冬眠的熊，并亲自参与。他鼓励研制西药，以自己的子女及宫中女子为示范，在中国首次推广种痘，预防天花。

在处理国事上，康熙帝也表现出了历代帝王少见的科学精神。自古以来，历朝历代都花费了巨大人力物力苦心经营治理黄河，可是从来没有一个皇帝像康熙那样，派侍卫探查黄河之源，一直上溯到星宿海，往返万余里，并绘制了中国历史上第一幅经过实际踏查而成的黄河图，在实际调查的基础上制定合理的治黄之策。

雍正皇帝是中国历史上著名的“改革皇帝”。这个峻急严厉的皇帝没有遵循汉人“三年无改父之道”的古训，即位之初，就迫不及待地对康熙皇帝因为过于宽仁而遗留的问题痛下杀手，革除积弊。他在短短的十三年间，依据时势变化，大幅度地调整了康熙晚年的政策，相继推出创建军机处、确立密折制度、推行改土归流、实行养廉银改革、废除贱民制度等林林总总的重大改革措施。

雍正的继承人乾隆也是一个不知疲倦的统治者。他审时度势，一改其父挢枉过正的严苛之风。即位一个多月，即连发谕旨，对雍正时期的一系列大案进行了更冷静的、合乎人情的处理，为死者恢复皇室地位，对生者大度开释。同时，停止了雍正毫无希望的井田实验以及种种苛政，实行与民休息。这些举动修正了前帝的偏差，使大清的政治航船驶上了更为平稳的水道。在父祖两代开创的太平基业上，他毫不懈怠，采用铁腕手段，打击党争，严惩腐败，消灭权臣，根除外患，消灭了威胁中国传统政治的种种弱点："前代所以亡国者，曰强藩，曰权臣，曰外戚，曰女谒，曰宦侍，曰奸臣，曰佞幸，今皆无一仿佛者。"最终把大清王朝推向了繁盛的顶点。

·7·

对汉人政治家来说，经典里的每一句话，都是终极真理。满族帝王们却缺乏那样的虔诚与敬畏。进关之后，满族皇帝们在"务实"精神指导下，对汉人奉为"一字不可改易"的神圣政治教条，大胆取舍、主动扬弃，在政治实践中勇敢颠覆了已奉行了千百年的种种金科玉律，给中原政治吹来了一股可贵的清新之风。

传统观点认为，皇帝最主要的职责是给天下人做道德表率，而不是政治事务的具体执行者。一个好皇帝应该高居深拱，清心寡欲，静默无为。孔子说："无为而治者，其舜也与？夫何为哉？恭己正南面而已矣。"荀子则干脆说："君者，论一相。"选好了丞相，就能达到"天子不视而见，不听而聪，不虑而知，不动而功，块然独坐，而天下从之如一体，如四职之从心"的最高政治境界。

这条政治教条也许迎合了那些长于深宫、精神孱弱、常识荒疏的皇帝的需求，然而精力充沛、拥有超强的事业心和进取欲的满族皇帝对此却不以为然。康熙皇帝说："书中之言，多不可凭！"满族皇帝们认为，中原王朝愈演愈烈的朋党政治就是因为皇帝不能自操权柄所致，"盖与其权移于下，而作福作威，肆行无忌，何若操之自上"。因此康熙公然与

“无为而治”的教条唱反调：“天下至大，一念不谨，即贻四海之忧；一日不谨，即贻数千百年之患……古人虽云无为而治，人主不过总其大纲，然一日二日万几，岂皆大纲乎？”

少数民族的强健体魄和充沛精力使他们有能力事必躬亲。对前朝那些缺乏进取心的皇帝来说，繁重的政务是一个难以承受的重压，而对这些满族皇帝来说，工作就是享受。他们就像功率强大的马达，一旦开动，就停不下来。清朝中前期的帝王每一个都日理万机，雍正皇帝更是创造了在位十三年处理公文十九万余件的纪录。皇帝们的乾纲独断一方面强化了专制集权，另一方面也有效地防止了朋党政治，清代成为中国自唐代以来大王朝中朋党政治为害最轻的一朝。

汉人政治的另一个教条，是把道德品质作为选拔人才的最高标准。司马光在《才德论》中说，选人之时，如果遇不到圣人、君子，那么在小人与愚人之间，应该宁可选择无能力的愚人，也不选择有才华的小人，因为愚人清静无为，小人多欲好动。

这个今天看来有点可疑的用人观是和汉人崇尚稳定的世界观相吻合的。对于大部分中原王朝来说，稳定高于一切，省事优于一切。不兴革，忌扰民，是大部分汉人政治家的用人标准。基于这种思路，喜生事的“小人”当然就成为“不稳定因素”：他们的欲望将成为危险的火种，会烧毁秩序的栅栏。

满族皇帝对这个汉人遵循了数千年的原则缺乏必要的尊重。雍正皇帝明确宣布，在才与德的选择中，他的原则与司马光的原则完全相反。雍正的一句名言是：“宁用操守平常之能吏，不用因循误事之清官。”

雍正皇帝极为讨厌那些只会循规蹈矩、毫无进取心的“循吏”。他认为，庸碌安分、洁己沽名之人，驾驭虽然省力，却有误事之弊。要用有才情的人，当然要费些心力。他最信任的满族大臣鄂尔泰发挥他的思想说：朝廷设立官职，原是为了做事的，不是为养闲人。如果能做事业，虽然是小人，也应该爱惜教导。如果没有能力，虽然是善人，也应该调离他处。

其见解之所以与司马光的截然相反，玄机藏在主张“唯才是举”的曹操的一句名言当中：“治平者尚德行，有事者赏功能。”不求进取者崇尚德行，希望有为者任用贤能。

早期的满族帝王没有一个是安于现状之人。他们都渴望在父祖的基业上创造更宏伟、更辉煌的治绩。所以他们自然要任用那些能为他们冲锋陷阵、披荆斩棘的才能之士。雍正在位十三年，所用之人，多是李卫、鄂尔泰这样，有个性、有才华，做事大刀阔斧，不避辞让之人。这些人都不免有各种各样的缺点，甚至是比较严重的缺陷，比如有“贪名”,“生活作风”不好以及粗暴任性，皇帝们却能做到不避嫌疑，用其所长。他们需要这些人为他们解决一个又一个具体的政治问题，而不是宣讲那些陈陈相因的道德教条。由于这种用人思路，清初政治人才辈出。从明珠、费扬古到鄂尔泰、福康安，都才具千钧，精明老辣。康乾盛世的出现与这些非凡之才的不断涌现是分不开的。

满族皇帝们颠覆的最重要的一个政治信条是“嫡长继承制”。

大多数中原王朝都将“嫡长继承制”奉为“万世上法”。这种以出生顺序而不是个人能力为标准的选择方式无异于把天下人的幸与不幸寄托于撞大运，如果这个嫡长子无才或者缺德，则天下很容易陷入混乱纷争，给百姓带来深重灾难。历史上幼童、白痴、昏庸之徒不断登位的实例，一再证明这种听天由命的做法非常幼稚。然而，这种幼稚的方法其源有自，盖因专制社会之中，保持政治稳定的关键在于抑制竞争。嫡长制即为抑制皇族内部的活力而设。在稳定高于一切的原则下，这是最好的选择。

满族皇帝们却拒绝了这个汉人社会相沿千年的“万世上法”，坚决实行自己从关外带来的“立贤制”，并在此基础上创造性地发明了“秘密建储制”，最有效地解决了困扰中国政治数千年的难题。皇帝们十分清楚这一制度是决定王朝兴衰的关键，乾隆皇帝担心后代“泥古制而慕虚名”，“用俗儒嫡长迂谈”，特意预先留下旨意，说：“立储一事，如井田封建之必不可行，尚有过之。将来书生拘墟之见，必有心生窃议……即亿万年后，朕之子孙有泥古制而慕虚名，复为建立之事者……彼时始信朕言之不爽。”

事实证明，立贤不立长是这个少数民族政权能一直保持活力的秘密所在。清代皇帝们的意志力、活力持续接力时间之长在中国王朝史上是绝无仅有的。

在清代皇帝所有的大纲大法中，最能体现这些皇帝们异族特质的，是他们对待少数民族的思路和措施。

一般情况下，汉族与周围民族的战争，都是少数民族主动挑起的。汉人对待少数民族，通常只有一个办法，那就是“羁縻”。也就是说，被动应付，委曲求全，用金钱和布匹收买。他们对这些边疆民族缺乏好奇心，从来没有认真研究过这些野蛮人在何种情况下会内犯，何种情况下才归顺，他们部落之间及部落内部是什么关系。

明太祖朱元璋是这种“和平主义”的典型代表，他在其遗训中再三强调指出：“四方诸夷皆限山隔海，僻在一隅，得其地不足以供给，得其民不足以使令。若其不自揣量，来扰我边，则彼为不祥。彼既不为中国患，而我兴兵轻伐，亦不祥也。吾恐后世子孙倚中国富强，贪一时战功，无故兴兵，致伤人命，切记不可。”

满族皇帝对边疆却一直充满欲望和好奇。清代是一个充满扩张冲动的王朝，在处理边疆问题上，满族皇帝眼光远大，不避艰险，总是采取更为积极主动的办法，把威胁解决在萌芽状态，而不是等它们成长壮大起来，再去被动应付。从康熙对付噶尔丹，到乾隆开疆拓土，都是如此。按汉人的传统政治观点，他们完全没有必要如此大兴兵马，耗费如此巨大的财力人力，来处理并不是迫在眉睫的威胁，然而，历史证明他们是有远见的。连续三位皇帝用兵于边疆，所取得的成就甚至惠及今日。

事实上，清代帝王的领土观和汉人帝王是不同的。汉地只占他们帝国版图的一半，汉地对清代皇帝来说，远不是统治的重心。他们花费了巨大精力，来研究和琢磨地广人稀的另一半的政治布局。正是因为自己本身也是少数民族，所以他们对这些边疆民族的心理深有研究，也始终以中国历史上从没有过的理智、精明、有效的方式统治着这些地区。好几位帝王都精通蒙、藏、维等少数民族语言，他们对这些少数民族的历史、传统、社会现状了如指掌，治理起来能抓住要害，条分缕析。在西藏问题上，他们高屋建瓴，进一步树立达赖喇嘛的权威，以此作为控制藏人和蒙古人的精神武器。不过西藏活佛们获得恩惠，也并非毫无代价，清统治者由此拥有了确认转世活佛和任命高层僧侣的权力，从而牢牢地把西藏社会控制在自己手中。在蒙古问题上，他们把蒙古分为林立的旗地，让他们互不统属，成功地破坏了那些自治权力和威望萌生的源泉，并确立自己为世俗的权威，成为“众汗之汗”。对穆斯林，他们十分高明地将东干穆斯林从甘陕迁入新疆，利用他们对抗突厥语族的穆斯林，从而成功地获得了新疆的稳定。

· 8 ·

打算步入婚姻的恋人，永远面临风险。在未来，夫妻之间有可能琴瑟和鸣，也有可能相互消耗。

同样，两种异质文化的深入接触，前景也总是蕴含着巨大的不确定性。结果有可能是培养出综合了双方优点的漂亮的混血儿，也有可能是生出结合了双方缺点的低能儿。

自从有民族以来，如何对待其他民族的文化，就是考验每一个民族智慧、决定每一个民族命运的首要问题。1920 年，英国学者罗素在《中国问题》中说：

> 假如中国人能自由地吸收我们文明中他们所需要的东西，而排斥那些他们觉得不好的东西，那么他们将能够在其自身传统中获得一种有机发展，并产生将我们的优点同他们自己的优点相结合起来的辉煌成就。

有学者对这句话进行解释说：“罗素最幽微深刻的话，其实是这一句：在‘自身传统’中寻得一种‘有机发展’。任何的‘急遽变化’必须在‘自身传统’的生态环境中进行，而不是把‘自身传统’摧毁，空中起新楼。”

从 1616 年到 18 世纪中叶，也就是从满族崛起到乾隆中叶，清王朝的统治者们不自觉地实践了罗素的话。那个时期满汉文化的结合，创造了文化融合史上一个非常成功的先例。他们自由地吸收了汉文化中“他们所需要的东西，而排斥那些他们觉得不好的东西”。他们坚定地维护了民族精神的内核，并且在其“自身传统中寻得一种有机发展”。这种结合了满民族“务实”“进取”精神和汉民族数千年积累的统治经验的新型满族文化，具有巨大的杂交优势。恰到好处的汉化取得了“辉煌成就”：康乾盛世。这一盛世，在史学家高翔看来：如果把康乾朝代和三代以降号称盛世的其他各个时期相比，就会发现，无论是在繁荣的质上还是量上，它都远逾前代，具有集大成之势。……康乾盛世无论从政治上、经济上还是学术文化上，都显示出中国传统社会已经达到了登峰造极的鼎盛状态。

谁能想到，中国历史和中国文化大总结式的极峰，居然是由一个原本文化极为落后的边鄙异族创造的？

当然，作为以天下为私产的专制者，康雍乾三代帝王努力的终极指向，不是天下万民的幸福康乐，而是一己王朝的万世太平。因此，他们一方面有效解决了民生问题，另一方面也高效推进了严密、严酷的专制制度。由于他们的精力充沛和才华横溢，由于他们的实事求是精神和完美主义追求，他们把禁锢了中国几千年的专制政体修补、加固、完善得更加牢不可破。在满族统治阶级的意志获得最大张扬的同时，天下万民的最后一点自由呼吸的空间也被剥夺了。因此，康乾盛世是不可持续的盛世。

在东方的统治者竭尽全力禁锢人民的同时，西方世界的人们却正在致力于并且成功地把统治者锁进了笼子。这中西历史进退一升一降的关键点，恰是发生在康乾盛世这个中国政治机器最有效率的时期，正所谓“塞翁失马，焉知非福”。

四 不可避免的沦陷

·1·

几千年来，边疆民族如同注入湖泊中的活水一样，通过不断入侵给死气沉沉的中原王朝输入活力。可惜，由于湖泊的巨大以及湖盆的封闭，活水的冲击力毕竟是有限的。涟漪消失后，一切很快又会恢复如初。

适度汉化很快会被证明是未充分汉化和过度汉化之间的一种短暂的不稳定状态。只不过满族皇帝通过卓绝的意志接力延长了这个瞬间，然而满族人的精彩表现不过如孙悟空令人眼花缭乱的筋斗云一般，最终只是证明了如来佛的法力无边。只要保证足够长的时间，在这片封闭的东亚大陆，任何文化都逃不脱过度汉化的命运。

·2·

相比骑射,“国语”更难保持，因为它超出了意志力所能控制的范围。

虽然满族通过在大分散中采取小聚居的方式来保持民族特性，但这种方式毕竟不能隔绝满汉的接触。文化落差过于巨大，人口对比也过于悬殊，注定了处于原始阶段的满语在积累发育了数千年的汉语面前缺乏起码的抵抗能力。

最早忘掉满语的是北京的满族人。刚刚进关的时候，“舌人”是各个机关中最为举足轻重的角色。离了这些职位卑微的人，满族权贵就成了睁眼瞎，然而，入关不过二十几年，这些“稀缺人才”却纷纷失业了。原来，几乎所有的满族官员都已经能说一口漂亮的北京话。康熙十年（1671年），朝廷降下谕旨，取消了政府中的翻译编制：“今各满洲官员既谙汉语，嗣后内而部院，外而各省将军衙门通事，悉罢之。”

和官员们相比，普通满族人掌握汉语的速度要慢一些，但这也仅仅是相对而言。康熙后期，北京胡同里那些满族人已经开始操“京片子”，“闾巷则满汉皆用汉语，从此清人后生小儿多不能清语”。

在帝国各地耗费巨资建起的“满城”，也丝毫无助于防止汉语的入侵。虽然百般防范，然而满族军人毕竟不能不与周围的汉人打交道。一旦接触，汉语的魅力就不可阻挡。从听评书、听地方戏开始，到请老师教孩子学“四书五经”，满语在满城里越来越式微。雍正十一年（1733年）广州将军柏之蕃向皇帝汇报驻守广州的满族人的满语退化情况就颇具典型性：驻防官兵于康熙二十二年（1683年）分驻广州，其子弟多在广东生长，非但不曾会说（满语），亦且听闻稀少，耳音生疏，口语更不便捷。即便有聪颖善学习者，又因不得能教之人为之教习。即便是正在学习的兵丁，除本身履历之外，只有单词片语尚能应对，如问相连之语，则不能答对。

最让皇帝无法接受的是，被皇帝用柳条边围起的“龙兴之地”东北也渐渐被汉语侵蚀。“满洲根本之地”原本“人人俱能清语”，然而乾隆十二年（1747年），东巡沈阳的乾隆皇帝在召见当地满族官员时，发现这些地地道道的满族人居然“清语俱属平常”。显而易见，他们已经开始使用汉语。满语的应用每况愈下，至乾隆十七年（1752年），皇帝在接见盛京笔帖式永泰和五达二人时，发现他们“清语生疏”竟然已经到了“不能奏对”的水平。

·3·

满语的失利不能归因于执政者。皇帝们其实已经竭尽全力了。他们大脑中的“国语”这根弦从来就没有放松过。雍正六年（1728年），当偶然听见身边的护军用汉语相互开玩笑，“以汉语互相戏谑”时，皇帝表现得十分震惊。他当即召集众侍卫，予以严厉批评，教训他们“嗣后各宜勉力，异其习气，以清语、拉弓及相搏等技，专心学习”，而且小题大做，把这件事写进谕旨，郑重诏告所有满族人，以示防微杜渐的决心。

满语的急剧衰落发生在乾隆中期。这个心高气傲的大皇帝当然不能容忍祖先的语言在自己任期内衰亡。在清代各位皇帝当中，乾隆是对满语要求最严格的一个，为了维持满语的地位，他采取了几乎所有能够采取的措施。即位初期，他听到“宗室、章京、侍卫等……在公所俱说汉话”，即下决心进行整顿，谆谆告诫族人：在办公处或者满族人碰面聚集时，不可说汉话，应说清语，在办公处清语尤属要紧。他命令这些侍卫抓紧学习满语，并且亲自进行考试，“其优等者，格外施恩。傥仍不学习，以致射箭平常，不谙清语者，定从重治罪”。他命令王公大臣给自己的孩子聘请满语文教师。不能请老师的，必须把孩子送到宗室学校学习。在每年举行的两次考试中，“如有不能清语者，在学则将管理宗人府王公教习治罪，在家则将其父兄治罪”。

乾隆皇帝是第一个把满语水平和仕途升迁挂钩的皇帝，在例行考核官员的年份，“必须清语熟习，办事妥协者，方准保列为一等。其不能清语者，办事虽好，亦不准保列”。在批阅满族官员的奏折时，乾隆皇帝非常注意其满文水平，一有瑕疵，即大加挑剔，有的官员甚至因此被罢官夺职。

整个乾隆一朝，类似举措何止千百。然而，这些举措对满语式微的大趋势几乎没有起到任何挽回作用。当然，皇帝的努力也并非没有丝毫影响，在汉语的强大冲击力和皇帝们一道道严厉谕旨的挤压下，满语沦落到了这样一个尴尬的境地：作为学习和社交工具，满语已经失掉了实际功用。几乎所有的满族人在日常生活中都不再使用满语。可是，对于那些在官场上行走的满族人来说，满语又是一块必不可少的敲门砖。为了谋个一官半职，许多满族人如同现代人学外语一样，拼命学习满语，然而，“旗人在京与汉人杂居年久，从幼即先习汉语。长成以后，始入清学读书，学清语，所以清语难熟言矣”。大部分人只能死记硬背一些满族词汇，以便必要时能拼凑出一篇还看得过去的“清语履历”，用来应付上司考核。

因此，从乾隆中期开始，虽然大部分满族人都能说上几句满语，然而这种满语和那种生长在白山黑水间的地道满语已经是两个味儿了。地道满语“语质而练”，而这种没有语言环境，完全为了功利目的而学的满语“语文而散”，已经失去了满语的真精神。满语此时已经变成了一个空壳，一种死语言或者说是语言植物人。

· 4 ·

语言对一个民族来说，就如同角之于鹿，牙之于虎，翎毛之于孔雀，奠定和标志着这个民族的独特性。对一个民族来说，失掉语言，几乎意味着失掉一切。

语言的重要性在于它决定了一个民族的思维方式、认知方式，甚至因此决定了一个民族的自我意识和世界观。任何一个民族的语言文字都有其深厚的民族精神的积淀，用俄国教育家乌申斯基的话说，“在民族语言明丽而透彻的深处，不但反映着祖国的自然，而且反映着民族精神生活的全部历史”。

如果老虎长出了羊的宽大臼齿，那么它就只能以草为食，并且用羊的方式思考。如果一个民族改用了另一个民族的语言，那么其心理特质、气质和性格，都会随之改变。正是在这个意义上，于漪先生断然说“舍弃母语就等于亡国”。

因此，清朝的衰落恰恰萌芽于在满语被彻底弃用的乾隆中期，并不是一个历史的巧合。

· 5 ·

乾隆的继承人嘉庆皇帝是汉语环境里长大的第一位满族帝王。他出生的乾隆二十五年（1760年），正是满语从满族人日常生活领域全面退出的时期。在他的周围，不但太监乳母都说一口京片子，连那些教他武功骑射的谙达们也说不了几句完整的满语。虽然在皇帝的严格要求下，他也会说“文而散”的满语，但已经不能用满语进行思维。因此，汉语自然就成了入关后第五位皇帝的母语。

在乾隆诸子中，嘉庆皇帝以酷爱读书而闻名。从六岁开蒙到三十五岁即位，他在书斋中度过了近三十年的光阴，日日沉醉书海，经常深更半夜，还手不释卷，要太监再三劝阻，才肯熄灯就寝。他所读的，当然全都是《礼》《易》《春秋》及宋儒性理诸书，至于闲词小说，从不寓目。当时来京朝贡的朝鲜使臣向他们的国王汇报说：“十五王（即嘉庆）饬躬读书，刚明有戒，长于禁中，声誉颇多。”这个左挑右选了数十年才最终确定的继承人看来没有辜负老皇帝的期望，亲政之后，他的勤政丝毫不亚于父祖，节俭和自律甚至超越了列祖列宗。从各个方面来说，这位身材健壮、仪表端正、学识丰富的壮年皇帝都完全符合一个传统优秀皇帝的标准。

不过，这个模范皇帝的二十五年统治，却是清朝政治史上前所未有的万马齐喑、死气沉沉的灰暗时期。乾隆后期，大清王朝已经积累了一系列严重的社会问题。嘉庆年间，这些问题不但没有得到有效解决，反而进一步发展、恶化，以致积重难返。这位勤奋的皇帝眼看着曾经无比辉煌的王朝在下坡路上无望地下滑，眼看着那些必将导致王朝灭亡的危机萌芽不断成长壮大，却拿不出任何有效的解决措施。在他统治的二十五年里，清朝渐渐被腐败和低效掏空了身子，待到后来东南沿海的一声炮响便轰然倒下。

问题就出在精神气质和思维方式上。

· 6 ·

满族特有的思维方式、认知习惯和精神气质曾通过语言这个渠道，不间断地在帝室中传承。一直到乾隆以前，龙椅上坐着的都是勇于开拓、喜欢挑战的人。皇太极以一隅之地，不自量力地逐鹿天下；康熙以初生牛犊不怕虎的精神，主动挑起与三藩的生死决斗；雍正皇帝放着太平皇帝不当，进行艰巨的政治改革，发誓要“将唐宋元明积染之习尽行洗濯”。甚至在汉化最剧烈之时，乾隆皇帝身上的这种进取之气也毫不弱于他的祖辈。乾隆二十年（1755年）在天下承平之际，他冒着几乎全体朝臣的反对，毅然决定出兵西北，以举国之力，经过五年苦战，消灭准噶尔部，为中国新增了一个新疆省。“中国的武功，从成吉思汗以来，还没有谁能如此一举荡平两万余里，深入中亚腹地，军威远被不毛。”

可是到了嘉庆皇帝时，这种进取精神已经荡然无存。母语的转变使嘉庆之后诸帝与祖辈之间出现了一道跨不过去的鸿沟。满族的民族精神的传承因为思维方式的变化，出现了无可挽回的断裂。汉文化封闭、完足、先验的世界观通过多年一板一眼的正规教育轻而易举地征服了那些在锦衣玉食中长大的年轻皇子。

世界在以汉语为母语的皇帝眼里不再是一个未知，而是已知；不再是变化的，而是固定的。他们以“法先王”“遵古训”为最佳执政方针。他们认为，伟大的祖先们已经做到了尽善尽美，给一切都留下了解释，为一切制定了定式。到他们这个时代，做皇帝是件很简单的事，那就是按照祖先定下的规矩，一丝不苟地去执行罢了。

嘉庆十六年（1811年），皇帝作了一篇《守成论》，系统总结了他的为政思想。他开宗明义即说：列祖列宗所制定的成规，后世子孙必须固守而不易。盖因创业之君，殚心竭虑，陈纪立纲，法良意美，已经尽善尽美。后世子孙应当谨守先人法则，以祖宗之心为心，以祖宗之政为政，每件事都遵循祖宗成例，守之不变，则天朝基业必可传于万世而不坠也。

接下来，他谈到自己读中国历史所得出的结论：历观汉唐宋明诸朝的历史，每见王朝中期，皇帝们不思开创艰难，自作聪明，妄更成法。皇帝一旦存心要改革，即有贪功之小人上前怂恿，纷纭更易，多设科条，必至旧章全失，新法无成，家国板荡，可不戒哉？因此，他强调：“不守祖宗成宪，先不以祖宗为是，其心尚可问乎？若存此念，天必降殃。”

嘉庆二十五年的统治，确乎也一丝不苟地遵循着“守成”的原则。本来，嘉庆皇帝所面对的社会环境与前代任何一个皇帝都不同。一方面，由于人口增长到中国历史从未有过的巨大数目，原有的社会结构已经无法承受异常迅速增长的人口压力，传统的解决民生问题的方式已经失效，必须对经济制度和人口政策进行重大改革，国家才有出路。另一方面，乾隆以前传下来的规章制度大部分已经失效，徇私舞弊、贪赃枉法日益普遍，极大地削弱了国家机器的统治能力，因而迫切需要深入的政治运行机制改革，调整利益关系，加强政策传达力，以修复国家的统治能力。

嘉庆皇帝那双用经史教育训练出来的眼睛却看不到形势的巨变。在他的视野里，这个世界永远不会有质的变化。一切大纲大法都将永远有效，任何问题都可以在古老药方上通过加减药量来得到解决。因此，在每一个重大问题上，他都拒不改变祖先留下的成规。漕运之争典型地反映了这一点。

漕运就是把中国南部的粮食通过运河运到北京以供北方消费。到了嘉庆时代，这一制度已经高度腐败，在长长的运河线上，地方官员们设立了无数检查站。漕米每一次通过检查站都要交陋规，漕运费用越来越高，终于到了朝廷不能承受的地步。另外，由于连续不断的黄河水患，漕运的船只经常被截，不能北上，以致北方物价高涨，社会动荡。因此，越来越多的官员建议通过海运的方式来解决粮食运输问题。因为海运已被证明安全可行，并且由于没法设立检查站，可以大大减少腐败。

皇帝对大臣们的建议一时有点挠头。他挑不出这个建议的不妥之处，不过他心里打消不了对陌生海洋的疑虑。最终，他还是以“不应该改变祖宗的成法”为理由，发布了措辞强硬的上谕，否决了这一无论从哪方面看都非常合理的建议。为了补偿他的否决，皇帝不惜拨出巨额财政资金，用来补贴粮价，同时维修黄河河道。整个嘉庆朝，朝廷在财政十分紧张的情况下，以相当于数倍海运费用的金钱，艰难地维持着祖宗定下的河运制度。

这个守成皇帝，每日晨起，洗漱完毕，必先恭读先朝《实录》一卷，正襟危坐，全神贯注。一旦读到自己的行政措施与祖先的有不一样的地方，就毫不犹豫地立刻改正。嘉庆二十年（1815年），有人告发礼亲王在府内拷打民人，造成恶劣社会影响。皇帝大怒，命革去其王爵，圈禁三年。命令发布一年后，他早起读康熙朝《实录》，内有一郡王打死平民被革去王爵并免其监禁的记录。皇帝发现他的处罚比康熙的重，当天即决定“敬承家法”，将礼亲王释放。皇帝的“守成”，严谨如此。

“守成”思想使皇帝失去了面对现实的能力。他拒不根据物价上涨水平提高官员的工资，以致贪污问题越来越严重。他以反对言利和防止聚众滋事为由，严禁各地开矿，堵死了大批剩余劳动力的出路，加剧了社会动荡。从表面上看，皇帝正一板一眼地步前辈的后尘，而实际上，却恰恰与祖先的施政精神背道而驰。

· 7 ·

吊诡之处在于，虽然已经遗落了民族精神，嘉庆皇帝强调“国语骑射”的声调之高一点也不亚于祖辈。皇帝曾传谕全体官员：“我朝列圣垂训，命后嗣无改衣冠，以清语骑射为重。圣谟深远，我子孙所当万世遵守。”只不过，这个完全汉化了的皇帝已不能理解祖先们强调“国语骑射”的深远用意，他仅仅把这一要求当成了一个僵硬的教条。

虽然整个满族已经放弃使用满语，嘉庆依然遵循祖制，坚持要求满族大臣奏事之时，用汉语和满语各写一份奏折。虽然他也知道满语的那一份通常都是对汉语的生硬、错误百出的翻译，因此也从来不读，但这个规矩还是一直严格地坚持着。

骑射传统也认真地坚持着。从康熙开始，清帝形成了每年夏秋之际到木兰围场举行秋狝的传统，一为习武健身，二为训练八旗精兵。对于这条沿袭已久的祖制家法，嘉庆帝当然要亦步亦趋，他说：“顺时行狝，典不可废。”虽然对打猎没有什么兴趣，嘉庆皇帝却还是严格遵循先祖留下的成式，每年都进围场。只不过是祖先们在享受行猎，而对他来说却是不得不完成的任务。这个守成皇帝打猎的路线及时间有严格规定，每年都绝不变化，也从不会因某处景致诱人而多停留一会儿。

失掉了民族精神的内核之后，无论是苦学“国语”还是勤习“骑射”，都不能给他的躯体里灌注祖先那生机勃勃的野性。在满族皇帝中，嘉庆皇帝第一个出现了精神颓唐、意志衰退的情况。祖先的政治文告中充满了自信、果断、坚强，而在嘉庆二十五年的执政生涯中，大臣们却经常听到他的叹息，甚至还有哭声。

嘉庆一朝，不但社会问题积重难返，而且政治纪律极度松懈，出现了许多离奇事件。嘉庆十八年（1813年），数百名本属乌合之众的天理教徒，在太监接应下，居然手持木棍大刀顺利杀进皇宫大内，“酿成汉唐、宋明未有之事”。这一打击让这个辛辛苦苦、兢兢业业勤政了十八年的模范皇帝倍感震惊、委屈和困惑。皇帝写了“罪己诏”，回想自己十八年的辛苦，不禁“随笔泪洒”，痛哭失声：“当今大弊，在因循怠玩四字，实中外之所同。朕虽再三告诫，舌敝唇焦，奈诸臣未能领会……诸臣若愿为大清国之忠良，则当赤心为国，竭力尽心，匡朕之咎，移民之俗；若自甘卑鄙，则当挂冠致仕，了此一身，切勿尸禄保位，益增朕罪，笔随泪洒，通谕知之。”

这样软弱无力的指责在皇帝的诏书中不止一次出现。在诸臣的奏折上，皇帝的批评经常如同怨妇一样，委委屈屈、啰啰唆唆，然而，皇帝很少有气魄振作起来，对那些问题痛下杀手，彻底整顿。终嘉庆一朝，许多政治举措都是有始无终，不了了之。因此，嘉庆朝的政治怪象也就继续层出不穷。到了嘉庆二十四年（1819年），发生了震惊一时的兵部失印案。堂堂大清兵部，官印竟然在匣内不翼而飞，负责官员发现了之后也不上报，而是将几枚铜钱装在印匣内蒙混，直到半年后才被发现。

政风甚至衰颓到让皇帝想“守成”都守不成的地步。比如延续了一百多年的秋狝制度，最终就是在嘉庆朝终止的。原来，由于管理围场的官员不断盗卖围场中的木材，再加上由于缉查松弛，偷偷进入围场私伐林木、捕猎野兽、割取鹿茸的老百姓越来越多，致使林木日益稀少，牲兽锐减。嘉庆第一次打猎时，数千人忙了一整天，只打到两只狍子。到了嘉庆后期，曾经野兽成群的偌大围场几乎不见野物。皇帝打了一整天经常是白忙活。没有办法，这个祖宗成例只好寿终正寝了。

皇帝二十几年如一日，效仿祖先，每天四点就起床，从来不敢歇息一日，可是天下在他手里变得如此千疮百孔，他这个皇帝当得如此丢人，也难怪他心灰意冷，意倦神疲。

嘉庆二十四年（1819年），孔子后人，第七十三代衍圣公进京面圣，回来后把皇帝的谈话一丝不苟地记载下来，使我们得以直击这位皇帝的精神面貌。皇帝一见面就说：我想到曲阜去，不能，你知道不？山东的水都过了临清了，这个怎么好，真没法。圣庙新修的，我等到七八年去，又残旧了，怎么了？

等过几天衍圣公辞行时，皇帝又旧事重提，絮絮叨叨地说：我登基已是二十四年，总不能去（祭孔），是个大缺典。我从前虽然随着高宗去过两回，到底不算。我到你那里去容易，就是路上难，水路罢亦难走，旱路罢亦难走……你看河上水这么大，山东民情亦不好，到底怎么好？弄得真没法，了不得！

一口一句“真没法”“怎么好”“怎么了”“了不得”，似乎已经成了皇帝的口头语，焦头烂额之态毕显。二十几年的帝王生涯，对这个懦弱的人来说，如同受了二十几年的罪。在撒手而去的时候，他的最后一丝意识也许不是留恋而是轻松。

· 8 ·

乾隆五十六年（1791 年），乾隆带着儿孙在威逊格尔行围。十岁的小孙子绵宁在老皇帝面前拈弓搭箭，居然一举中鹿。老皇帝喜不自胜，赋诗一首，其中有“所喜争先早二龄”一句，意思是他本人十二岁初次随康熙行围，射中了一只熊，而小孙子初次中鹿的年龄比他还小两岁，看来大清朝一代更比一代强，诚可谓后继有人啊！

老皇帝的鼓励大大激发了小皇孙学习武功的积极性，嘉庆帝的这个长子看来确实继承了爱新觉罗氏的武风。嘉庆十八年（1813 年），天理教徒攻入宫中时，绵宁正在上书房读书，闻变携鸟枪出视，立于养心殿阶下，连发两枪，击中两名已经爬上房顶的教徒，致使教徒们军心大乱，终于失败。嘉庆帝在回京途中得此报告，欣慰不已，立命封绵宁为智亲王，增俸一万二千两，连他所用的那支枪也赐名曰“威烈”。从那个时候，天下万民就已经知道谁是下一代储君了。

这个后来的道光帝甚至可以称得上是相当专业的武术家，他创制过一套新刀法，名曰“二百连环刀”。对于火器，他也十分精通，曾经在奏折上与臣下讨论鸟枪的用法：“鸟枪非炮可比，不必论以轻重。朕自幼练习，深知此法。五斤至七八斤均可，总看人之技艺如何耳。……打枪之法，全在随机智巧，非尚膂力也。”词句之间可见他的内行。

可是历史就是这样喜欢与人们开玩笑。大清朝就是在这个颇为精通武功的道光皇帝手里，遭遇到了有史以来最惨痛的军事失败。在鸦片战争中，道光皇帝的军事知识没能给他一点帮助。他的指挥如同盲人摸象，破绽百出。

当然，鸦片战争的失利不应完全归到道光皇帝身上。鸦片战争前清朝闭关锁国政策所导致的对西方世界的茫然无知，不应由道光负责。战争中由于对洋人缺乏了解，他只能以传统的武器和战术抵御新敌，也是无奈之举。因此，他败得情有可原。

我们真正无法原谅的是这个武术家在战败之后的表现。他没有表现出一丝一毫的争强好胜、知耻后勇的祖先精神，没有表现出一点早期爱新觉罗氏应对变局时的灵活、机敏和睿智。这个乾隆皇帝寄予厚望的孙子的表现，只能用“麻木”二字来形容。

皇宫内院整洁漂亮的操练场上，一板一眼培养出来的武术家和从原始丛莽中成长起来的武士，虽然都手持刀枪，但思维方式和精神气质是不一样的。道光帝“守成”思想之坚定，甚至超过了他的父亲。即位之初，他就宣布：祖先定下的规模制度，都清清楚楚地载在典册当中，我何敢有一点点更改？一心一意遵守祖宗成法，还怕遵守不好，怎么敢在施政中掺进自己的好恶？虽然到他手里时，大清朝已经破烂不堪，可是他从来没有想到除了“守成”之外，还有另辟新局的可能。宣宗朝《实录》总结他的一生说：皇帝一生经常诵读祖宗实录，一举一动遵循前规，极少进行更改。

本来，鸦片战争的结局，对道光皇帝来说，对整个中国来说，该是创巨痛深的。大清开国以来，列祖列宗从未遭此耻辱。父亲嘉庆朝出现的种种败政，与他的失败比起来，简直不值一提。在这种情况下，他理应睁开眼睛，仔细打量打量这个陌生的敌人，幡然变计，有所作为。可是，从战争结束到道光逝世的整整八年间，我们却没有看到他对西方入侵这“千古未有之变局”采取过任何有针对性的措施。不错，他也一再下诏练兵设防，修葺炮台，整顿吏治，图谋挽救。可惜这些措施没有一项超出了战前的诏令，从中看不到任何由战败得到的启示。不仅林则徐探询西事、翻译西书没有引起道光的注意，连影响日著的《海国图志》也被无视，他不仅未能循战争的败征追踪事变的由来，连五口开放的动向也未触动他的心思。儒学的静止世界观牢牢控制了他的大脑，“天不变，道亦不变”的僵硬信条让他彻底丧失了现实感，丧失了适应能力和创新能力。这些满族人的后代，至此已经变得比明代后期的那些脑满肠肥的皇帝们还颟顸无用，因为他们的“四书五经”背得比明代皇帝要好。

在战争期间，这位皇帝也曾经对外部世界产生过暂时的兴趣。他甚至对大臣们不耻下问，那个英国为什么弄了个女人做国王？西洋的枪炮为什么那么厉害？不过战争一结束，皇帝就立刻把这段不快的经历忘到脑后，重新回到战前那种浑浑噩噩之中。道光二十三年（1843年）七月，大臣们进呈了战争中洋人用过的洋枪，精通火器的皇帝亲自试用，认为是“绝顶奇妙之品”，“灵便之至”。不过面对大臣们的仿造建议，他表示反对，说：“卿云‘仿造’二字，朕知其必成望洋之叹也。”

事实再次证明，丧失了“实行”精神，再怎么样弘扬“武功”“骑射”这些形式上的民族传统也无济于事。到了晚年，这位曾经英武一时的皇帝已经完全阿Q化了，史载他“晚年恶闻洋务及灾荒盗贼事”。

·9·

虽然如此丢人现眼，嘉庆和道光两代帝王毕竟还能竭尽全力，维持了“勤政”“国语”“骑射”的满族传统的门面。如果不遇到千古非常之变，他们完全可以以“中主”的评价列入历代皇帝榜。

爱新觉罗末世子孙的退化更让人心惊。

道光帝的继承人咸丰因坠马受伤，成了瘸子。他是历代满族皇帝中唯一一个身体有残疾者。据说，身体素质差，是他成功登上皇位的原因之一。

在道光晚年的一次围猎中，武艺超群的六皇子奕䜣猎获的猎物最多，而四皇子奕詝却站在一旁，不发一箭。

原来，奕詝知道自己武功不如六皇子，听从老师杜受田的建议，以不忍射伤正在孕育期的鸟兽为自己辩解。不料道光因此觉得奕詝天性仁慈，符合汉族圣人所说的继承人的标准，从此对奕詝另眼相看。最终精明强干的奕䜣落选，这加速了清王朝覆灭的进程。

在咸丰之后，满族皇帝已经完全谈不上什么“武功”了。同治皇帝耽于寻花问柳，即使不是死于梅毒，看来也将以一个荒淫皇帝的名声载入史册。他的堂弟光绪皇帝则身体极差，不但年纪轻轻即常年耳鸣，而且一听到锣声就会遗精。

小皇帝溥仪一度热心一种祖传的体育项目：玩骆驼。祖先们玩骆驼是为了健身，是从站着的骆驼背上跳过去，小皇帝却是用树枝草棍戳戳骆驼的鼻孔，瞧着骆驼打喷嚏而已。

至于在清宫中彻底废除满语，则是发生在从江南长大、一个满文不识的慈禧主政时期。因为那些弯弯曲曲蚯蚓样的文字让人感到莫名其妙，她下令以后的奏折，可以只书汉文，不写满语。至此，“满语”这个语言植物人才算寿终正寝，满族所有的重要传统，也算是荡然无存了。

· 10 ·

上有好者，下必甚焉。随着皇帝们意志的崩溃，整个满民族也陷入了金代晚期那样的腐化之中。

清代的普通满族人都是职业军人。国家规定，他们除了“骑射为业”外，不许从事其他任何职业。作为征服者，国家用优厚的饷银来作为对他们的报答。普通八旗“马甲兵”一年可以领饷银四十三两、米二十三升，还有住房和马匹这样的福利，以乾隆年间的生活水平算，一个马甲兵可以养活一家八口。

长时间的承平所导致的无所事事，不可避免地败坏了他们的性格。由于王朝末期纲纪废弛，他们根本不进行军事训练，所有的时间都用来研究享受。正如巴尔扎克所说，是那些无所事事的人造就了风雅生活。晚清时期，漫长的悠闲生活已经融化了满族人身上最后一点风霜，他们悠然地在繁缛礼节和声色犬马中消遣人生。这些粗犷的关外汉子的后代，却把中原文化的精致、文雅与悠闲推向了一个前所未有的高峰。

旗兵的儿子老舍说，在清朝最后的几十年，“上自王侯，下至旗兵，旗人会唱二黄、单弦、大鼓与时调。他们会养鱼、养鸟、养狗、种花和斗蟋蟀。他们之中，甚至也有人写一笔顶好的字，或画点山水，或作些诗词——至不济还会诌几套相当幽默的悦耳的鼓词儿。他们没有力气保卫疆土和稳定政权，可是他们会使鸡鸟鱼虫都与文化发生了最密切的关系……就是从我们现在还能在北平看到的一些小玩意儿中，像鸽铃、风筝、鼻烟壶儿、蟋蟀罐子、鸟儿笼子、兔儿爷，若是细心地去看，就还能看出一点点旗人怎样在最细小的地方花费了最多的心血。”

老舍的遗作《正红旗下》中的一个例子，典型地说明了满族人气质的变化。

> 亲家爹虽是武职，四品顶戴的佐领，却不大爱谈怎么带兵与打仗。我曾问过他是否会骑马射箭，他的回答是咳嗽了一阵，而后又马上说起养鸟的技术来。……他似乎已经忘了自己是个武官，而把毕生精力都花费在如何使小罐小铲，咳嗽与发笑都含有高度艺术性，从而随时沉醉在小刺激与小趣味里。

清代晚期，北京城已经成了八旗子弟的巨型游乐场。他们在汉文化的沃土上培育出来更加精巧、雅致、适度、温和、悠闲、气派的“旗人文化”。旗人们喝茶、放风筝、揉胡桃、放鹰、遛狗、喂鸽子、游庙、爬山、练书法、画画、看戏、煨人参、养鸟、下棋、浇花、斗促织、生儿子、睡大觉……

《剑桥中国晚清史》绘声绘色地描述了鸦片战争中这些在“旗人文化”中成长起来的满族人打起仗来如何变得比汉人还要不着调。书中说，在战争中，皇帝选择了他的堂兄弟奕经为统帅，此人是一位卓越的书法家。“在军队实际进入战斗之前的一个月，一位有名望的画家以北宋美丽而色彩鲜艳的院体画法描绘了一幅凯歌高奏的战斗图画。奕经本人甚至举行过一次作文比赛，这使他忙了好几天以决定哪一篇宣布即将来临的胜利的文告写得最好。他最后选定了一篇，其中虚构了交战情况和对每个带兵官怎样传令嘉奖。不错，清帝的这位堂兄弟的确对开战的黄道吉日问题有些关心，但当他某日在杭州一座寺庙中求签抽到了一张虎形签时，这个问题便非常顺利地被解决了。因此很显然，攻击的时间应该是1842年3月10日凌晨3时至5时，即壬寅年的寅月寅日寅时；而且也碰巧是春天雨季最盛的时期。于是在战斗前夕，大多数部队拖着沉重艰难的步伐，越过泥泞的道路和沟渠而进入了阵地；又因道路泥泞，运粮困难，军队曾多日断粮。士兵体力消耗殆尽，又受雨淋又挨饥饿，他们就是这样准备进攻的。”

这样的进攻会导致什么结果可想而知。在鸦片战争中，从武勇到优雅的转变导致满族人终于蒙受耻辱。这种耻辱不是由于战斗的失败，而是由于精神的失败。

· 11 ·

天道无亲，每一份额外的所得最后都得以某种方式加倍偿还。一个腐败到这种程度的民族失掉政权是理所当然的。辛亥革命后，旗人按月领取钱粮的制度取消了，这些过去养尊处优的特权阶层身无长技，生活无着，多数逐渐沦为城市贫民阶层。可是，他们长期培养起来的生活习惯却不能改变。于是，在漫长的悠闲生活中形成的那些欲望、习惯和品味现在就成了折磨他们、使他们的贫困现状变得更难以忍受的伤口。他们饥一顿饱一顿地混着日子，靠回味过去在饭馆里享受过的美味来度过饥寒交迫的日子。梁实秋在谈到馋时，举了一个旗人的例子：“我有一位亲戚，属汉军旗，又穷又馋。一日傍晚，大风雪，老头子缩头缩脑偎着小煤炉子取暖。他的儿子下班回家，顺路市得四只鸭梨，以一只奉其父，父得梨，大喜，当即啃了半只，随后就披衣戴帽，拿着一只小碗，冲出门外，在风雪交加中不见了人影。他的儿子只听得大门匡朗（哐啷）一声响，追已无及。越一小时，老头子托着小碗回来了，原来他是要吃榅桲拌梨丝！从前酒席，一上来就是四干、四鲜、四蜜饯，榅桲、鸭梨是现成的，饭后一盘榅桲拌梨丝别有风味（没有鸭梨的时候白菜心也能代替）。这老头子吃剩半个梨，突然想起此味，乃不惜于风雪之中奔走一小时。”

过去耀武扬威的八旗军人变成了人人得以耻笑讥讽的“八旗子弟”。这个曾经让人闻风丧胆的词，此时已经演变成了“好吃懒做”“死要面子”“穷讲究”的代名词。

光荣的历史与耻辱的现状的强烈对比让人不能不心生感慨。吴沃尧在《二十年目睹之怪现状》里曾经用极其尖酸的笔法描写一个在茶馆里吃烧饼的没落旗人：高升看见旗人从腰里掏出两个京钱来，买了一个烧饼，在那里撕着吃，细细咀嚼，像很有味的光景。吃了一个多时辰，方才吃完，忽然又伸出一个指头儿，蘸些唾沫，在桌上写字，蘸一口，写一笔。高升心中很以为奇，暗想这个人何以用功到如此，在茶馆里还背临古帖呢。细细留心看他写什么字，原来他哪里是写字，只因他吃烧饼时，虽然吃得十分小心，那饼上的芝麻，总不免有些掉在桌上，他要拿舌头舐了，拿手扫来吃了，恐怕人家看见不好看，失了架子，所以在那假装写字蘸来吃。……他又忽然在那里出神，像想什么似的，把桌子一拍，又蘸了唾沫去写字。原来有两颗芝麻掉桌缝子里了，他故意装作突然醒悟的样子，把桌子拍一拍，那芝麻自然震了出来，他再做成写字的样子，自然就到了嘴了。

一个曾经那么精明、坚强、进取的民族以如此不堪的方式堕落在汉地。努尔哈赤和皇太极地下有知，是不是要后悔他们当初的选择呢？

隐士们

· 1 ·

过去读书人家里常能看到渔樵闲话或松荫清隐之类的中堂，大大方方地挂在客厅里，昭示着房主人的某种崇尚或志趣。在强调个人社会责任的儒家社会，隐逸却得到世俗如此尊崇，确是一个颇为奇特的现象。

隐士们几千年来享有荣誉，溢美之词充斥在历代文集。说他们“轻天下、细万物”，“玉辉冰洁，川渟岳峙”，“轻生重道，世间稀出”。在传记作者或崇拜者的笔下，他们德行纯粹，一尘不染；他们眼光高远，洞察世事；他们特立独行，淡泊潇洒，睥睨权贵，粪土王侯；他们穴居野处，左右琴书，拾遗粒而织落毛，饮石泉而荫松柏。由于远离世俗，有关记载就比较简略，他们的事迹就有些恍兮惚兮。传说有人能参透生死，未卜先知，甚至说能“吸风饮露”，“游乎四海之外”。这就有点非常人之可想象，可存而不论了。

·2·

隐与仕是相对的概念。严格意义上的隐士，应该是出现在知识分子被作为官僚机器理所当然的人才来源之后。战国之前，世官世禄，平民没有途径入仕。及至后来读书才成为仕进之途，读书有成的人一般来说大大小小都能谋个官位。

偏偏有些人，可以做官而不做，可以居高临下而不愿，可以吃俸禄而不吃，这就有点不同寻常。

事实上，更多人的隐，是不得已的选择。

传统中国可供读书人选择的社会姿态非常有限。仕几乎是每个人都要挤的独木桥。从理论上讲，儒家的入世观使中国知识分子“任重而道远”，但实际上，知识分子是承担不起这副重担的。读书人的本性其实不适于做官。“四书五经”教给了他们一套看起来尽善尽美的大道理，而实际上却空疏无用，缺乏可操作性。除此之外，他们没有得到任何实用的技术性训练，他们眼界极高，能力极低。让这样一批人去和社会上形形色色三教九流千机百巧的人物打交道，让他们去揣摩上司心事摆平各方土地，他们实在力不从心。让他们做官，实在是赶鸭子上架。

幸好还有一条途径是隐。

仕和隐这两种姿态都是漂亮的，出仕者对社会、对家族、对祖先、对后代、对自己，都算有了一个圆满的交代，而隐逸，则是立足于对以上名位利禄的不屑一顾（不管是真诚的还是违心的），立足于对功名利禄的副作用的清醒认识并且做出了防范（不管是真清醒还是附庸清醒）。所以理论上讲，隐逸是一种起点更高的选择，是一种有着许多光辉的典范事业，是归依在唯一能与儒教遥遥相峙的另一巍峨的文化高地——老庄之下的，因而是一种更为潇洒的姿态，至于这种姿态的背后是否有着某种难言之隐，某种打肿脸充胖子，某种苦苦支撑故作姿态都不重要，重要的是在这个耻感文化的社会里，这种姿态可以优雅地面对社会。

除了仕与隐，也可以有其他现实的选择，比如“不为良相，则为良医”，比如潜心学术，比如潜心艺术，甚至可以去做师爷，做商贾。学术上或科学艺术上的成功，因为往往换不来紫金鱼袋，换不来父母封诰，所以也就得不到社会的承认，所以读书人就往往放不下面皮。做这样的选择，需要跨越巨大的心理障碍。那些跨过这道坎的，往往人格异常强健，他们是真正的杰出人士。

· 3 ·

中国文化的一个突出的特点是对人格标准的设定极高，对人格范式的设计过于追求完美。一个人究竟可以把自己的生命张扬到什么程度？人究竟可以在多大程度上把握自我，提高自我，改变自我？人能够在他的生命中实现多大跨度的超越？这是人类面对的永恒问题。在这个问题上，中国古人做出了悲壮的英雄式的选择，无论儒道，都把天人合一的十足完美作为现世的标准，以此来要求自己。儒家的人格设计方案是内圣外王，即在内在精神方面，通过勤学苦修，认识天理，灭去人欲，达到或接近圣人的精神修养。圣人是什么状态呢？据说圣人是“前知千岁，后知万世，有独见之明，独听之聪，事来则名，不学自知，不问自晓”。

圣人得了天道，因此一举一动无不恰到好处，一言一行放之四海而皆准，一贯正确，永远正确。这样完善的内在的修养功夫施之于外物，就可以立德立功立言，就必须立德立功立言，澄清天下，“致君尧舜上，再使风俗淳”。

要实现这样至高的人格理想，你就得用各种各样严苛的道德规范来约束自己，时时刻刻扼杀“人欲”，分分秒秒检查自己的精神活动。你要每日“三省吾身”，要“慎独”，要“畏天命，畏大人，畏圣人之言”，要战战兢兢，“严恭寅畏，弗懈益虔”，你活得太累了。你被罪恶感和焦虑情绪所控制，肾上腺素过量分泌，植物神经趋于紊乱，可你还是成不了圣人。

至于外王，你会发现圣人之言离现实社会实在太远。在现世，人心远不那么纯洁，各种各样的实用主义取代了圣人的教导，而官场的肮脏污秽更是让单纯的知识分子感到难以忍受。

于是就有了疲倦，有了苦恼，于是就有了疑问，于是就出现了无可奈何的逃避和毅然决然的叛逆。他们逃入乡村，逃入深山，不再理会世事的纷扰，归入老庄的旗帜之下。

这里真好啊！这里，你可以逃离世俗责任的重负，摆脱世俗权力的羁绊，放任自己的性情，舒展自己的心灵，抛弃恐惧、焦虑、算计和犹豫，亲近山川、树木、河水和鱼类。幸亏有老庄，告诉人们可以换个活法，轻松得多，自在得多。老庄不但为这种活法提供了理论依据，甚至还承诺了更高的人格理想。在这里，你可能通过各种浪漫奇异的修炼方式超越生理极限，甚至超越死亡这困扰人类的永恒恐惧，接近仙人的境界，在这个境界中，你可以“吸风饮露，游乎四海之外”，“与造物者游，与造物者为人”。人完全拥有了自由意志，人成了上帝。看看《庄子·大宗师》中是如何描述他那天才瑰丽的梦的：

> 古之真人，其寝不梦，其觉无忧，其食不甘，其息深深。真人之息以踵，众人之息以喉。……（真人）不知说生，不知恶死，其出不䜣，其入不距，翛然而往，翛然而来而已矣，不忘其所始，不求其所终。……喜怒通四时，与物有宜，而莫知其极。

真人显然比圣人高超得多。庄子的浪漫幻想最大限度地满足了中国知识分子那种极端超越的追求心态。

再顽强的灵魂也有疲惫的时候，仕和隐是中国读书人兜里随时揣着的两副牌，可以从容进退。这真是上天的慈悲安排。

· 4 ·

李白的一生，就是在仕与隐的不断转换过程中度过的。李白在开元十五年（727年）《代寿山答孟少府移文书》中，给自己设计了这样一条人生之路：

> 乃相与卷其丹书，匣其瑶瑟，申管晏之谈，谋帝王之术，奋其智能，愿为辅弼，使寰区大定，海县清一。事君之道成，荣亲之义毕，然后与陶朱、留侯，浮五湖，戏沧洲，不足为难矣。

先是辅佐帝王，澄清天下，然后归隐山野，寻仙访道。李白写出了一个中国文人所能写出的最完美、最浪漫、最天真的融合儒道的人生理想。可惜的是李白虽然写起诗来雄视百代，却不具备起码的做官素质。他太天真，太幼稚，太无城府。唐玄宗李隆基见了他一面，就把他看了个一目了然。《酉阳杂俎》载：

> 李白名播海内，玄宗于便殿召见。神气高朗，轩轩然若霞举。上不觉忘万乘之尊，因命纳屦。白遂展足与高力士曰：去靴！力士失势，遽为脱之。及出，上指白谓力士曰：此人固穷相。

李白在翰林待诏一年有余，以为可以大用，最终却被“赐金放还”，不觉大为心灰，心气极高的他入世既然失败，就转而把全部热情投入到出世寻仙，“欲倚剑天外，挂弓扶桑，浮四海，横八荒，出宇宙之寥廓，登云天之渺茫”，“餐君紫霞，荫君青松，乘君鸾鹤，驾君虬龙，一朝飞腾，为方丈、蓬莱之人耳”。李白以他一贯的天真和认真领受了《道录》，躲进深山炼起了丹药，但是修炼了几年，不但未能霞举飞升，反而弄得疾病缠身。后来永王南征，到庐山请李白出山，“辟书三至”，五十六岁的李白又扶病踌躇满志地入了永王幕，以为自己的时机终于来了，但还是不被大用，“徒尘忝幕府，终无能为”。反而受永王之叛连累入狱，险些被杀头。最后被宽大处理，流放夜郎。侥幸遇到大赦，才被放还。这时他已五十九岁，距死期只有三年了。

李白一生官没做成，隐也隐得不地道，最终以平民身份，不，以遇赦罪犯的身份贫病而死。真是所谓“谋身谋隐两无成”，用传统的标准来衡量，他的一生是失败的。虽然身后，他以中国历史上最成功的诗人的身份被载入史册，但诗人身份却不被他自己看重，也没有给他的人生多少慰藉。这才是悲剧所在。

·5·

隐者中相当一部分人都是因为自视过高，遇到挫折，不能及时调整自我，平衡心态，于是满心委屈，以隐逸颓废来作为对社会的反抗。比如名隐王绩。

王绩是隋人，自幼聪明歧异，好学多闻，十五岁时便独游长安，登大臣杨素之门，与之辩论，“一座服其英敏，目为神仙童子”。这一经历，无疑大大强化了这个少年的自命不凡心态。晚年他回忆年轻时说：

> 弱龄慕奇调，无事不兼修。
> 望气登重阁，占星上小楼。
> 明经思待诏，学剑觅封侯。
> ……

入仕之后，他仅仅被授以秘书省正字这样微不足道的末职。心高气盛的王绩从没把这个职位看成“官”，干了不久，就托疾辞职了。不久，他被放外任，做了扬州六合县丞，他仍然不置之眼角，遂开始纵酒。随着官位淹蹇，他的酒量也越来越大，愈加放诞不羁。入了唐朝，酒名益著，做门下省待诏，他解释说只是为了每天能喝官给的三升好酒，人称“斗酒学士”，自号“五斗先生”。贞观年间终于归隐故里，依然以酒徒自任，无日不醉，作《醉乡记》，著《酒经》《酒谱》，以“酒瓮多于步兵（阮籍），黍田（用来酿酒的）广于彭泽（陶渊明）”自许。

很明显，王绩的酒喝得不是那么心平气和。他的好酒里，有赌气的成分在，有作秀的成分在，他想用喝酒和隐逸来表达些什么。这口气竟赌了一生，值得吗?

西方没有隐士这一明确的门类。其实他们的知识分子用东方标准来看，大多活得本身就是隐士。德谟克利特说过这样的名言:“我宁肯找到一个因果性的解释，也不愿获得一个波斯王位。”西方的名人大哲中很少有人做过高官显宦，他们大都终身担任教职或隐居生活。著名大哲学家斯宾诺莎就是靠给人磨镜片来维持生活。只不过他们隐得大大方方，踏踏实实。一部厚厚的西方文明史就是他们在平静的庄园，在严肃的校园，在小阁楼，在修道院里写出来的。相比之下，中国的隐士们过多地把精神浪费在郁愤中，消磨在无可奈何的自娱里。他们讲求起生活的艺术，研究烹饪，研究喝茶，乃至研究妇女的衣着。这些课题不是不可以列入研究范围，但他们的目的却仅仅是“耗壮心，遣余年”而已。这种自娱溶蚀了他们人格的内在动力，其中一些人也取得了一些积极有为的精神成果，但是不多，不成系统。

· 6 ·

隐还有另一高明之处。入仕了，不论文名多高的人，都要暴露在世人的目光之下，露出凡夫俗子的本相，而自古能够做到出将入相，大有为于天下的又有几人！只有退隐了，无为了，才彻底地“高”了。可以玄天玄地说些不轻不重的话，做些可做可不做的事，半遮半掩，神神秘秘，世人就愈加对你仰之弥高钻之弥深了。这就像赵孟的经验之谈:“在山为远志，出山为小草。”就像武林老宗师，已经须发皤然，仙风道骨了，端坐在太师椅上，半耐烦半不耐烦地，不慌不忙地给你背上一套拳谱，从从容容，让人肃然起敬。不过他是无论如何不会和你过招的。这就是所谓真人不露相，露相不真人。

隐，既然可以作为一种生活方式，而且相对来说具有某些独特的好处，就出现了“谋隐”的人。就像如果现在书法家吃香，社会上就会出现一批双手倒写梅花篆字，或用脚写字的书法家，隐风大盛的时候自然也就有了吃“隐饭”的，这真可谓隐风日下隐道大颓矣。

任何游戏都要讲游戏规则，谋隐虽说不那么地道，毕竟不过是为了吃口冷饭，可以不去计较，但是伪隐就实在不能为隐者规则所容了。

二十四史几乎都有《隐逸传》，除此之外，皇甫谧、虞般佑的《高士传》，袁淑的《真隐传》也都很流行。这情形和烈女们有点类似。把隐士和烈女扯在一起似乎有点不伦不类，但这两类群体确乎有某种相同之处。比如隐士们的谥号也常用“贞节”二字，隐士们也需守“节”，这个“节”就是不做官。做了官，隐士的节就破了，好比女人破了身，就不再值得推崇了。

所谓伪隐是指那些“身在江湖之上，心游魏阙之下，托薜萝以射利，假岩壑以钓名”者。这种人一开始就居心叵测，别有用心，心怀不轨，一心一意借隐居来沽名钓誉，谋取政治资本。一旦时机成熟，他们就脱下隐士的伪装杀回官场。这种人的存在，严重破坏了隐士们的声誉，破坏了隐者的形象，威胁着隐逸事业的健康发展，所以不但社会人士以为不齿，就连那些超然世外的隐士也不得不奋起讨伐。于是就出现了那篇《北山移文》。那是南朝齐时的文人周某，起初隐居钟山，后来出山做了县令，孔稚珪气愤不过，作了这篇被收入《古文观止》和《历代文选》的文章。在这篇著名的文章里，孔稚珪写道，周某人的出山，使得“南岳献嘲，北陇腾笑，列壑争讥，攒峰竦诮。……风云凄其带愤，石泉咽而下怆，望林峦而有失，顾草木而如丧”。按常理而言，一个小小叛徒的出现，似乎不至于令人如此大动肝火。如此急赤白脸，尖酸刻薄，只是说明了隐士们心中那深藏的不静。

隐士隐得自豪，隐得骄傲，有时也难免就隐得有点不平，隐得有点怕别人不知道。

· 7 ·

隐士多了，隐就渐渐变成了一项事业，隐里面就有了技巧和讲究，隐就有了高下之分。

中国历史上最成功的大隐士之一，是杭州西湖孤山那位梅妻鹤子的林逋。自从写下了“疏影横斜水清浅，暗香浮动月黄昏”这一名句之后，他就在中国隐逸史和文学史上同时占据了一席之地，人以诗名，诗以人名，文名隐名相互交映，相互增辉。人们由这两句诗想及其为人，“性恬淡好古，弗趋荣利”，“结庐西湖之孤山”，种梅养鹤，梅妻鹤子，“二十年足不及城市”，正适于被树为千古隐士的典型。苏轼有诗称颂：“先生可是绝俗人，神清骨冷无由俗。”

林逋的成功，端在于他的“终生不仕”，守身如玉，不像李白、王绩那样，屡进屡退或者是失意了才幡然醒悟，已经不纯粹了。

不过林逋也有一点小小的污点，那就是他其实也并非一开始就那么绝俗。他“少孤，力学”，年轻时曾颇为自负，曾说过“世间事皆能之”这样气盛的话，可以推测他应该也有过功名之心。不过他毕竟有做隐士的天赋：他孤僻高傲。当时的科举弊端百出，科场相当污秽，因此他拒绝参加科考。他的这一举动是否还含有其他什么目的，我们不好妄测，但是因此，他“在咸平景德间已有达闻”，而有达闻，正是被举荐于朝廷的前提。“会朝廷封禅，未及诏聘，故终老而不得施用于时。”（梅尧臣《林和靖先生诗集序》）如果朝廷下诏了，林逋会不会去呢，这个结论也不好妄下，不过在他错过诏聘隐居之后，杭州守臣王济去访问他，他欣然而喜，立即献出一卷诗文，王济读罢，喟然叹曰：“草泽之士，不友王侯，文须格古。功名之士，俟时致用，则当修辞立诚。今逋两失矣。”王济一语道破林逋的心事，原来这个孤山脚下的隐士似乎也很有些脚踩两只船欲进欲退的意思。王济于是向朝廷以文学保举他。

宋真宗给了王济这样一个答复：“赐粟帛，诏长史岁时劳问。”

宋真宗的答复真是意味深长，他知道像林逋这样孤高自许的人空疏无用，到朝里来只能添乱，同时他更知道对这样有影响的名隐绝不能不闻不问，必须做出某种姿态。隐士和世俗权力之间的关系是颇为微妙的。按理说，隐逸，是对世俗的一种抵抗，一种敌视。即使没有抨击世事的言论，隐逸这一举动本身就是逃避世俗权力，不与世俗合作的一种表示。可是在隐者和世俗之间，却存在着这样一种奇特的景观，那就是历代朝廷都异常尊重隐士，有时还会极为热情地征召礼聘，再三再四，礼节隆重而周到，而隐士就一定要无论如何也不出山，再三再四地拒绝，甚至卷起铺盖逃跑，历史上有名的隐士大抵如此。如果一个隐士不被朝廷关注，说明他隐得不够成功，不够派头；如果朝廷知道了有隐士而不去关心，这个朝廷也会被指为不圣明。这是一个深奥古典的怪圈，没有相当的经验是不能参透的。

于是就有了这个“赐粟帛”，“岁时劳问”。从此林逋也就安下心来继续过“闲门自掩苍苔色”“坐见渔舟两两归”的隐士生涯，从此又写了许多许多诗，从此更加名满天下。林逋死后，赐他粟帛的真宗的儿子仁宗，据说“不胜嗟叹”，赐了他那个有名的谥号：和靖。

那么一个清高避世的人居然和两朝皇帝如此有缘，有始有终，应该说也并非偶然。可以说，是两朝皇帝成全了隐士林逋。没有丰厚的家产做后盾，林逋的隐士生活是清苦的，据说“家贫衣食不足”，有时自己不得不“春荫入荷锄”。自从有了岁时劳问的圣旨，林逋的生活状况起了变化，名官显宦不时来访（不管奉不奉圣旨，结交隐士对于名公巨卿来说都是有助自己人望的举动），自然有所馈赠。据吴处厚《青箱杂记》记载，丞相王随知杭州时，日与林逋相唱和，出俸钱以济之。也许正是如此，林逋才得以把他的隐居生涯漂漂亮亮地坚持了二十年，而林逋也没有给宋家皇帝丢面子，他一不讪讥朝政，二不品评世风，只是安安静静地作他那些不关尘世的诗，对于装点太平江山，有何不好呢？这未尝不可以作一则花絮，载入大宋的皇皇文治之中。

人们记住了林逋的诗，林逋的梅花和仙鹤，就忘却了他的功名情结，把他树为经典隐士。许多隐士就是这样恬静高超起来，像传说中的翩翩白鹤优雅地飞到中国历史的上空的。

无论如何，林和靖的生命在中国人的价值坐标里是成功的，他以清寂绝尘的形象永远被历史收藏进美丽的西湖山水，他的隐应该说隐得圆满成功，使大家都满意。

附篇

别管我叫作家

［编者按］这是张宏杰还在中国建设银行葫芦岛市分行工作时接受的一次采访。从 1994 年到 2006 年，张宏杰做了十二年银行职员，主要负责对当地大型贷款进行风险评估。

我不是什么青年作家

◎为什么不愿意听我叫你青年作家？

你听过这个笑话吗？两个小孩子骂架，一个说，你爸爸偷人东西。一个说，你爸爸进过监狱。这个又说，你爸爸搞破鞋……这样一直骂下去，不分胜负。到最后，其中一个小孩说，你爸爸是作家！这回另一个小孩无言以对，彻底被骂败了。

◎那叫你什么，文学青年？

算了，你可别骂我了，谁不知道现在这是一个骂人的词？说实在的，写作并没有给我带来什么荣耀，反而带来了许多误解。起码在我们这个城市，一个年轻人不去走仕途或者去想办法赚钱，而去写什么换不来多少稿费的东西，绝对是“有毛病”的表现。为了装得很“正常”，直到不久以前，我的写作一直是地下状态，发表了也不给别人看，自己偷偷放起来。

◎那你为什么写作呢？

性格。我属于那种习惯和自己较劲的人。我想最适合我的工作也许是一个石匠或者木匠。我喜欢安安静静地待在一个不被打扰的地方敲打自己的思想，使它以最合适的形态呈现出来。在这个过程中我很快乐。这种快乐，和我学着做木匠活或者篆刻时的感觉非常相似。

◎可是更多的人把精力放到了赚钱上。

是的，许多人的“快乐”是被制造出来的。他们认为，人生的幸福就在于找一个高薪的职业，以最快的速度挣很多钱，然后再以最快的速度花出去。实际上，他们是工业文明的牺牲品。

不可否认，有一部分人对钱有特殊的兴趣和才能。可是，相当一部分人从金钱中得不到真正的快乐，对于他们来说，这真是可悲。

我的写作属于“逆反写作”

◎谈谈你的经历吧。

我的经历真没有什么好谈的，标准的70年代人，小学，中学，大学，工作，有过早恋、逃学、残酷的青春和不成功的叛逆，却基本上还是个好孩子。没有离家出走、吸毒、滥交，所以没有什么故事，真不好意思。唯一引人注目的是开始业余写作和至今未婚。

◎你小时候的理想是什么？

卡车司机。我小时候在一个非常偏僻的农村长大，偶尔来了一辆汽车，全村人都要跑出去看。从那个时候我就立下了一个宏伟的志向，长大后一定要做一名司机，而且要做卡车司机，因为卡车块头最大。

◎没有想过当作家吗？

没有。我从小就是个听话的好孩子，唯一的希望就是能有一份好工作，最好再熬上一个副处级什么的。报高考志愿时，家长为我选了一个财经专业做第二志愿。结果高考时发挥失常，考进了东北财经大学。当时也并没有灰心，因为财经一直是热门，然而上了学之后，学业的枯燥和教师们的不负责任让我立刻对学业失去了兴趣。于是逃课，泡录像厅，打扑克。后来，一个偶然的机会，办了一张大连市图书馆的借书证，从此就迷上了图书馆。在泡图书馆的过程中，把自己泡成了文学青年和历史爱好者。不过，那时也没想过当什么作家，还是想尽快赚大钱，买房子买车。学校里有文学社，我却从来没有参加，不光是因为那个社没什么层次，主要是自己不感兴趣。我参加的是书法协会。

毕业之后，进入建行。循规蹈矩的工作很快打消了我向副处级奋斗的热情。单位里无所事事，业余时间太多，于是想到了写作。写出来的第一篇东西，就是写大学寝室生活的一篇小说。我的大学同寝如果看了，一定会感到异常亲切。这篇东西后来发在了《青年文学》上。

◎有人在书评中说你是个青年怪才，你对此怎么看？

其实我写的许多东西仅仅是说出了明显的事实，可是人们基于习惯或者懒惰或者其他原因，以前对此视而不见。

◎在你的笔下，大汉奸大叛徒吴三桂成了一个美男子，血性男儿，一个英武绝人的性情中人。篡位者王莽成了一个心地善良的人，而史书中那个大奸大恶的魏忠贤在你笔下却成了一个受命运捉弄的傻子。你认为你写的是历史中的真实吗？

是。不管好人坏人，他首先是人。你得站在一个人的角度，以悲悯的视角，来解析他的悲剧。中国的传统是把一个人神化和鬼化，就是不把人作为一个活生生的生活中的人去看。中国的历史记录，包括历史教科书，离历史真相是很远的，很多时候是恰恰相反，但是，你能从原始记录中找到蛛丝马迹，只要你不带偏见地审视这些原始的真实，就能找到真相。

◎你为什么不写一些流行的题材？

其实我的写作是一种随心所欲的写作，如自由生长的野草，兴趣的驳杂是我写作的动力之一。我不受文体的拘束，喜欢做风格上的叛逆。我的文章里没有风景描写，没有虚伪做作，没有强自说愁，没有美化和矫情。因为上学时学得太多了，我的阅读和写作到现在为止都是靠对教科书的逆反心理在驱动。

写作是在寻找一种交流的可能。说真话，总是一件令人舒畅的事。读者太多的文字一般不会是太好的文字，当然这只是一般情况，而且我又不急于赚钱，所以没有必要迁就读者。

◎释放个性？

写作就是为了释放心理能量呀，要不然为什么写作呢？

◎你的写作切入点与作品关心的人文层面总是有点与众不同，这是否和你的阅读及个性有着密不可分的联系？

我非常喜欢俄罗斯文学，它们对人性的关注和悲悯情怀对我影响巨大。

◎二十八岁出版自己的第一本书，对一个刚刚开始写作，写了三年多的人是不是一件很幸运的事呢？

是。我本来没打算出书。那是1999年年底的时候，去北京办事，经人介绍去看时事出版社的一个编辑，也是一个写作的朋友。他看了我这几年攒的稿子，激动不已，立刻把选题报上去了，结果前后不到一个月，2000年年初，书就出来了。由于仓促，书的封面做得让人相当失望。在书的《自序》中我写道："小学作文中总是说到了2000年要怎么怎么样。那时候，2000年仿佛是一个传说中的数字，永远不会到来。不提防……这个神话般的日子翩然降落……正好，在2000年立足未稳之际，我将几年来的散乱文字收成一本薄薄的书，算是对少年时无数空洞许诺的一个交代。"

前生是个书生

◎你曾经用过一个笔名叫张敞，能告诉我为什么叫这个笔名吗？

汉朝时有位才子叫张敞，做了很大的官，与太太的感情甚好，因为太太幼时受伤，眉角有了缺点，所以他每天要替太太画完眉才去上朝。有人告到皇帝那儿，说不合大臣体统，张敞说："闺房之私，有甚于画眉者。"

我用这个笔名，是因为欣赏张敞的率性天真，活得真实。

◎为什么你的关注点一直在历史？

我很小就对历史感兴趣。不知道为什么。上高中的时候我见到一本《四书》，里面有《大学》《论语》《孟子》《中庸》什么的。那些古老的文字，居然一下子引起了我的兴趣。我读得津津有味，好像自己以前在哪读过似的，有种似曾相识的感觉。要知道，这是古代读书人的必读书。当时我就想，我的前生是不是一介书生？

◎这么神？

是啊。说来也奇怪，凡是和过去有关的事物，我都感兴趣。什么毛笔书法、国画、盆景、古典诗词、古代家具、民族音乐，这些东西，在我眼里都有一种难言的美，一种直抵内心的感动。

◎像你这样的年轻人真的非常少见了。你没有落伍的感觉吗？

我喜欢落伍。我不喜欢跟着大部队前进。由于写作有了点“名气”，单位给了我很宽松的条件，在完成本职工作之后，可以有一些时间在家中写作。于是我很多时候成了名副其实的“坐家”。我给自己装了一间书房，打了一排中国式的顶天立地的大书架，和一张旧式的大书案，每天早起，泡一杯茶，就开始读书，累了听听音乐。我觉得非常幸福。

我准备就这样“腐烂”下去了。

◎你想过你若干年之后的文学成就吗？

我不一定一直写下去，兴趣有可能发生变化。我小时候没有做过作家梦，成为作家也是纯属无心栽柳。当然，如果有写下去的理由，就要全神贯注。

◎为什么不坚持写下去，只要坚持加努力再发挥点聪明才智，你在这方面就会有很突出的成就。

其实人不是为成就而活着的，关键是看哪一种生活方式更适合你，也许有一天我会厌倦了写作生活。

◎觉得自己是个怎样的人？

外表随和，内在顽固不化。

“通俗历史”的“启蒙作用”

［编者按］2006 年 7 月，张宏杰成为渤海大学文学与文化所的一名老师。与其他老师不同的是，他不需要承担教学任务，“时间比较自由”。现在的工作状态让张宏杰很满意。“历史热”的兴起让很多业余历史写作者获得了前所未有的创作环境和机会。

◎可以说，你是切身感受了“大众历史”从冷寂到炽热的变化。

实际上，20 世纪 90 年代末，我就开始写作历史题材的作品，这类作品在当时很难发表，后来被广泛关注的那篇《无处收留：吴三桂》，和它的名字一样，被各家文学类杂志拒之门外。三年之后，才被《钟山》当作中篇小说发了。

◎作为 70 后作家，你的作品却很少触及当下的生活场景，而是穿梭于历史之中寻找灵感。这在青年作家中是很少见的。为什么？

读者们对我的诧异集中在两点：一是年龄，二是职业。许多人都说，一直以为你至少是中年人。更多的人不明白，为什么学财经的我把笔伸向了历史。

他们的表情说明，历史是一个年深日久堆得下不去脚的旧仓库，缺乏耐心的年轻人和没有专用工具的非历史专业者应该被挡在门外。

确乎如此。上中学的时候，历史是我最讨厌的课程之一。这门本来可以写得和教得非常有意思的学科被编成了一种单纯用来折磨学生的东西，从头到尾罗列着重大事件的概述、意义、年份和地名，这些干巴巴的内容被用来做填鸭的饲料。这种教育方式，就像把一盘热气腾腾香味扑鼻的好菜冷却、风干，分解成各种成分：维生素、碳水化合物、蛋白质等，让你一样一样地吃下去。我想象不出有什么事能比这更愚蠢。

大部分学术著作也好不到哪儿去。我认为，学问的最高境界，应该是“好玩”。常常使我奇怪的一件事是，为什么学问到了某些中国学者手里，就单调呆板，变成了概念、意义、材料的集合。外国人的那些学术名著，却大都有声有色、有滋有味儿，甚至眉飞色舞神采飞扬。

正因为如此，绝大部分读者眼中的历史面目可憎，或者是二十四史式的正襟危坐、道貌岸然并且佶屈聱牙。一提起历史，许多人都敬而远之。不过，我碰巧遇到了几本好书，改变了我对历史的印象。

在我高考的时候，财经是热门，所以报了自己并不特别感兴趣的东北财经大学投资经济管理专业。大学四年我基本上是在学校图书馆和大连市图书馆度过的。白云山路幽静山谷里那座巨大而优雅的米黄色建筑在我的记忆中依然清晰。大约 1991 年前后，我在那里读到了这样几本书：格鲁塞的《草原帝国》、黄仁宇的《万历十五年》、费正清编的《剑桥中国史》。这几本书引起了我对历史的兴趣。伟大的学者们讲述历史的声音听起来是那样迷人，看看《草原帝国》的作者是怎样开始他的《序言》的：“阿提拉、成吉思汗和帖木儿，他们的名字广为人知。西方编年史家和中国的或者波斯的编年史家对他们的叙述使他们名扬四海。这些伟大的野蛮人闯入了发达的历史文明地区，几年之内，他们使罗马、伊朗或者中国瞬间化为废墟……”

还有《万历十五年》那洋洋洒洒的开头。这种散文式的叙述改变了我对历史的印象。这四年对我的写作影响重大。如果你机缘巧合，踏进了历史这座旧仓库，你常会发现一些意想不到的东西。有人说，中国历史与其说是一个记录的过程，不如说主要是一个抽毁、遗漏、修改、涂饰和虚构的过程，但是，再高明的修改和涂饰都会留下痕迹，沿着这些痕迹探索，把那些被神化或者鬼化的人物复原为人的面孔，这实在是一件很有意思的事。

事实上，在我眼里，历史是个好玩的、多姿多彩的，甚至迷人的东西。

甚至，我要说，我所看到的历史是一个活着的海洋，而不是一片干枯的标本；是一位性感的姑娘，而不是干瘪的老太婆。历史是戏剧，是诗，是音乐。

◎时下通俗历史著作风行，你认为自己的作品与其他人的最大区别在何处？你所追崇的写作风格是怎样的？

有些读者称我的作品为“翻案文章”，称我的写作是“颠覆历史”。我想，他们不过是借用了这个熟悉的名词而已。事实是，愚蠢的、不近人情的叙述方式过于泛滥，因此，一个稍稍正常的声音听起来也许就更引人注意一些。如果说“颠覆”，我想，我颠覆的是接近历史的心态。我接近历史中那些“鬼”或者“神”时，并没有心怀恐惧，我坚信他们不过是“人”。

作为一个曾经被历史教科书折磨的学生，我经常站在“普通读者”

的立场去考虑我的写作能否在传达见解的同时给读者带去阅读快感。因此，我的写作过程既是坚持用自己的声音说话的过程，又是千方百计、殚精竭虑地讨好我的读者的过程。我坚信，面对“普通读者”，并不妨碍我写出有分量的好东西，或者说，更有助于我写出好东西。

“历史比小说更有趣”，我想做到的就是这一点。小说的细节毕竟要靠作者有限的生活经验和有限的想象力，因此站在现世的角度观察人性，只能看到一隅，而历史提供的细节则要丰富传神许多。可以说，历史就是上帝所写的一部小说，因此，历史所得出的结论无疑会更震撼人心。

◎你认为从事通俗历史作品的写作是否还需要检索历史资料的过程，还是作者完全可以凭借自身积累进行臆断发挥？

虽然从事的是通俗历史作品的写作，但是你的写作一定要，或者说要竭尽全力做到提供真实可靠的史料。我的作品，结论也许让人感觉新鲜、另类，富于颠覆性，但我所依靠的是其可信度经过严格考验的历史材料。

作为“非专业”的历史类读物的写作者，许多探索当然是站在他人的研究成果上进行的。幸运的是，这几年来，我能越来越多地看到有性情、有风骨、有真知灼见的学术作品。许多优秀的作品对我都有帮助。同时，别人消化过的史料毕竟不能完全适合我的需要，我还不得不大量搜寻使用第一手的原始资料。中国历史史料的丰富是世界罕有其匹的。特别是大量野史的存在，给作者们使用史料带来了一定难度。所以，我在使用史料时分外小心。我每写一个人，会尽量收集所有与他有关的史料，并把多种资料进行对比，从来不会使用那些涉嫌夸张、穿凿的小说化的野史，虽然也许他们对我塑造人物很有用处。

◎历史类书籍往往出现两个极端，要么偏向于枯燥乏味的学术论文，要么为迎合低俗的阅读欲望写成了野史秽闻，你认为怎样才能将历史写得既生动好看又有学术价值？

我一直十分尊重读者们要求把历史讲得轻松、好玩、有趣的建议。打个比方，历史事件在史书中已经被风干，成了脱水食品。我的努力就像是给这些食品浇了一壶清水，让它们又一次翠绿可人。

与此同时，我还清楚地知道，大部分读者不仅需要“史实”，更需要“史识”，或者说“思想含量”。这种“史识”不是指史书中那些可以供我们“经世济用”的“权谋”“方略”“管理”，而是更深一层的东西。永远不要低估大众的需求品位，特别是不要低估这种需求的意义。历史是记忆，更是反思，一个不会反思、没有记忆的民族是没有任何希望的。只有与当下结合起来，历史才真正有意义，因为通过阅读历史，我们可以更好地认识自己。通过回望来时路，我们可以更准确地定位我们这个民族的坐标，更清楚地判明民族的前途。这不仅仅是“食肉者谋”的事，因为只管低头拉车，不用抬头看路的幸福时代已经过去，每个人都有责任为我们生活的共同体出谋划策。自从《大明王朝的七张面孔》出版以来，我平均每天都要收到两到三封普通读者的来信。这些来信中，不乏认真、成熟地思考，有的思考成果让我深受启发。由此我认识到，因为历史学术的表述形式越来越专业化和技术化，史学家们的思想成果很难为大众所分享，由我们这些“业余写史者”用通俗的方式来传达“史识”就更加重要。我十分愿意做这样的事，也期待着读者与我进行认真的交流。

◎历史最吸引你的是什么？

有两点。第一点，历史是人性展示的广阔舞台。就像莫言评论我的作品时所说的，“这些东西都流露着天然的文学品质，因为它的出发点是对人性和命运的关心”。我对人性一直有着浓厚的兴趣。对人性感兴趣，其实就对自己感兴趣，想弄明白自己为什么会成为此时此地的自己。我爱读人物传记，喜欢琢磨遗传、文化、环境对人的塑造，对性格与命运的影响。我对心理学也感兴趣，起源当然也是对自己的心理过程、心理结构的兴趣。我对历史剖析的一个重点就是中国特殊的文化背景如何塑造了中国人的独特心理结构。在读明武宗的资料时，他对传统教育方式的反叛让我感觉很过瘾，而他被置于那样一个扭曲的成长环境之下又让人对他深切同情。明武宗的心路历程很有代表性，他代表了相当一部分中国人的心理特征。光绪皇帝和朱元璋也是同样。

正是因为对人性的复杂有着科学家般的浓厚兴趣，所以我喜欢历史。因为在我们短暂的一生中，不会有太多的大风大浪，经历过的事毕竟有限。即使是最杰出的小说家，想象力也只能在经验的边界里飞翔，但是在历史里，人性却有机会表现它在平庸生活中难得展示的一面。

另一点是我们现在所处的社会，是由历史塑造的。今天社会的所有问题，你几乎都可以在历史中找到答案。读历史，你分明会感觉到延续性。所谓太阳底下无新事。如果不读懂中国历史，你永远不会懂得中国现实。

◎近些年，你的兴趣似乎越来越从文学转向了历史？

一个重要原因是20世纪90年代后期以来，中国文学已经失去了思想性和批判性。文学和社会现实已经脱节，变成了一些人自娱自乐的东西。说实话，我已经有很多年基本不读文学作品了。现在每一期《小说选刊》《小说月报》，很少有哪些作品读完了能留下比较深的印象。其原因是，部分作家的思想背景太苍白了。

相反，我越来越发现历史是我终生的兴趣。我大量阅读的是历史类、思想类书籍，而且越来越集中于两类，一类是一些优秀的学者的思维成果，比如秦晖等人的作品，非常具有穿透力，让你享受到极大的智力快感。另一种是原始的第一手的史料，比如古人的日记、笔记。这些原生状态的史料记录了大量的复杂的生动的信息，这些信息如果经过那些能力较低的或者僵化的“历史工作者”的加工过滤，可能就索然无味了。

可以说，对社会的反思批判工作，思想界特别是历史学界已经几乎完全取代了文学的作用。文学已经成了一具空壳。我想，这也是历史热兴起的一个重要原因。

◎你认为中国历史有什么与其他国家历史不同的规律吗？

中国历史的路一方面是自我循环，了无新意；另一方面则是忽东忽西，大起大落。几千年来，中国社会总是在“治”“乱”两极中变化。王朝初兴，开国皇帝废寝忘食，衣不解带，励精图治，百事兴举，天下大治。不过数十年，统治者意志崩溃，不问朝政，一切陷入因循懈怠，腐败全面蔓延，百事荒废，天下大乱。作为这种状况的社会表征是，人口统计数字总是大起大落：大治之时，人口迅速增长；大乱之时，往往全国人口死亡过半。

中国人的行为方式，也往往是由一个极端跳向另一个极端，其速度之快令人愕然。有人说，中国的运动符合牛顿三大定理：需要很大的力量才能推动中国，符合第一定理；运动起来后就不会停止，符合第二定理；碰到头破血流才会转变方向，符合第三定理。

近代以来也是这样。从戊戌变法开始，中国现代化的历史就沿着一种两极跳跃的路向前发展：在试图全面西化的戊戌变法之后，马上迎来了极端保守的义和团运动，而义和团运动失败后，接下来就是全盘西化的、“亚洲历史上第一个”的民国……

当时，文学刊物对这类历史题材的作品几乎是无法定位的，《当代》的一位老编辑在退稿时说：“你这个东西太长了，散文哪有这么长的？”

2005年前后，“历史热”逐渐升温。《大明王朝的七张面孔》出版后，很快成为2006年图书市场上卖得最好的几本历史类作品之一。这本书写了皇帝朱元璋、篡位者朱棣、太监魏忠贤、清官海瑞、叛臣吴三桂、忠臣郑成功和造反者张献忠等七个人，从七个侧面提供了一幅描绘明王朝封建专制制度的完整图像。许多读者说，这本书颠覆了他们对中国历史的基本观点。有一段时间，每个星期我的信箱里都会收到陌生编辑的约稿信。很多出版商甚至给出了预付高额版税的承诺。与此同时，我在《当代》杂志开了个历史类的专栏。这在几年前是不能想象的，连主编也没有预料到那些读惯了文学作品的读者对这类作品如此渴求。

在我看来，“历史热”是文化领域的一种必然。对历史阅读的渴求是文明社会的要素之一。毫无疑问，普通读者的阅读需求里包括历史。因为历史是如此“好玩”，又如此“有用”。追根溯源是每个人的本能，讲古叙旧是一种滋味浓厚的娱乐。当下“历史热”的兴起，其主要原因是“写史者”的非历史专业背景，他们通过“大众写作”首次得到了“历史写作者”的尊重。

这些写史者的兴趣结构和普通读者相近，与历史学家们的见怪不怪比起来，他们有更大的热情、兴趣和浓厚的好奇心，见了什么都要大呼小叫，啧啧称奇。所以他们很容易就打破了冰冷史料、艰深论文与普通读者之间的障碍，把历史讲得好玩、精彩、有滋有味。

◎你在大众“历史热”中的角色，自己有过定位吗？

对历史阅读的需求是文明社会的要素之一。在美国，可以让公众完整地了解过去，但又没有因迎合大众而丧失史学写作的品质和品位的优秀作品层出不穷。美国有两个奖项在历史学家圈中影响很大，一个是著名的普利策历史类奖，另一个就是历史悠久的班克罗夫特奖。美国有一种“公共历史学者”，英文称谓是 Public Historians。公共历史学者本身也是学院派出身，受过严格和良好的专业学术训练。只不过他们面对的对象是大众和其他专业人士，他们讲的不是所谓 Popular History（大众史学），而是正经的、严肃的历史知识。我想，中国以后也会出现这样的状况。目前，中国社会的这种需要，多是由“百家讲坛”和科班的或者自学成才的大众历史作者来满足的。

目前的大众历史热潮中，存在以下几类作品：

一是吴思等人的“半研究性”写作。在目前的大众“历史热”中，我想我和吴思先生的共同之处可能会多一些，那就是我们都更多地关注历史的“启蒙作用”。大众历史的一个重要任务是把埋藏在图书馆和学者书斋中的历史知识转化为可供大众享用的公共文化产品。它应该带给公众一种新的观察历史的角度，激发起公众对历史的关注，并在一个广大的、比较的历史背景下来思考中国的现实。我希望把自己的思想成果通过历史类作品传达给大众。

作为一个非学院出身的历史写作者，我认为自己对中国历史还是提出了一些有个性的看法。比如：对农民起义的判断。农民起义给中国究竟带来了什么？教科书上说“是推动中国历史车轮前进的主要动力，沉重打击了专制统治，部分调整了生产关系，有力地推动了生产力的发展”。我认为，农民起义与专制统治是维持“中国独特性”的互补的两翼，是同一文化源头结出的孪生兄弟，它们互为补充，相互促进，同葆中国文化数千年一系，继继绳绳。

洪秀全建立的政权，其等级制度之森严为中国历代之冠。更为可笑的是，在太平天国这个农民自己的政权中，对官员和军人的惩罚措施居然有一条是“罚作农民”。由底层出身的朱元璋建立的大明朝，是专制程度最深的一个王朝。朱元璋的用人行政，带有明显的目光短浅、实用主义、愚昧落后的农民特征。那些为历代历史研究者所乐道的“均田”“均富”等平均主义要求和摧富益贫的口号，追其源头，这些思想观念最初却是由儒家的创始人孔子提出来的，而不是造反的农民发明的。所有的农民起义口号，都没有超出封建宗法制度的范畴。

中国历史上千百次惨烈的农民起义，并没有带来基本制度上的突破和创新，没有为中国历史冲破循环状态提供任何可能。农民起义的目的，不在于摧垮不合理的制度，而是调整和维护那样的制度。它是一次大修，是一次保养，是一次升级，而不是一次革命和创新。

二是对中国独特性起源的思考。通过对中国上古文明的梳理，可以得出一个结论：专制制度不是秦始皇发明的，而是有着非常深远的历史根源，是由地理环境决定的。当今中国社会的许多问题，其根源可以追溯到三千年前或者更远。文明进化得不彻底与再次发育的艰难，是“中国特色”的根本原因。在中国社会进化的过程中，保留积存了大量的原始特征。就像一个缠着脐带长大的孩子，或者说像是一个背着蛹飞翔的蝴蝶，它的起步比别人早，可是发育得不完全，不充分，不彻底。在此后的几千年间，中国文明一直没有机会再次发育，而是一直停留在较低的文明层次上。认识到这一点，有利于我们对传统文化转型的难度进行更准确的评估。

第二类是当年明月、易中天先生这一类。他们在轻松愉悦中普及历史，功不可没。这一类读者极其庞大。当然，易中天先生的许多作品也可归入第一类。

第三类是借历史热传达负面文化价值的作品。这很令人警惕。比如一系列帝王戏、历史剧，都是将当前现实中百姓关心的各种社会热点问题改头换面移植到剧情中，然后借用明君贤臣的力量将这些问题一一解决。这些作品明显表现出对人治的好感，对权力的崇拜，对帝王权力的信任。希望康熙“再活五百年”，说汉武帝“燃烧自己温暖大地”，这是毫不掩饰的“文化献媚”。

应该说，坚持自己的作品中有正面的思想含量和文化含量有时并不见得是一件划算的事。我认识的一位非常火的历史畅销书作家就曾经很认真地对我说，如果你不坚持写得那么累，对你的个人发展会更有好处。

◎“历史热”还能热多久？

应该还会持续相当长一段时间。这段时间培养起来的历史爱好者，对历史的兴趣也许会贯穿他们一生，现在才刚刚开始，会有更多好的作品出现。在很多国家，“历史热”是一直存在的，历史类图书经常登上畅销书排行榜。我想，中国以后也会出现这样的状况。

代后记

出书记

·1·

到现在，我已经出了N本书。虽不能说著作等身，但也可以说是著作等脚脖子了。

想当初，因为在“纯文学”期刊（也就是韩寒所说的供作家们手淫的角落）上露个脸就兴奋得不行，但还没有想过要出书。出书，那是多么神圣的事啊！我们的老祖宗教导过我们：“敬惜字纸。”过去是不许撕书擦屁屁的。据说，如果谁那样做了，到了阴间，就要罚他把那页粘了粑粑的纸吃下去……小时候我和人辩论的时候，最有力的武器就是“书上说的”，印在书上的话，那还能有错吗？能够出书的人，那能是一般人吗？

1999年我到北京出差，因为刘元举先生介绍，认识了在时事出版社工作的祝勇。他读了我的几篇文章，大惊失色，叹曰：呜呼，怪才也！（据祝勇同志回忆，读过我的“大作”的当天晚上，他夜不能寐。祝勇夸张地说：“……仿佛使我受到棒喝，使我一连度过了几个不眠之夜，甚至几次通过电话与友人分享阅读的巨大快感。”）遂问我，给你出本书，行不？

能不行吗？狂喜。我把2000年以前的几乎所有长一点的作品都放在这本书里，才勉强凑够一本书的厚度。书的内容也不统一，有历史人物，有文化随笔，也有纯文学类的散文。祝勇要在 2000 年 1 月 1 日这个特殊的日子把书印出来，时间只有一个月了。我的业余时间全部用于选择文章，安排顺序，撰写目录提要……忙得心花怒放，然后就天天盼着见到书。不断地想，今天封面设计该出来了吧？今天该进印刷厂了吧？今天该装订了吧？真恨不得搬到印刷厂车间去住。

不到一个月，书出来了：《千年悖论》。虽然封面做得如同一本业余教材，虽然稿费只有每千字三十元，还是感觉很爽。二十八岁就出了一本书，真是有为青年！在这本书的《自序》中，我这样表达自己的惊喜：

> 上小学时，我的作文总是这样结尾：到了 2000 年，我们将……那时候，2000 年仿佛是一个传说中的数字，永远不会到来。不提防在寻找生活位置的忙忙碌碌中，这个神话般的日子翩然降落，真让人一时有点措手不及。正好，在 2000 年立足未稳之际，我将几年来的散乱文字收成一本薄薄的书，算是对少年时无数空洞许诺的一个交代。

唯一不满意的是，书的封面设计得太失败了：明黄色，书名是红色宋体，腰封是“新生代挑战余秋雨”。封面上印着一把椅子，因为设计者认为，“论”者，坐着谈论之意也。祝勇的意思也许是想把它弄成一本畅销书，甚至是超级畅销书，期望它最好卖得比余秋雨的“文化苦旅”系列还要好，但是苦于他和时事出版社都没有做畅销书的经验，所以就弄成了这样一个怪异封面。

出第一本书的感觉是，出书原来是这么简单的事啊！

· 2 ·

出第二本书，才知道出书的艰难。

那是2002年初的时候，云南人民出版社发行部负责人项万和来电话，说他在《天涯》上看到我的几篇文章，想给我出几本书。

注意，是“几本”书！

项万和说，云南人民出版社有着强大的发行能力，吴思的《潜规则》在他们社已经发行到了十八万本。项万和说，我对你的东西充满信心，你写得比吴思好（吴思老师，这是项万和说的，和我无关）。我们准备把你手头的东西收拢收拢，连续推出你几本书，再配以适当的宣传炒作，一定会火！

乖乖，那还等什么？我把所有存货都打包给项老师发过去，并且和云南人民出版社签了阶梯式版税的合同。项老师那边开始编稿，校对，商量着请吴思写序。为了证明他们社的实力，项老师还请我在北京和吴思老师一起吃了顿饭，饭局上用随便提到的口气通知吴思老师：你的书又加了五万册，版税过几天就付。

这次可真的浮想联翩了。搞不好，我真要成为“知名作家”了。是不是有必要练练签名呢？至于版税，按项万和的推测，是可以买辆车了。买什么车呢？我得开始琢磨了。不管怎么样，我终于可以给那些见面总问我下一本书什么时候出的人一个准确的答案了：明年年初。大家都说，出了记得给我留一本！

然而，预定出了N本之后，大事不好了。项老师后来告诉我，出版社审稿委员会“专家”不同意出版我的书。

那怎么办？辛辛苦苦编出来的稿子，不能就这样废了啊！怎么办？我眉头一皱，计上心来。我找来自己平时喜欢读的几本书，查到编辑的名字，在 2003 年初把打印出来的书稿一份份发出去。也许这些伯乐正愁遇不到千里马呢！

那时我还不知道有“民营出版机构”这么回事，寄出去的都是传统出版社。等了半年，寄出去的五份书稿有四份音讯皆无。只有上海的一个老编辑认真地回了信，称我的作品有一定基础，但尚未达到出版水平。他鼓励我继续努力下去，不要放弃，再写个十年八年，有志者事竟成！

我等不及十年八年了。好在想起《千年悖论》出版后，天津百花的副总编谢大光老师曾经向我约过稿子，虽然知道我的东西不太适合百花作为纯散文类文学作品出版，但走投无路之下，只好投奔他了。于是 2004 年初，在百花出了《另一面：历史人物的另类传记》，这本书成了当年百花卖得最好的新书之一。几年后，《明朝那些事儿》出版后不久，作者当年明月打来电话说，我的这本《另一面：历史人物的另类传记》，他是站在书店里读完的，这本书激起了他对明史的兴趣。

· 3 ·

想当初第一本书出来时，第一件事就是四处告诉人我出书了！那口气就好像是一个青蛙到处嚷嚷：我生了个大象。自己感觉是天大的事。人家还没开口要，自己已经把书递过去了。很矜持地不愿题字，觉得题字是一种很俗气的行为。要题的话，根据对象的不同，字斟句酌地写上几个，写得最多的是“随便翻翻”……

后来书出得越多，开始感觉到送书的压力了。以前见面是“送哥们一本”，现在不知道从谁开始，开口变成了“给哥们弄一套！”不知道的还以为是要我给他带一套煎饼馃子，其实他的意思是让我把我自从出书以来的所有作品一样送他一本，有的后面还要加上注：“不是我要，是我的朋友要，他听说你是作家，知道咱哥俩不错，非让我整一套！”那神情就好像进了家，脱了鞋，上了炕，招呼老高婆子：“给我捞俩王八烀上！”或者是进了庄稼院，开口就喊：“二大爷，上园子给我掐两筐黄瓜，我带回去给城里的哥们尝尝鲜！”毕竟是自家地里产的东西，满园子都是。虽然不金贵，但是吃个新鲜，吃个亲切，吃个泥土芳香，这份感情，怎能拒绝？这是朋友给你长脸，说明人家拿你当盘菜啊！

不过我没法“整一套”。因为我最早出的两本书，不但书店里早就没有了，我家里也没有存货了。

多年后再版这本《千年悖论》，有以下几点考虑：

一是如自序中所说，以此作为对自己文学青年生涯的怀念。

还有一个，《大明王朝的七张面孔》之后的书发行量比较大，而《千年悖论》和《另一面：历史人物的另类传记》的发行量都比较小。到今天，还偶尔有读者问我，《千年悖论》在哪里能买得到？所以，读过我后面作品的读者，也许偶有些许兴趣翻翻我以前的东西。

这本书中的大部分东西，都是原来《千年悖论》中所有的。从《另一面：历史人物的另类传记》中抽取了《女人慈禧》，还将《另一面：历史人物的另类传记》中莫言所作的序用于此书。

编这本书时，我尽量避免收入《大明王朝的七张面孔》和《中国人的性格历程》等书的篇章，以免重复，但是一个不可避免的重复是在《大明王朝的七张面孔》中用过的《无处收留：吴三桂》，它是我“文学青年生涯”中有代表性的一篇，所以再次列为首篇。向读者们表示抱歉，这次仍不能避免几本书之间篇目重复之病。粗粗翻检一下，发现这些旧文中偶有错误，但时间紧张，来不及从头到尾细校一遍，这是另一抱歉处。

最后，借这个机会，感谢那些帮助过我关心过我的人，比如从未谋面的文能先生，以及我在自序中提到的所有师友。

2022 年 6 月修订